真贋のカチマケ

鑑定士の仕事

中島誠之助

二見書房

序にかえて

一九九四年にスタートしたテレビ番組『開運！なんでも鑑定団』の放映が二十年を超えて長寿番組の仲間入りを果たした。二見書房から『鑑定の鉄人』の初版本が刊行されたのは、番組が始まって間もない頃のことだった。

このたび、当時の三部作を一冊の読み物にしませんかとの相談を受け、久しぶりに全巻を読み直してみた。古い話では五十年も昔の記憶から、新しいものでも二十年前の執筆当時のネタが登場してくる。ところが驚いたことに、内容が新鮮さを失っていないのだ。骨董品に関しては、人間の心情にそれほどの変化がないということなのだろうか。

研究が進んで判明した事実や、風化して実名を載せていいと判断したものは、新たに書き加えることにした。その昔執筆した内容にかかわらず、忘れかけていた教訓や経験に、目を覚まされた感がある。

歩んできた道を振り返ってみると、真贋の鑑定は仕事の一部であって、人生そのものは大きなカチマケの世界をかいくぐってきたように思われる。私が今日あるのは、まさに真贋のカチマケを乗り越えた結果なので、あえてこの本の題名としてみた。

現在《いま》は初心に帰って、この本を世に送れる喜びにひたっている。

二〇一四年十一月

中島誠之助

もくじ

第二部 骨董の真贋

良三彩」／実用的な食器類が量産される九世紀／「古瀬戸」は中国陶器のコピーから始まった／喫茶の風習が広まって茶陶セットが大人気／庶民のための日用品が焼かれた鎌倉時代の常滑窯／中世の大窯業地、越前、丹波、信楽、珠洲／東の常滑、西の備前／日本人の感性と焼物の歴史を方向づけた茶の湯の登場／斬新なデザインの「織部焼」が美の常識を打ち破る／侘び茶のためだけに生まれた焼物／セトモノとカラツモノ／江戸時代初めに肥前の有田で日本最初の磁器が生まれる／柿右衛門様式の完成によって有田が世界へ進出！／藝術作品としての陶磁器が生まれた近代、現代

掘り出し物は値段よりも伝来で探す／大切なのは、どうしても欲しいという純粋な熱意／生まれた土地にあってこそ値打ちがある場合／古備前の上手な探し方／陶工たちの息吹を感じ、作品を通じて会話を楽しむ／信楽焼の最大の魅力は荒々しい未完の美／雅びの文化があふれる「京焼」の世界／約束事は素人にとって甘い罠／使いこむにしたがって美しい味わいになる「萩の七化け」／日本人は古びた美しさという時代色をこよなく愛する／生まれたままの清潔な美しさが磁器の命である理由／本場、中国での上手な買い物の秘訣とは？／景徳鎮の大皿に中華料理を盛りつけて食事を楽しむ／ヨーロッパの焼物はどうして高い？／骨董探しは旅の楽しみのひとつである／本当にいいものは、いったいどこにあるのか？

第1条　地方での買い物は、旅の楽しみを最優先にするべし／第2条　生産地では、オリジナリティーと現代性を兼備した焼物を買うべし／第3条　歴史に裏打ちされた陶磁史をしっかりと掌握するべし／第4条　二十世紀前期の作品に光を当ててみるべし／第5条　知識は美を支える土台と思うべし／第6条紀行文や俳句が入った作品を見直すべし／第7条　生産された時代を想像して見るべし

ヤンシャオ彩陶土器
（中国・新石器時代）

今から約6000年前のもの。
発見者の名前をとって「アンダーソン土器」と呼ばれていた時代もある。
※380ページ

古瀬戸四耳壺
（鎌倉時代）

六古窯のひとつである古瀬戸は、量感のある四耳壺に代表される。
長楽寺出土（著者旧蔵）
※335ページ

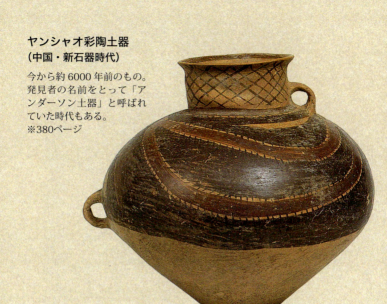

蕎麦猪口とのぞき猪口

多種多様な文様がコレクターの夢を育てる。
のぞき猪口は「酢猪口」とも呼ばれていた。

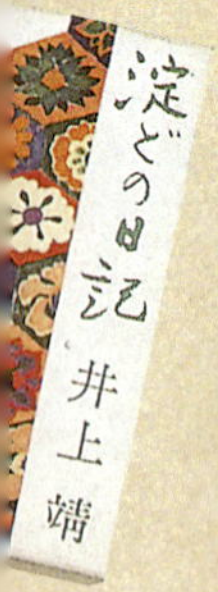

色鍋島薔薇文五寸皿
(江戸時代)

最盛期の色鍋島の作品。
日本の宮窯。
※259ページ

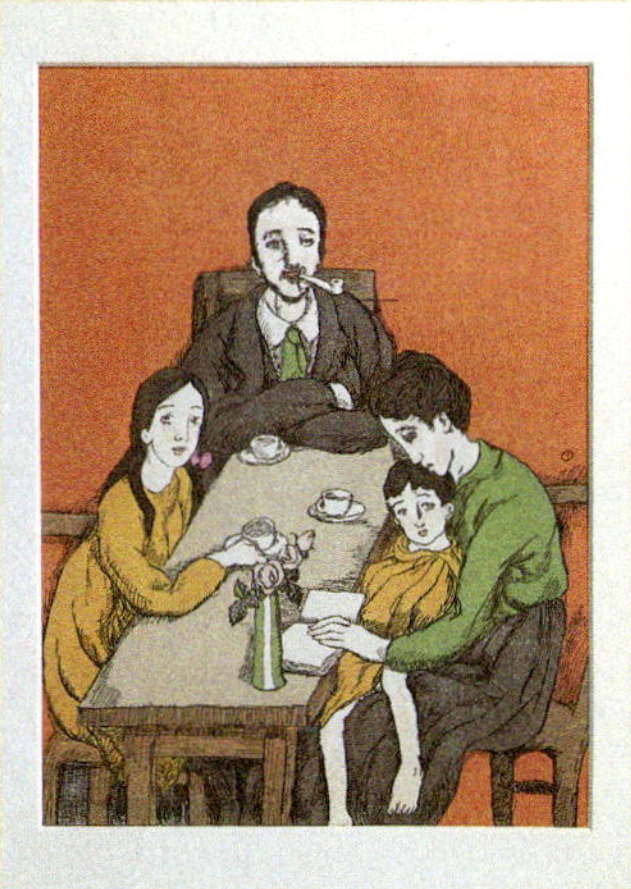

竹久夢二「スヰートホーム」
（加藤版／木版画）

家族を描いた夢二としては珍しい作品。英国歌謡の楽譜表紙として制作された（大正９年）。

木の民芸・鯱形自在
（江戸時代）

囲炉裏の上にあり、毎日磨かれたために良い味わいになっている。

袖珍本と稀覯本

上段左から
西鶴情話
（長田幹彦／新潮社／装幀・竹久夢二）
きもの
（花柳章太郎／二見書房／衣装草稿・鏑木清方）
淀どの日記
（井上靖／文藝春秋／装幀題字・小倉遊亀）

下段左から
湯島詣
（泉鏡花／東京春陽堂）
祇園歌集
（吉井勇／新潮社／装幀・竹久夢二）
近松情話
（岡本綺堂／新潮社／装幀・竹久夢二）

箔絵草花水禽文面盆
（中国・明時代）

明時代嘉靖期頃の作品とおもわれる朱漆製の盆で、口縁が面取りになっているため面盆と呼ばれている。山形の旧家に伝わったといわれる（著者旧蔵）。

河南天目茶碗
（中国・北宋時代）

鉄斑文の美しい平茶碗である。北宋の焼き物に共通した鋭さをみせている名品である。

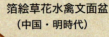

金地蒔絵三つ重ね台付祝杯
（明治時代）

金蒔絵で、恵比寿・大黒・寿老をあらわし、日の出に鶴文様の台にのせた、お祝い用の杯。蒔絵の最盛期である明治時代の作品。

ギヤマン製ビーズ六曲屏風
（江戸時代）

腰の部分に舶来の色ガラスをはめこんだビーズ七宝繋ぎ模様の夏屏風である。東京柳橋の茶屋「柳光亭」に伝わった佳品（著者旧蔵）。

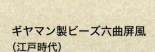

李朝染付水滴

朝鮮李王朝時代の後期に作られた文房具としての水滴。

古伊万里染付唐草文瓶

十七世紀中葉の肥前磁器の名作である。二重線で輪郭を描き、中空を塗りつぶしていく唐草文様の描き方が、重厚感をあらわしている。祝儀用の酒瓶に用いられた。

古伊万里獅子花唐草長皿

江戸時代中期の柿右衛門様式の系統で作られた最上手の作品。

古伊万里染付蛸唐草中皿

江戸時代中期の肥前磁器で、内需用食器皿などの最盛期に生産されている。

古伊万里 VOC 大皿

十七世紀後半にオランダの東インド会社の注文によって社標を記した皿。
※126ページ

古伊万里染付鶴丸文大皿
（江戸時代）

直径一尺六寸の大皿に幾何学文様的に鶴丸を描いた伊万里ならではのデザイン。十九世紀初頭の逸品である。

古伊万里染付花唐草文皿
（江戸時代）

見込みに透かし文様の唐草を配した上手の八寸皿である。享保時代は下らない染付最盛期の作品である。

古伊万里染付六角皿
（江戸時代）

十八世紀末から十九世紀初にかけての作品。六角形の平面に丸紋を散らした斬新なデザインに江戸庶民の勃興が感じられる。

古伊万里花唐草鉢

江戸時代中期に焼成された染付の最盛期の作品といえる。

古伊万里染付猪口

江戸時代後期に作られた矢羽根文様の猪口。深向付として使える。

祥瑞手国焼茶碗

本家の景徳鎮窯の作品を日本の窯でコピーした江戸後期の祥瑞写し。

古伊万里草花文瓶

江戸時代中期の作品で、口が細すぎるため、御幣などを挿した神酒口（みきのくち）と考えられる。

古伊万里蛸唐草文瓶　銘「天下一」（著者命銘）

18 世紀　高さ 48.5㎝

蛸唐草文瓶は数多く収集したが、近年入手したこれは絶品なので自ら命銘した。

鳥獣八稜鏡
（中国・唐時代）

盛唐期の白銅鏡で重量感あふれた逸品である。疾駆する馬と麒麟を主題にして、左右に虫喰鳥を配した珍しい文様。

中国南宋時代破片

神奈川県の鎌倉海岸に打ち上げられた十二世紀頃の青磁や青白磁の破片。

中国清朝色絵花瓶

十九世紀の清朝後期に景徳鎮窯で作られた筒形瓶。民窯の銘が記されている。
上海の文物商店で購入。

中国唐時代加彩俑

シルクロードを旅してくる胡人の姿をうつした七世紀頃の人物像。
※481ページ

洪憲年製銘粉彩花瓶（中国・1912年）

辛亥革命で清朝を倒した後、袁世凱が皇帝になろうと野心を燃やし、景徳鎮に官窯の焼成を命じて作らせたといわれるが、その実態はあやしい。
※430ページ

唐三彩小壺

七世紀頃の中国唐時代の副葬品で、日本の奈良三彩に影響を与えた。
※379ページ

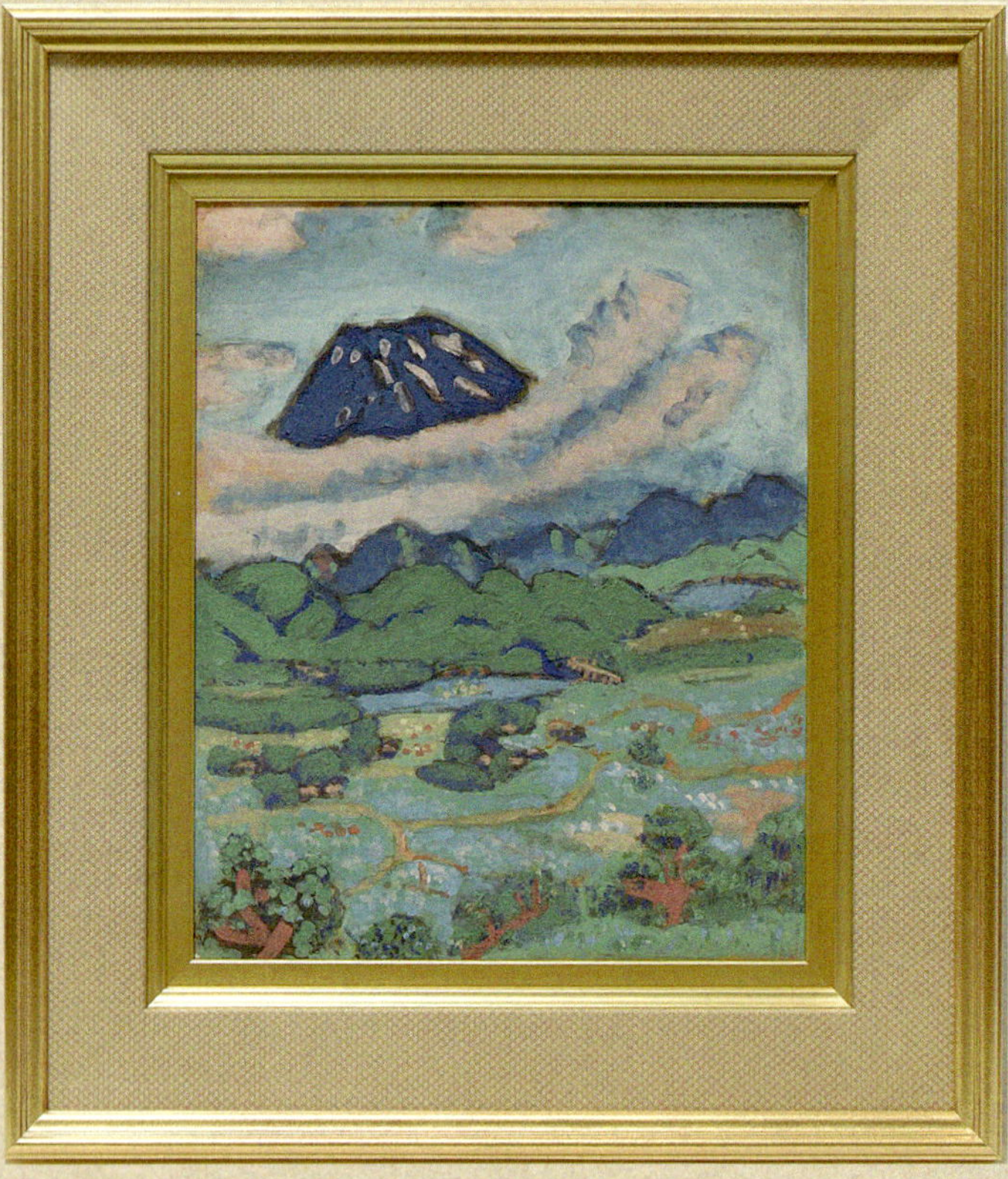

梅原龍三郎（1888～1986）
油彩　富士山水田（大仁）〈1949年〉
30㎝×37㎝
小品ながら梅原の傑作で、つねに書斎に掛けている。
※179ページ

駒井哲郎（1920～1976）
アクアチント　静物
〈1973年〉21㎝×20㎝

駒井さんの作品は大好きでいくつか持っているが、これは一番最初のコレクション。

清水登之（1887～1945）
油彩　セーヌ河畔〈製作年不明〉24㎝×27㎝

パリに滞在中の作品と思われる。画布ではなく大判の色紙に描かれている。

鈞窯澱青釉紅斑文破片

12世紀、北宋〜金

30歳のころ、友人の画商より分けてもらう。それ以来、鈞窯のサンプルとして大切にしている。

※396ページ

高麗青磁雲鶴文黒白象嵌文破片

12世紀

大阪の骨董市場で入手。最上手の高麗青磁で、無傷なら重要文化財クラス。

狗文鎮

中国・清朝　18世紀

犬の面構えが気に入って上海文物商店にて購入した。

大明萬暦年製の残片を使った灰皿（現在はペン立てに使用）

中国明朝後期

尊式形の瓶の残片と考えられる。もしも完品なら、億の値段か。

豆彩鶏文杯（口径 8.2㎝）

20世紀　景徳鎮窯倣造

本物のチキンカップ（成化年製）は、近年の香港オークションで4億円以上で落札された。

※ 363 ページ

ユーモフォポウロス・コレクション（全11巻）
〈1925 - 1932年刊〉

ギリシア系イギリス人の実業家、ユーモフォポウロス（1863-1939）が長年にわたり蒐集した東洋美術のコレクションを図版入りで紹介したカタログ。
※138ページ

第一部

鑑定の鉄人

私たち骨董商のあいだには「腹に入らない」という言葉があります。

これは非常に感覚的な表現なのですが、いわゆる贋作《がんさく》などを目の前にしたときに、どうもしっくりこない感じを表すいいまわしです。

贋作者が、どれほど優れた技術と知識を駆使して本物と寸分違わぬコピーを作りあげたとしても、その作品を目の前にしたとき、あるいはしばらく手元に置いて眺めていると、どうにも腹に入らなくなってくるものです。

本物の逸品は、時間が経てば経つほど品性が漂い、ますますその輝きを増してくるものですが、贋作はそれとは逆にいやらしさが滲《にじ》み出てきてしまうのです。

それはもう、物がもつ「霊性」としか表現のしようがないもので、その霊性を瞬間に感じ取ることのできる感性と経験があるかどうか、これが一流の鑑定士か否かの基準といえます。

物の霊性を見抜くために、私自身、これまでさまざまな経験を積んできました。その過程には当然、数々の辛苦があったわけですが、それらがあったからこそ現在の私があるといえるでしょう。

私がまだ店を開いたばかりの若造のころのことです。

ある男がもってきた骨董品のなかに、海揚《うみあ》がりの備前《びぜん》の徳利がありました。海揚がりというのは、海の底に沈んだ沈没船から潜水夫が引き揚げた古い時代の品のことで、主に昭和十九年ごろに岡山の沖で多く発見されているものです。その男が私に見せた骨董品のなかに、まさに海揚がりの徳利があったのです。他の品々といっしょに素晴らしい海揚がりを手に入れまして、もう嬉しくて嬉しくて毎日その徳利で晩酌を楽しんでいたわけです。

ところが、これがだんだん腹に入らなくなってきた。それで大先輩にその徳利を見ていただこうと思ってもっていきますと、私が箱から徳利を取り出すか出さないかといわないうちに「見る必要ない」。こうして、やはりそうか、贋物《にせもの》だったか、自分もまだまだ勉強不足だった、と思い知らされたというわけです。

こんな話はこの世界には山のようにありまして、そういう苦《にが》い経験を重ねて私たちプロは本物を見分ける目を磨いてきているのです。詳しい顚末《てんまつ》は本書のなかで紹介しておりますが、とにかく骨董という世界は奥が深い。

お蔭様で、私が出演しているテレビ番組『開運！なんでも鑑定団』の人気が高いようで、これまでは古美術などにほとんど関心がなかったという方のなかにも、骨董の世界に魅力を感じはじめた人が多くいらっしゃることでしょう。それはそれで、この道に生きてきた私としては嬉しいかぎりですが、やはりこの世界は奥が深く、ちょっとやそっとで見えてくるものではありません。

そうした骨董の奥深い魅力をさらに味わっていただければと思い、また本物と贋物の見分け方の参考になればと思って、この本を世に送りだすことになった次第です。

私がまだ若いころに贋物をつかまされたいくつかの苦い失敗談もありますし、思わぬところで思わぬ大発見をすることができた体験談も記しております。読者のみなさんには、推理小説を読むようなある種のスリルと、骨董の世界だけにある「粋」を、楽しんでいただけるのではないかと思っています。

そう、骨董には、日常生活のなかではなかなか味わうことのできない「人間」と「藝術」と「時代」とが織りなすロマンがあるのです。

第一章　鑑定は一瞬、修業は一生

贋物《にせもの》というのは、どうしようもなく「腹に入らない」

素人の方に会ってまず最初に聞かれることは、

「どうしたら本物と贋物《にせもの》が判別できるのでしょうか」

ということです。講演会であろうと道で会ったときであろうと、これがほとんどの方の素朴な質問なのです。なるほど、気持ちはわかります。当然すぎるほど当然のことでしょう。が、しかし、これがなかなかむずかしい。いや、判別するのがむずかしいというのではありません。どう説明したらいいのかが非常にむずかしいものなのです。


一応、説明はしたいのですが、それじゃ、たとえばルーペなんぞのさまざまな鑑定道具を使いますとか、分厚い辞書をひきながら調べます、なんてことかといいますと、決してそういうことではありません。一言で申しあげるとすれば、

「物を見たら瞬間的にわかってしまう」

ということなのです。非常に唐突な飛躍しすぎた話であって、説明にも何にもなっていないのは

百も承知なのですが、もう、そうとしかいいようがないのです。

「瞬間的にわかってしまう」

これなのです。またそうでなければ、鑑定士、目利《めき》きなんぞの仕事はやっていられません。

たとえば、こういう話をしてみましょう。ある人が中国の明《みん》時代の香炉《こうろ》が手元にあるということで、ぜひとも私に見てもらいたいと電話をよこした。私もなんだかんだと忙しい身なもので、そういう話を全部承っておりましたら、体がいくつあっても足りません。もちろん、皆さんが肌身離さず、あるいは先祖代々大事に受け継いでこられたものですから、ひとつひとつ見てさしあげたいのはやまやまなのですが、それは何とぞご勘弁。さて、その電話にどう答えればよいかといえば、

「私の店の前の道まで来たら、その物を道の向こうで高く差し出しなさい。それを見た私が手招きをしたら道を渡って来てください。手招きしなかったら贋物ですからお帰りください」

というわけです。要は、そのくらい離れていたって瞬間的にその物がわかってしまうということなのです。それこそ、1／5秒。いや1／10秒でもいいくらい。

私たちのように古美術を売り買いしている場合は、これはもう命がけですから、瞬間的に判断しなければいけないわけです。そして、自分がどう判断したかを決して人にいう必要はない。自分ひとりで納得しておればいいのです。けれども、それはビジネスの話であって、鑑定をひとつのショー、あるいは藝能という形で見せるときには、それではあまりにも無責任な話ですから、そこにある程度のドラマを付け加えるわけですね。説得力と面白さと臭みの三位《さんみ》一体を、あらゆる知識とカンを駆使しながら作りあげていく。けれども、完璧な説明なんぞは所詮《しょせん》無理な話なのです。言葉で

は如何《いかん》とも説明しがたい何物かがそこにあるわけであって、それこそが鑑定の鍵なのですから。

贋物というものは、見た瞬間、なんともいえない嫌な感じがするものなのです。そこには、贋物を作って一山儲けてやろうなどという、人間の嫌らしさが滲《にじ》み出ている。これはもう間違いなく滲み出ている。西洋の物であろうと、日本の物であろうと、朝鮮の物であろうと、中国の物であろうと、ガラスであろうと、陶磁器であろうと、漆器であろうと変わりません。本物とそっくりの形をもって、本物とそっくりの色をもっていてもわかります。これを昔の言葉でいうと「腹に入らない」という一言につきるのです。

物に宿る「霊性」とは何か？

さて、その判断を与えてくれるものはいったい何かと申しますと、それはその物がもっている「霊性」ということです。なんだ、それは新興宗教か、と御非難もあるかと思いますが、これはもう、そうとしかいいようがありません。物がもつ霊性なのです――。

品物というものは、基本的に人間が必要としたから作ってきたものです。あるいは藝術的な発想のもとで作ってきたものです。そこには何ひとつ不必要なものはありません。形も色もすべてにわたって道理にかなっているわけです。それに反して現代藝術は、不必要なもの、不合理なものを作っておりますが、昔の人はそんなことはしなかった。日常生活においても宗教的な分野においても、すべて必要としたものの下で、その形と色が作られてきた。

たとえば、宗教的な物はそれこそ魂を打ちこむように、一文字書いては観音経《かんのんきょう》を読み、ひとつノミを加えては仏様を拝んで、そうした祈りの行為を行ないながら、全生命をかけながら作りあげてきた。そこには人間の魂がこもっていて、何ひとつ不必要なものはないのです。

あるいは、平安時代に必要とされた器があるとしましょうか。その器には、その当時、その歴史、その社会が必要としたものが注ぎこまれており、そのときの最大の努力と最高の技術のもとで作られています。それは、ギリシャ時代ならギリシャ時代の、平安時代なら平安時代のそれぞれの時代背景が与えた力の結晶であって、ありとあらゆる時代の要素というものがその物を作りあげたのです。人力と風土、光源と道具。そこに、時代のもっている素直さが滲み出ている。

だから嘘がない。素直なんです。そういうことが「腹に入る」ということに繋《つな》がってくるのです。

霊性というと摩訶不思議なものと受け取られがちですが、まったく道理にかなったことであり、素直な目でその物に対すれば、不必要なものが付いていない純な物は、非常に美しく見えるものなのです。

しかし、どれほど優れた霊性をもった物であろうと、その物に対峙《たいじ》する人間の霊性が曇っていれば、その物の霊性は見えません。一生懸命に仕事に打ちこみ、また学んで、そのくらいの素直さをもって物に対峙したときに、その物のもつ霊性と波長が合うのだと思うのです。

あれは儲からない、あれはこのくらいで売れるだろうと考えることは、もちろん商売ですから大事な要素ですが、その物に対する人間のなかにそれしかないとすれば、きっとその人間の霊性は曇ってくるのではなかろうか、と思うのです。

もう少し本物と贋物を見分けるということについて話しますと、たとえば、江戸時代の初期、十七世紀に作られた蕎麦猪口《そばちょこ》というものは、このような形をしていて、こういう釉薬《ゆうやく》で、こういう高台《こうだい》をしています、と私がいったとします。そうすると、それとまったくおなじ形でおなじ釉薬でおなじ高台の贋物が出てきたときに、かならず騙《だま》されてしまいます。

他にも、平安時代の仏像というのはこういう手の形をしていて、こういう表情をしています、北魏時代の石仏はアルカイックスマイルをしています、鍋島というのはこういう寸法になっていて、こういうデザインです。すべてに関してこういう具合にいったところで、それが贋物と本物を見分ける手だてにはならないのです。

それではどうしたらいいかというと、もうそれは自分も霊性を兼ね備え、その物のなかの霊性を感知できるようになるしかないわけです。

「ボロ着て、絹着て、木綿着ず」という気位《きぐらい》をもて

さて、一瞬で物の真贋《しんがん》を見分けられるようになるには、いったいどうすればいいのか。誰だって知りたいことですが、これは決して「専門家」になりさえすればわかるというものではありません。その道だけを一生懸命に勉強し、打ちこんで、膨大な知識を得たとしてもダメ。

たとえば伊万里焼きに精通したいと願う人がいて、その人は一生懸命に伊万里焼きについて勉強をする。あるいは、古写経に詳しくなりたいと思って古写経の勉強ばかりをする。そうすると、確

かにその世界ではエキスパートになることはできるでしょう。けれども他の分野においては、まるで目利きができない。

自分はその専門分野だけの目利きができればいいというのであれば、別にそれはそれでかまわないのですが、プロというのは、そういうわけにはいかないのです。伊万里焼きの真贋も見分けなきゃいけない、古写経の真贋も見分けなきゃいけない。ここにガンダーラの仏像が出てきてもわからなきゃいけない。私は今、中国の焼き物、日本の焼き物、陶磁器を専門にしているわけですが、もしガンダーラの仏像を目の前にしたら、それが贋物か本物かはたちどころにしてわかってしまう。それは実際の物であろうと写真であろうとわかります。

そのくらいの修業をしなきゃいけないわけです。単に、専門分野の知識をもっていればよろしいという問題ではないのです。

もうそうなると、先程申しあげたように、やはり広く霊性を高めるということにまでいたらないといけないわけです。そのためには、専門分野の勉強だけではなく、いい音楽を聴く、旨《うま》いものを食す、美しい光景に見とれる、いい話を聞く、というような自分の生活環境というものを常に高いところで保持する必要があるわけです。

なにも贅沢《ぜいたく》をしろなんていいません。たとえ、オカネがなくてパンひときれしか食べられない、うどん一杯しか食べられない、というような生活であっても、自分の感性、生活環境を常にでき得る最高のところにもっていけといっているのです。

それはどういうことかというと、骨董界に伝わる言葉にある「ボロ着て、絹着て、木綿着ず」ということになるのです。

カネがないときはボロしか着られないけれども、木綿だけは着るなよ、というのです。オカネがないときは握り飯ひとつですませておけ、余裕のあるときはフランス料理のフルコースを食べなさい、けれども間違っても立ち食い蕎麦は食ってはいけない、と。

立ち食い蕎麦が悪いというのではなく、庶民性にひたっていてはいけないというんです。乞食になっても貴族になってもいいから、気位だけはしっかりもっていろ、ということ。

そうやって、常に自分の生活に対してシャンとして背筋を伸ばし、精神を磨いていれば、どんな物が出てきても、その物がもつ霊性がわかるようになるわけです。

「カネの痛み」が目筋を確かなものにする

私たちプロの目利きは、どんなに知識をもった人であろうと評論家であろうと、アマチュアを相手にして論争することはありません。なぜかと申しますと、彼らは「カネの痛み」を知らないからです。プロがプロとしての目を磨くのは、先程申した霊性が宿るというのとおなじくらいに「カネの痛み」を知っていくことなのです。自分が、ある物を買ってみる。それで損をしたという失敗が自分の本当の目筋を磨いてくれる。カネの痛みは忘れられないからです。

いくら立派な評論家がその物に対する論評をし、鑑定の能書《のうが》きをいうとしても、実体験がない人の話を私たちは相手にしません。カネの痛みを知らないから。

切磋琢磨《せっさたくま》して売り買いをして、実体験で自分の目を磨きあげている人は、評論家と違って能書きはいいません。いわないけれども目筋は確か。それは、霊性というものの向こう側に、経済の魅力があるから磨かれる。物の霊性が手前にあって、その後ろに後光のようにカネ勘定が見えてくるから、本当のその物の質が見えてくる。それがプロ。

しかし、問題はそんなに簡単ではない。プロなら誰でも彼でも目筋がいいかというと、そんなことはありえない。目筋の悪い業者もワンサといるわけです。しかも具合が悪いことに、そうした目筋の悪い業者には、おなじように目筋の悪い客がついている。そして哀しいかな、目筋の悪い客が業者にとっては好都合なわけです。つまり、目筋の悪い客には大金持ちが多いものなのです。

誤解を恐れずにいいますと、オカネがたくさんある人は、業者からみると非常に騙《だま》しやすいのです。どういうことかと申しますと、大金持ちというのは、だいたいがケチ。ケチな人には、損をしたくないという気持ちが常にある。その損をしたくないという気持ちをグッとつかんで、目筋の悪い物を「華々しく飾ってあげて」パクリと食べられるようにしてあげれば、すぐにコロリとひっかかってしまうものなのです。いかに優れた品物かと能書きをたれても、本当に目筋のいいものを見せても、そういう人は疑うばかりでダメですが、いかにも凄い物だといわんばかりのお膳立てをしてあげると、見事に騙される。損をしたくないというケチな気持ちが、本物を見分ける力を奪ってしまって、話術と演出にごまかされることになってしまうわけです。

ところが、目筋のいい人というのは、損はかまわない。なにしろ自分が気に入った物が欲しい。だから騙されない。自分の目、自分の眼力にかなったものを欲しがるからです。運悪く騙されたとしても、それは尊い経験となって、さらに目筋が磨かれて、さらにいいものを買う栄養になっていく。こうした目筋のいい客というのは、当然、目筋のいい業者につきますから、目筋のいい業者というのは客の要望を満たして研鑽《けんさん》をつみ、商売を越えて取引に応じ、薄利に甘んじ、なかなか経済的にはたいへんなものなのです。

目筋の悪い大金持ちは、すぐに騙せるけれども、目筋のいい趣味人は騙せない。したがって、目筋のいい業者は経済的には恵まれず、歯をくいしばって優品を探すことになる。しかも、皮肉なことに、目筋の悪い物が千点あるとすれば、目筋のいいものは五点ほどしかありません。目筋の悪い人が一万人いるとすると、目筋のいい人は十人くらいしかいないのです。

そういう矛盾だらけの骨董界のなかで、じゃあ、目筋の悪い業者が得をして目筋のいい業者が損をするのかというと、これまた決してそんなことはない。オカネというものが、目筋の悪いほうに集まっているとしても、そのなかで目筋のいい業者は、先程お話した「ボロ着て、絹着て、木綿着ず」といったこだわりと自負心をもって生きていくことが必要です。

そうした姿勢をずっと弛《ゆる》めずにつづけていくと、どうなるか。富士山のような大きな山になるんです。びくともしない揺るぎない山になる。そうしてはじめて人とカネが集まり、日本の文化を維持し、歴史に残る目利きとなっていくのです。ところが、目筋の悪いほうは、がんばっても所詮、連山の岩峰。高いけれどもゴツゴツして谷間に入ると何がなんだかわからない。

江戸時代、明治時代、昭和、それぞれの時代に、傑出した目利きが生まれたわけですが、彼らは決して平穏な人生を送ってはいない。若いときに間違った物を買って、それを人知れず涙しながら海のなかに投げこんだりしているわけです。そうやって確かな目筋を磨いて、名を成し、美の発見に務め、家業を磨いてきた。

目筋の悪い業者というのは、こんな純なことなんぞしやしない。もし大きな失敗作をつかんでも、これをまた目筋の悪い客につかませて、ペロリと舌でも出しときゃいい。しかし、そのときは金銭的な意味では豊かになるけれども、霊性の豊かさなんてちっとも磨けやしません。そんな人間が大成することはない。所詮、連山の岩峰どまりなのです。

そういうふうに、鑑定というのは、いかにして自分を磨きあげていくかということが大事になってくる。オカネの痛みを知ってはじめて、その目筋に磨きがかかる。かといってオカネだけに執着すると、本当の目筋は磨けない。片方でオカネの痛みを感じながら、もう片方でオカネだけでない純なものに向かって修業する。そ

1996年、南青山にあった「骨董屋からくさ」店内で

うやっていってはじめて、本物の目利きができるのです。そうしたら、1／5秒はおろか、1／20秒でも、物の真贋がわかるのです。

感性のピークは二十代、後はどんどん落ちていく

人間の感性がいちばん鋭いのは二十代です。二十代から三十代の半ばまで。たとえばノーベル賞をとるような科学者でも文学者でも、優れた業績というのは二十代から三十代前半までのあいだになされることが多い。それとおなじことが美術商にもいえます。若いときにどれだけの感性を磨けたかというのが非常に大きな要素になるのです。

りんごを見てもりんごにしか見えないような感性、空を見てもただの空にしか見えないような感性では、もうどうしようもない。

物を見て、そこにある以上の何かを感じ取る研《と》ぎ澄まされた感受性というのは、やはり二十代が最高でしょう。後半生はその残りで食っているといっても過言ではない。もちろん、知識は別。知識はいくつになっても増やすことはできるし、またそうしなければいけないのですが、目筋という感性は二十代から三十代の前半でもってピークを迎えて、後はどんどん落ちつづけていくものなのです。

それと反比例して大きくなってくるのが何だと思います？

欲です。哀しいかな、欲なのです。

若いときは十万円のものを、自分が好きなら百万円でも買ったりできる。けれども、歳をとってくると、百万円のものをどうやって十万円で買おうかということばかりに頭を使うようになってしまうのです。若いときは、百万円損したって屁でもない。そこらへんに寝ころがっていたっていいんですから。ところが、壮年期、老年期になってくると、百万円の損をするということは、経済的にも精神的にも非常に大きなショックを伴います。

しかも、歳をとるとそれなりに鑑識眼もつきますから、相手の無知につけこんで、百万円のものをいかにして十万円で取りあげてやろうかということに、頭がはじめからまわることになる。鑑識眼というのは、良くも悪くも使えるのであって、それはまるで両刃の剣です。

では、歳とともに落ちていく目筋というものをカバーするものは何か？

当たり前ですが、勉強するしかない。勉強すると同時に、いい旦那《だんな》になることです。旦那にならなきゃいけません。六十代、七十代になったときに、いい旦那になれるかどうかで人間のカチマケが決まる。

若い者の顔を見るたびに、相手の懐に手を突っこんで、あるいは背広のポケットに手を突っこむような感覚でもって、利益を奪い取り、贋物を若い者にはめこむようなことをやっていてはダメなのです。窮鳥《きゅうちょう》が懐に飛びこんできたら温かく迎えてやるような気持ちでいなければ、いい旦那にはなれやしません。経済的にも精神的にも若い者を育ててやらなければいけない。どうしてもオカネがいるから何とか助けてくれませんかと泣きついてきたときに、「困った奴だな。まあ置いていきなさい」といえるぐらいの度量をもたなければいけません。それは目筋というものとは別のものであって、たとえ目筋の悪い人であってもいい旦那でなければいけない。そういうところに大旦那というものの風格が備わってくるものなのです。

二十代のときにどんなに優れた名品をもっていても、世の中は相手になどしてくれません。若造が何を生意気なってことで終わってしまう。

けれども、大旦那になればなるほど、一言「買っておきなさい」といっただけで、みんなひれ伏して買ってくれるわけです。そういうふうに、五十代、六十代、七十代と燻銀《いぶしぎん》の風格と輝きをもったときに「買っておきなさい」「いい物だよ」という一言が千金の重みをもつようになるのです。

そうなるように、自分を磨いていかなければいけない。勉強していかなければいけない。伸びてくる若い芽を応援してやる。そうやって、歳とともに落ちていく感性としての目筋を補っていくのです。

若いころから茶碗のケツばかり眺めてる奴は大成しない

さて、修業は一生ということで、じゃあ一生毎日毎日、蕎麦猪口のケツを眺めていたり、ぶ厚い美術書をひっくり返していればいいのかというと、そんなのは大間違い。そういうふうにしか頭が働かないから、今の連中は視野が狭すぎるんです。そんなことは必要ないんです。だいたい茶碗のケツばかり見ているような奴は、それしか進歩がないわけで大成することはない。私の友達にも、若いころから骨董が好きな人はいます。世界的に有名なイラストレーターになった者もいればデザイナーもいる。みんな十代から骨董が好きだった。でも彼らは、たとえば絵描きになった人だとすれば、その人は絵描きとして大成するためのひとつの材料として骨董に打ちこんだのであって、骨董で商売しようなんて思ってはいない。

それとおなじで、目利き、骨董屋として大成するには、十代から骨董以外の何かにひたむきに打ちこまなければいけないんです。いい音楽に感動し、いい旅を経験し、いい友達を作っていく。あるいは水泳やったり、山登りやったり、外国暮らしを経験したり、何かに青春をぶつけるようなひたむきさをもつことが大事なんです。そういう奴が大成する。

若いときから茶碗のケツばかり追いかけているような骨董業者というのは、一生偉そうなことばかりいいながら自分だけの世界に閉じこもってしまって、大成することがない。そういう人は道を誤ったのであって、科学者か藝術家になったほうがよかったんです。

私にも子供が三人おりますが、まず全員外に出します。金融でも流通でもいい。まず十年なりそこいらの年月は外の世界を見なければダメ。他所からカネを稼ぐことを教わる。十代から親父の下について茶碗のケツばかり眺めながら「結構なお茶碗です」なんていってるような奴は、まず見こみがないと思って間違いない。着流しなんか着て、自分と世の中を勘違いしてしまっている。その世界しかわからなくなる。

だから若いときは、骨董以外の何かに、それがスポーツでもいい。若者らしく、ひたむきに向かっていくことが大事なのです。

海外をこの目で見たくて乗りこんだマグロ船と人生の転機

二十代のころということで、私自身の話を少しばかり——。

私の父は、父といっても伯父さんのところへ養子に入ったので養父ですが、茶道具の目利きでした。ですから、私自身も幼いころからその世界のなかで暮らしてきたわけですが、決して骨董品ばかりを見て生きてきたわけではありません。

私の二十代のころというと、昭和三十年代の前半です。第二次世界大戦後の講和条約が結ばれたばかりで、まだ日本人が今のように簡単に外国へは行けない時代でした。そうした時代のなかで、自分の目で外国というものを見たくてしようがなかった。

それで、無謀というか、単に外国へ行きたいという衝動から、マグロ船に乗りこんだのです。築地の魚市場から。三百五十トン、二十七人乗り組みのマグロ船でした。

その当時、青春時代を迎えていた人たち、たとえば、小澤征爾が僕の音楽武者修業といって、スクーター一台をもってヨーロッパに行った。あるいは小田実がなんでも見てやろうと海外を無銭旅行した。また北杜夫がどくとるマンボウ航海記といって、やはり捕鯨船に乗っている。私もそういう意味ではその時代の人間なのです。日本人がそれまで抑えつけられてきた向上心が醗酵《はっこう》して、爆発的なエネルギーを発していた時代です。

さて、そうやってマグロ船に乗りこんで、東シナ海を通ってマラッカ海峡の入り口にあるシンガポールまで十四日かかりました。それから、インド洋に出てマダガスカルの沖でマグロとりをやる。

約六ヵ月。そのときの思い出、辛さ、楽しさ――。

いったん海に出たら、十日も二十日も陸《オカ》を見ない。陸を見ないで晴れた日も荒れた日も、一日二十時間もマグロをとりつづける暮らしが、ひたすら繰り返されることになる。

寝るにしても船が揺れて揺れてたいへんなんです。ハウスと呼ばれるカイコ棚のベッドの揺れでシャツが擦《す》り切れて、靴下みたいに穴が空いてしまう。

けれども、その素晴らしさ――。星空、海の色、マグロとの戦い、今の日本の日常に埋没している若者には想像もできない何かがあった。

日本を出発して、はじめての外国シンガポールに立ち寄って、水と燃料を積みこみました。今から数えると三十年以上たちますが、あのときの光景は一生忘れない。築地の魚市場を出て、二週間もかけて南シナ海を航海していくと、まず突如として水平線の彼方に教会の塔が見えて

22歳（1960年）、マグロ漁船にてシンガポールに寄港

くる。やがて椰子《やし》の木が見えてくる。そしてだんだんと近づいていくと、シンガポールの街が忽然《こつぜん》と眼前に現われるわけです。それから小舟《サンパン》に乗って波止場に上陸すると、鬱蒼《うっそう》とした孟宗《もうそう》竹に包まれて赤道直下の強い陽ざしの下、ヤケに活気のある商店街があるわけです。

異国の陸に降り立ったそのときの感動は、現在でも忘れることができません。

そうそう、そのとき和歌を一首詠《よ》んでいます。

夕暮れの港に涼む視線浴び
　ローマに続く大陸を踏む

すごい気概でしょう。

だから、あのときの思い出を壊したくないので、いまだに高層ビル街の増えたシンガポールには行かないようにしているのです（二〇一四年、テレビ番組「アナザースカイ」〈日本テレビ系〉で、なんと五十四年ぶりに訪れました）。

さて、そのときの出来事です。シンガポールで一軒の土産物屋に行ったのですが、そのときにある種の啓示を受けたんです。家族にお土産でも買おうかと思ったんでしょう、ワニ皮のベルトとか財布とかを物色していると、華僑《かきょう》の主人が店の奥へちょいと入っていったその瞬間、入り口から風がフワッと吹いてきて、奥の部屋のカーテンがめくれたのです。

そのとき、その店の奥に「商戦」と書いた物凄い大きな掛け軸が掛かっているのが見えたのです。

別にどうという掛け軸ではなかったかもしれませんが、その掛け軸に墨痕あざやかに書かれた「商戦」という文字にいたく打たれてしまったわけです。

商売の戦い――。ここの主人の華僑はシンガポールにこれだけの財力を築いてきた。商売の戦いで築いてきた。ありふれたことかもしれないけれども、そのときの私の胸にグサリと突き刺さり、その後、商売という戦いをやってみようという決意のようなものが生まれたのかもしれません。紺碧のインド洋航海のあとで、そろそろ東京に帰ってみるかと……。

あれは忘れられない出来事で、もっと歳をとってシンガポールに行ってみようという気持ちになったら、あの「商戦」という掛け軸が掛けてあったところを一度訪ねてみたいと思っています。

つまり、ここで私がいいたいことは、いま目の前に自分に与えられたものを一生懸命やることが、ひたむきにやることが大事なのだということなんです。それは骨董商に限ったことではありません。

卯《う》の花墻《はながき》の茶碗との出会いから、ひとつの閃《ひらめ》きが――

そこから帰ってきて、またひとつの出会いがありました。二十代の後半です。

上野の博物館に行ったのです。どんなときに行ったかは覚えていませんが、そこで三井文庫が所有している国宝の卯の花墻の志野茶碗を見たのです。卯の花墻の茶碗というのは今でも三井記念美術館にありますが、あの茶碗を見たときに、ひとつの大きな閃きがあったのです。

これが日本の美術だと思いました。

他にもいい物はたくさんあったでしょう。馬蝗絆《ばこうはん》の茶碗もあっただろうし、古九谷《こくたに》の大皿もあったでしょう。けれども、すべてその他の物の記憶はなくて、その卯の花墻の茶碗だけが鮮明に記憶に残っているのです。

どこにどう感動したということではなくて、ただもう強烈に印象に残った、閃いたということです。

今でも、卯の花墻を見に行きます。もう何十回見たかわかりません。疲れたり、あるいは和やかな気持ちになったとき、私は卯の花墻をわざわざ展示された会場まで見に行くのです。それはまるで提灯《ちょうちん》アンコウの提灯のように、あるいは馬の鼻先にぶら下げた人参のように、私のなかにあって私を走らせつづけているのです。

それはつまり、私の感性と卯の花墻のもつ霊性が一致したということでしょうか。こうした経験ができるのが、二十代から三十代の若いときではないかと思うのです。

国宝・志野茶碗　銘卯花墻　三井記念美術館

だから、若いときにいい音楽、いい文学に触れ、いい友達と付き合い、いい旅をしなさいということです。ひたむきに生きなさいということです。

「明日ありと思う心のあだ桜、夜半《よわ》に嵐の吹かぬものかは」

さて、私の話はこのくらいにして、そういう「ひたむき」さというのは、骨董を専門の商いにしたときもおなじこと。ひたむきに前向きの勉強をしていくことです。

たとえば、新聞に美術品の解説の記事が出ていた。読んでも五分とかからない。だからその場で読む。

些細《ささい》なことだけれども、こういうことを積み重ねていくことが力になっていく。読んだらすぐに忘れてしまうけど、何かおなじような事例に触れたとき、それがひょっこりと出てくるものなんです。あれ、これどこかで見たな。そういえば江戸時代の誰それの作品で、これがそうじゃないか、なんてことが脳味噌の引き出しからスッと出てくるようになる。

そういう小さな積み重ねをひたむきにやりつづけていく。一年間で三百六十個覚えられる。半分忘れたって百八十個は覚えている。これは凄いことなんです。骨董が好きというのは、こういうことの積み重ねがあって初めていえること。

私がよく口にする和歌に「明日ありと思う心のあだ桜、夜半に嵐の吹かぬものかは」というのがあります。明日があるから明日勉強すればいい、明日金儲けすればいい、明日買いに行けばいい、そんな気持ちでいると、夜中に嵐が吹いて全部パアになってしまうんです。

本当に物が好きな人というのは、たとえば、外国から帰ってきてクタクタになっているときのことを考えてみましょうか。帰ってきてみたらメモが一枚机の上に置いてある。そしてメモには、「○○市の骨董屋にこういうものが入ったそうです」

と書いてある。それじゃあ、明日電話して聞いてみよう。それからいいようだったら出掛けてみよう。もう夜も遅いし、疲れているし……もし、そんなふうに思うようなら、その人間はそこでダメ。そのまま自動車を運転して、○○市の骨董屋に夜中でも訪ねるくらいの強烈なひたむきさと精神力がなくちゃダメなんです。明日ゆっくり出掛けて買う人は、それだけのことしかできません。そこには大成するためのひたむきさがないのですから。

「捨て目を利かせる」ことができるか、それが成功の分かれ道

一生修業するうえで、骨董の世界で大事なことは「捨て目を利かせる」ことです。つまり常に自分の脳味噌の一部に、ほんの少しでいいから余白を作っておくこと。新鮮な古美術の感性やヒントが目の前に現われたときに、そのわずかな余白に、それを入れることができるようにしておくこと。つまり、捨て目を利かせる――。

たとえば、通勤電車に乗っていたら、電車の窓の外に形のいい樹が見えた。それをちょっとした頭のなかの余白に入れておく。

なかなかいい形の樹だったな、建物はいい日本家屋だったな、と。

そして後で何かの機会があったとき、あれが数寄屋の建築家として名高い吉田五十八《いそや》の生涯の傑作の日本家屋だったことが判明したりする。

暇があるときに途中下車して見に行ってみる、偶然、家人と話すことになる、そこに新しい人生が待っている。

そうやって、常に自分のなかに余白の部分を作っておくのです。

余裕がなくて、いつもカネ勘定で頭がいっぱいで、外の景色なんか見ていられないという心理状態では、捨て目なんて利きません。

もうひとつ大切なこと。それは、その物で儲けるということばかり考えるなということ。商売ですから儲けることは大事なのですが、それだけに終始するようだと、素直に物に対することができなくなってしまうのです。これは第五章の「鑑定の鉄則」のところでお話しますが、安く買えて万々歳とか、売り先を考えたり、儲けの計算をしているようでは、本当の目利きにはなりません。

そういうふうにして、人生の階段をひとつずつ踏んでいったときに、欲の心というものが、その人の感性や度量のオブラートに包まれて明からさまには見えなくなってしまうのです。

どうして、あの人は金儲けの運がいいのだろう、と周りの人は思うかもしれませんが、金儲けがうまいのではなく、本当にいい物がその人のところに寄って来るようになるのです。

ところが、儲かる物はないかといって目くじらばかり立てている人のところには、それなりの物しか寄ってこない。

目先だけで儲けようとしていると、目先だけの儲けしかできません。もっと人間を磨かなければいけません。いい旦那にならなきゃいけません。素人でいえば、いいお数寄者《すきしゃ》にならなければいけないのです。

そういうことが、「修業は一生」ということなのです。

機転が利かない人は目利きはあきらめなさい

さて、もう少し、目利きに必要なものについて話をしましょう。

目利きになるには「機転がきかなきゃ」いけません。機転が利かない人は目利きはやめておいたほうがいい。

機転が利く――これは、なにも学校の勉強ができるということではありません。その瞬間瞬間に、とっさの判断でどっちに行ったらいいかがわかる、そういうことです。機転が利いてはじめて、たとえば自分の生涯を左右するような出来事が目の前に現われたときに、瞬間的に胸を打たれる、啓示を受けられる。自分がただ夢中になって、画商なら画商の店員をやっていたとき、骨董商なら骨董商の番頭や小僧をやっていたとき、そんなあるとき、何か自分のハートを打ち震わすような焼き物なり、絵なり、仏像なりと出会う。

それが、見事に心のなかの何かを動かしたときに、ひとつの大きな筋というものが自分の人生に一本通るわけです。そうなれば、その道が以前にも増してグンと歩みやすくなるのです。人間には所有欲があり、収集欲というものもありますから、自分が打たれたものを何としても集めよう、自分のものにしよう、という気持ちになれる。

そういうことの積み重ねのなかで、決定的な出会いというものがあるのです。あの仏像に会わなかったら、今日の私はなかっただろう。自分があのとき、たとえばの話ですが、あの焼き物をトルコのイスタンブールの美術館で見なかったら、今の私はなかっただろう、という出会いが生まれる。そういう出会いがなければ、骨董商なんぞやっていても意味がありませんし、面白くもなんともない。また、大成することもない。そのためには機転が利く人間でないとダメです。厳しいようですが、それがなければ、やめておいたほうが幸せな人生を送れます。

たとえば、機転の利かない人間の場合は、イスタンブールの美術館へ行ってきた。皿小鉢を見てきた。珍しいものを食べてきた。帰ってきた。でも、ただそれだけ。何もない人間は、奈良へ旅をして仏像を見ても、ああ、仏像だ、お釈迦さまかな、お不動さまかな、それだけで終わってしまう。だけど、常に機転が利き、自分のなかのものを磨いている人は、自分の心にふっと出会いが生まれるのです。

イスタンブールの歴史的な背景や、奈良時代の人々の情感がわかり、それが出会いに彩《いろど》りを添える。そうした出会いを得るためには、常に若いときから機転を利かしていかなければいけません。

骨董屋の小僧なら、おやじが出かけようとしている。あ、どこの茶会へ行くのかな。どこの市場へ行くのかな。風呂敷を出しておいてやろうか。何を見たがってるかな。今日はきれいな桔梗《ききょう》を見かけたから、部屋に野花を活けておいてやろうか。そういうような機転が利かなければ、大きな出会いも生まれませんし、大きな発見もできません。同業者やお客の電話番号など全部暗記しているうえに、主人が「電話」といった瞬間に、どこへかけたいのかわかるくらいでなければ、立派な商人にはなれません。

それが、機転が利くということ、頭の回転が速いということで、そういう人間が常にその道を求めつづけていったときに、何かの啓示を受ける。そして、その啓示に沿って伸びていった人は、目筋もいいし、金儲けもうまい。カネの使い方も無論うまい。カネと頭は生きているうちに使え――とは、まさにそのことです。

チャンスは平等に与えられているはずなのですが、それと出会ってうまく生かせることのできる人は案外少ないものです。

目利きには、ある種のカリスマ性が必要

さて、目利きというものは、やはり一種のカリスマ性がなければいけないわけです。あまりありすぎてもよくないのですが、ないとダメ。

たとえば、誰も認めないものでも俺はこの石ころが好きなんだといって、その石ころを集めれば、千人のなかに三人くらい「いい石だね」といってくれる人がいる。そのうちの一人はカネを出してくれるかもしれない。そうすると、あの人が集めてるなら俺も買ってみよう、ってなことになる。そこで大事になるのは、最初に「いい石だ」といってそれに価値を見いだした人間のカリスマ性な

のです。

だいたい目利きというのは1／10秒か1／5秒で物がわかるわけですから、カリスマ性とは、その能力をマジシャンとおなじようにして、世の中にどう提供するか、多くの人をどう説得して魅了するかということなのです。

奇術だってタネはひとつしかないのです。出し方なのです。その人間にカリスマ性があってはじめて、石ころがひとつの流行という大きな潮流を生む。

「買っておきなさい。その品物はいいものだよ」

といってハハアと人様を納得させられるのは、ある種のカリスマ性なのです。

もちろん、経験と実績に裏打ちされたものですが。それがなければ大成できない。それはなにも宗教家的なものでなくてもいい。ふだんは、へそ出してズルズル歩いてたっていいんです。あいつはいつもだらしない男だけど、何か魅力がある。その道に関しては凄いものをもっている。そう他人に思わせる何かがなければいけないわけです。

そのカリスマ性というのは、基本的にはやはり、もって生まれたもの。そして、それに加えて先程いったように、ひたむきに生きている人間だけがもてるものでしょう。カネ勘定だけ、損か得かだけを考えて生きている人間はもつことができません。打算のなかだけで生きている者には、人を引きつける輝くものが生まれませんから。

本当にいい物と出会うには悪い業者とも付き合わなきゃダメ

それからもうひとつ、ある程度の心の悪さをもっていなきゃあいけません。

みんな、いい物が欲しい、本物が欲しい。誰でもそう思う。そうすると、どうするかというと、普通の人はいい商人と付き合おうと思う。どんな古美術の本にもそう書いてある。ところが、そんなことは私にいわせれば、ちゃんちゃらおかしい。

いい商人と付き合う、こんな楽なことはないわけです。いい商人はいい物しかもっていないんですから。当たり前なことをいい、当たり前のようにいい品を出す。選ぶほうは、だから失敗も何もない。痛い目に会うこともない。

誰にしても、痛い目になど会いたくはないのですが、痛い目に会ってはじめて本物の目筋ができるのです。そういったことを経験せずに物を見ていると、所詮、過保護な目筋しか身につかない。もし一度失敗したら、取り返しがつかないことになるかもしれません。しかし、それを恐れていたら、泥んこのなかにあるキラリと光る自分だけの宝物を見つけることなんてできやしません。

だから、悪い人間とも付き合うことです。悪い人間のもっている物のなかにだってキラリと光るいい物があるわけです。必ずあります。それを自分の利点に取り入れる。

悪い業者のもっている悪の傾向を把握してしまえばいい。そうして、はじめて本物の目筋が育つのです。

いい業者とばかり付き合っていたら、どんどん偏ってしまいます。楽なほうに行ってしまうのです。やはり、悪を知って、悪を咀嚼《そしやく》して自分の栄養にする力がなければダメなのです。そのほうが面白いのです。

いくら、栄養が満点であっても、安心できても、しょっぱい味、辛い味がないと本当の旨《うま》みが出ないのとおなじです。つまらない。栄養が足りていて味がない、こんな恐ろしいことはないのです。たとえるなら、フグなんて食い物は、あたるかもしれないけど旨いのです。牛肉がいちばんおいしいのは腐る寸前です。私の好きなホヤの刺し身とおなじで、そこに魔の味がなければ面白くない。でも、これだけはいっておきますが、悪い商人というのは決して大成しません。女を囲って藝者遊びをして、博打《ばくち》で失敗して、死ぬときは六畳一間。誰もいません。

悪い商人というのは機転が利きません。悪いことにしか頭が働かないのですから。その場その場では儲けることができても、大きな人生のカチマケというものから見ると、それはもう三下《さんした》やくざか、大関までのぼりつめて、また褌担《ふんどしかつ》ぎに戻ってしまうようなものです。本当のいい商人というのは、そうした人間誰でもがもっている悪の心を、人様の役に立つように磨きあげて、世の中に尽くした人のことをいうのです。

日本人の貧しい精神は「高い」しかいえなくなった

今の世の中というのは非常に困った世の中で、チカラというものが無法であり、カネが悪である、と決めつけてます。そういうような思想がはびこっています。

でも、カネがなければ世の中というものは成り立ちません。優れたチカラは、やはり正義です。カネというものはやはり文化を呼び、文明を起こします。法隆寺の塔、薬師寺の金堂、あれだけのものはチカラとカネとココロがなければできないでしょう。エジプトのピラミッドにしても、富と力がなければできやしない。何十万人という数の奴隷を使役できるだけのチカラがなければできません。それがあるから五千年後の我々は観光することができるのです。

そういうような人間の力とカネ、そして悪というものを少しずつ磨いて咀嚼して、いい関係をもちつづけていくということが大切なのです。悪といっても、「悪い」ということではなく、もって生まれた人間の性《さが》ということです。ところが日本の多くの古美術愛好家は、そこに気がついていない。ダマされたくない、ニセモノをつかみたくない、損したくない。悪は一切ダメであって、近寄るべからず的な発想に陥っています。そこからは非常に薄っぺらい「買う者と売る者」の関係しか生まれてきません。売る側と買う側の微妙なやり取りが生まれてこない。駆け引きが生まれてこない。そこから生じてくる人情も出てこない。

昭和二十年代に日本に来たアメリカのＧＩ占領軍。彼らは日本の商売人のところに来て、あるいは骨董屋に来て、「エクスペンシブ（値段が高い）」としかいいませんでした。他の言葉がないのでしょうか。

そんな関係でしたから、ＧＩたちと私たちとのあいだにはなんの発展性も友情も生まれなかったのです。生まれたのは、あの時代をひたむきに生きた戦争花嫁だけでした。

それとおなじような関係が今だってあります。戦後七十年がたって世界に名だたる経済大国となった日本。その金持ちの日本人が海外で何をしているでしょうか。

たとえば中国に行って、街の骨董店へ行く。あるいは韓国の骨董店へ行く、東南アジアの骨董店へ行く。そこで「高い」、それしかいわないのです。向こうも悪い。十元《げん》しか値打ちのないものを百元といいます。「高い」「安いよ、旦那さん」「高い」それだけです。これでは、心地よい関係というのはできやしません。

適度の値切りはあっていい。でも、GIの「エクスペンシブ」とおなじことを今の日本の観光客はやっているのです、「高い」と。こういうような狭量なことばかりやっているから、いつまでたっても馬鹿にされる。よりよい関係は発展しないと思うのです。

これは露店商に対してもいえることですが、値切られたら、「よその店へ行きなさい。当店はまけません」というようなプライドやこだわりをもつことも大事なのです。ところが買うほうは何しろ物がわからないから「高い」としかいえない。逆にいえば、高いからいいんだという、とんでもない認識までもってしまう。そうすると売るほうは高くしておけばそれだけで売れる。それに、その高い値段の半値にしてやれば「いい買い物をした」と喜んで買っていく。五千円しか値打ちのないものを十万円にし、その半値の五万円で売っている。けれども本当は五千円の値打ちしかありません（ただし、中国人はこれが文化なのです。気をつけてください）。

そういう不毛な売り手と買い手の関係しかないのです。

いい商人、つまりいい意味での「悪い商人」というのは、五千円しか値打ちがないものは、三倍の一万五千円で売る。一万円しっかり儲ける。でも、放り出しても、五千円の値打ちはあるわけです。

一万円ちゃっかり儲けているわけですが、それは、客が支払うべき授業料、客の蒐集欲を満足させてあげるための商人の努力費、そしてその骨董商が何十年と培《つちか》ってきたノウハウに対する月謝と考えれば、そんな法外な値段ではない。商売というのは、つまりそういうことなのです。

このままじゃ、本当の骨董商、骨董愛好者はいなくなってしまう

商人、目利きの究極の理想を端的に表わしている言葉に、孔子の「心の欲するところに従って矩《のり》をこえず」というのがあります。

裸で歩きたかったら裸で歩けばいい、贋物を売りたかったら売ってみればいい。けれども、それが道義にかなっていると誰もが認める程度のものか、どうか。そういう奔放《ほんぽう》な精神のなかにもある程度の自制心をもっているのが、「いい意味での悪であり」本当の商人道ということです。

それこそ孔子の説くところなのです。

どうして今のような客と商人の関係になってしまったのか。それは、今のお客が物を見ようとしないから。値段で物を見ようとするからです。

先生、どうやったら本物がわかるんですか、と誰かが聞く。

「ハイ、三角になっていて、赤い色が塗ってあれば本物なんだよ」

「ああそうですか。じゃあ三角になっていて、赤い色のものを買おう」なんていう間違えた物の見

方をしてるから、「高い」としかいえないのです。

こんな体《てい》たらくだから、海外で骨董、美術品を買う日本人がみんな二番手に引っかかっているのです。それは、物が見えないうえに「高い」としかいえないからです。これは恥ずかしいことです。

それは結論からいえば、心の貧しさです。

「いくらですか」

「十万円です」

「いや、私は十五万円と踏みました。せめて、もう二万円、小遣いにとっといてください」

そのくらいのことがいえる度量のある人がいなくなってしまった。

だから、心を磨くしかない。

オカネだけではなくて物を見る目とそれを扱う心の豊かさがなければ、日本から本当の骨董愛好者、骨董商がいなくなってしまいます。

かたや、いい商人とばかり付き合って安穏《あんのん》とした骨董生活を送っているようでは、本当の目筋は磨けない。

そういう努力をしないと、物の霊性を見るなどということはもう、遠い昔のおとぎ話になってしまうのです。

第二章　失敗を乗り越えて鑑定士は行く

失敗こそが本物の目筋を磨いてくれる

人間、完璧な人なんていやしません。もし、いたとしたら、その人はちっとも面白みのない人間で、私なんぞがどうにも好きにはなれないタイプの人間でしょう。百発百中の早打ちガンマンじゃ、つまらない。やはり失敗があったり、甘くて抜けているところがあったほうが、世の中では可愛《かわい》がられるものなんです。物を集めるお客もそうだし、売る商人もそう。絶対に間違いがないというのは、ちっとも可愛げがないんです。

私も、なんやかんやと日ごろ偉そうなことをいっておりますが、第三者から見ると大きくヌケているんです。そういうところがあるからこそ、私という人間は、ありがたいことに業界でも素人の世界でもわりと親しんでいただいているようです。店を訪れるお客に、「予約しなきゃ来るな」とか、「見たってわかんないんだから早く帰れ」なんて、そりゃもうひどいことを申しあげていたのに、ちゃんと相手にしてくださった、と自分はまあ思っています。

コレクションそのものも人間とおなじこと。完璧な作品ばかり集めているようなコレクションは、私は好きではありません。これは私だけの感性なのかもしれませんが……。

どれをとっても天下の逸品《いっぴん》、隙《すき》がないというようなものばかりを百点も見てごらんなさい。二度ともう見たくないという感じがするものです。やはり、なかには、首の折れた徳利《とっくり》が置いてあったりしたほうが、ふっと心がなごみます。ニコリとできるのです。

ですから、いい物ばかりを集めなければと思っていると、だいたいガラクタしか集まらない。いい物が三点で悪い物が七点、それでいいのです。そうやっているうちに、いい物が五点になり、やがてはいい物が九点で悪い物が一点となっていく。そういうのが、いちばん自然。しかも、遠いようでいちばんの近道なのです。

たとえば、趣味のある人を私が見学旅行に連れていったとしましょう。そこでアレコレとできるかぎりのアドバイスを私がするわけですが、十点買うとすれば九点までは私がしっかり見て、いい物を買わせます。けれども、最後の一点は好きなものを選ばせる。そうすると、だいたいみんなひどいものを買ってきて、私に自慢してみせるのです。でも、私はこういいます。

「それであなたのコレクションは完成しましたね」って。

人間と道具、人間と骨董品、人間と美術品という関係を私は重視したい。そこにまつわる物語を重視したい。ですから、そういうちょっとした弱さや甘さが出てきたほうが、コレクションとしては楽しいと思うわけです。

それに、失敗がなければ成長もありません。私もずいぶんといろんな失敗をしてきましたが、そうした失敗があったからこそ、本物の目筋を磨くことができました。前章でもお話したように、私が素人さんの目筋を基本的に信用しないのは、彼らが金銭の痛みを知らないからなのです。どんなに膨大な知識と蘊蓄《うんちく》をもっていたとしても、ひとりよがりなことばかりいって、金銭の痛みを知らない人は、本当の目筋は得られません。身を切るような痛い目に会ってこそ、本当の目筋が磨かれるのです。この章では、そんな話を少し。

薩摩切子《さつまきりこ》の魅力に魅せられていた当時の私

まず思い出すのが、薩摩切子にまつわる失敗です。

薩摩切子、つまり島津家のガラス細工のことです。江戸時代のガラスとか、明治時代のガラス、長崎のビードロいわゆる吹きガラスに夢中になっていた時期が、私の二十代の後半にありました。当時はそれほどガラスが趣味の主流になってはおりませんでしたし、おまけに非常に安価でした。いろんなものを買い集めたり、売ったりしていたのですが、そんななかでも薩摩切子となると、ちょっとやそっとでは手が出るシロモノではないのです。

さすが島津家が作ったガラスだけあって、ゾクッとするほどで、サントリー美術館などには優品が置いてありましたが、市場に出回ることはほとんどありません。しかも、金額は数百万円。ちょいと質が落ちたものでも、ちょっとしたカップでも、当時のオカネで二十万円から五十万円もする。

二十代の若造の私に、とても手が出せるものではありませんでした。けれども、手に負えないとなると、これが悲しい性《さが》で、なんとしても手に入れたくなるのです。自分の手元に置いてみたくなります。もう欲しくて欲しくてしようがなくなるのです。

で、そうやって薩摩切子を目の色変えて探しているときに、ある人との出会いがありました。今はもうすでに亡くなっておられますが、世田谷の桜新町というところに珍品堂と号して、閑静なわび住まいを構えていらっしゃった大先生、秦秀雄という翁《おきな》です。この人は、まあ、とにかく大先生でファンも多く、作家の井伏鱒二の小説の主人公としても出てきたりする人物なのです。

そんな大先生ですから、私みたいな若造の分際で訪ねて行けるわけはありません。それでも、なんとかお会いするチャンスをうかがっていると、よくしたもので、うまくそのチャンスがやってきました。ちょうど、そのころ知り合った俳優の神山繁さんが珍品堂の一番弟子になっているというようなことで、「今度行くから、一緒に連れていってあげますよ」ということにあいなりました。

神山さんは、珍品堂で蕎麦猪口《そばちょこ》とか馬《うま》の目皿《めざら》などという、こういってはなんですが、気楽な物を分けてもらっていたようです。

馬の目皿は江戸時代後期以降に瀬戸で大量に生産された

そんなわけで運よくおじゃますることができた珍品堂で、お茶など御馳走《ごちそう》になりながら、私はチラリチラリと部屋のようすなどをうかがっておりました。なるほど、趣味の暮らしというのはこういうものなのか、などと若いものだからいたく感心していたり……。それで、さあ帰ろうかということになって、玄関で靴を履《は》いておりました。そのとき、チラリと脇の部屋を見ると、襖《ふすま》がほんの五寸くらい開いていたのです。秦さんというのは、折り目正しい方だから、襖をノロマの三寸バカの開けっ放しにしておく人ではありません。なのに、なぜか開いていたのです。その理由はあとになって、ハハンといった感じでわかったのですが、当時の私にはそんなことはどうでもよくて、まあともかく襖がちょっと開いていたのです。

当時から私は、自慢するようですが捨て目が利いていました。捨て目が利いておりましたからこそチラリと部屋のなかを見たのです。すると、部屋のなかに薩摩切子とおぼしき、蓋《ふた》付きのガラス瓶《びん》が一対並んでいるではありませんか。

「これだ」と内心思いましたが、神山さんが帰るので、ひとまずは一緒に帰ってきました。が、帰ったはいいのですが、チラリと目に入った一対のガラス瓶がどうしても忘れられません。それで、すぐその後で再び行きました、今度は一人でタクシーに乗って。

そうしたら、秦さんが「いや、君は来ると思ったよ」といってニコニコ笑うのです。

「先生、その玄関の脇の、そのちょっと、さっき見たんですけど……」

そういうと、秦さんは「これだろ、君は来ると思ったよ」といいながら、これみよがしに、おもむろに見せてくれたのです。悪い爺さんです。悪いけど、なかなか憎めない。

ほほうと感心しながら、若かった当時の私はじっと見ました。小さな瓶のブルーの切子。高さが五寸ぐらいあったでしょうか。

「これは薩摩切子なんだよ」と珍品堂。

「えー。これが薩摩切子ですか。どういう箱に入ってるんですか」と尋ねますと、今度は箱を見せてくれました。その箱に書いてあったのは「島津家西の蔵、薩摩切子瓶一対」という文字。

なるほど、これか、これが島津の薩摩切子というものか、と思ったわけです。

今だからこそいえるのですが、だいたいそういう箱に書いてある文字を信じたり、そのテのものを見てボーッとするようではいけないのです。けれども、秦さんというのは、もう七十代、大狸《おおだぬき》なのです。私なんぞはもう手玉に取られたようなもので、「島津家西の蔵……」の文字を見せられて、魂を抜かれたみたいに、なるほどこれが薩摩切子か、といった感じになってしまいました。それで、深々と頭をさげながら、こういいました。

「先生、ぜひこれを私に譲ってください」

すると、向こうは渋るんです。「これはちょっと、サントリー美術館に見せるんだ」などといいながら。だいたい、秦さんという人は「売ってやる、買ってくれ」とは絶対にいいません。「そんなに欲しければ持っていくがいい」が常套句の人です。

「いや、そんなこといわないで、なんとか売ってください」

そんなやりとりを何度かやって「もうどうしても欲しいから、いくらですか」と詰め寄ると、「君がそんなに欲しがるんなら、しようがない、百万円にしてやる」と。

当時の百万円といえば、大金です。けれども、小僧のときから一生懸命に貯金したカネで百万円はなんとか用立てられるので、「そうですか。じゃあ買いましょう。カネは、明日もってきますから」といって帰ってきました。

翌日、カネをもっていきました。女房に内緒で百万円を郵便局でおろして、すってんてん。それでも「そうか、きみは勉強家だな」などといってくれるものですから、もう嬉しくて嬉しくてしようがない。ようやく手に入れた薩摩切子のガラス瓶一対を胸に抱えるようにして家へ帰ってきて、それを毎日毎日、まあよく飽きもせず眺めていました。十日ぐらい毎日毎日じっと眺めていたのです。

「いいもんだなあ。これが薩摩切子か、百万円は高いけど、まあいいもんだ」

いくらカネをつまれても他人には売る気は一切ありませんでした。それほどぞっこん。俺もとうとう薩摩切子を買えた、これでガラスは卒業だ、と思ったものです。

薩摩切子と思ったその逸品の正体は?

幸せな時が崩れたのは、それからしばらくして……。

私の親しい友人で西洋骨董店を開いていた大谷洋という男がいたのですが、彼のところにちょっとビールでも飲もうかと思って出掛けると、なんと私がもっていた薩摩切子とおなじものが置いてあるではありませんか!

「おっと、薩摩切子じゃねえか。俺も一対これとおなじ物をもってるぞ。これはいくらだ」

そう聞いてみると、一万七千円というんです。

一万七千円……それはつまりどういうことか、と一瞬頭のなかが白くなり、それと同時に聞いたのです。

「これはいったい何なんだ」と。

すると彼は「これ、フランスの香水瓶ですよ」といいます。

「えっ、そんなはずはないよ」といいながらも、内心では「やられたな」と思いました。

その薩摩切子の瓶は、多摩川大橋の上までもっていって、川のなかに叩きこんでしまいました。ちきしょう、ってなもんです。その代わりに大谷君からそのフランスの香水瓶を買いました。自分へのいましめのメモリアルとして。

今思うと、私が捨て目が利いて、夢中でガラスをやっているというのを秦さんは誰かから聞いていて、秦さんの悪というものがそれを逆手に取ったのです。普通でしたら、襖をちょいと開けておくなどという間抜けなことはしないはずです。フッとあいた隙間から薩摩切子らしきものを、捨て目が利いて、それでいて夢中で時代ガラスを探していた私に見せた。とどのつまりは、先方が当時の私より機転が利いて、それでいて頭のいい悪人だったということです。

「中島、喜ぶぞ、この品物」などと、知っていてさりげなく置いといた。一本やられたわけですが、もうそこまでやられたら何もいえません。これは一種の天才です。

当時の百万円は大きいですよ。二十代後半の百万円ですから。血の出るような貯金だったのですから、立ち直るのに五年はかかりました。でも、ウチのカミさんはエラい、黙っていました。

私がマグロ船に乗っているころのサラリーマンの平均給料が六、七千円。マグロ船を降りたときには私は七十万ぐらいのカネをもっていましたが、船を降りたときにそのカネは全部、新宿と銀座で使ってしまいましたからすってんてん。それから商売をはじめて、やっと貯めたカネだったのですから、きつかった。

食う物も食わないで貯めたのですが、食う物も食わないで貯めたようなカネというのはダメなんです。カネなんてのは、伝票とおなじなんですから、使わなきゃダメ。そうすると、また向こうから飛びこんでくる。ちまちまと爪に火をともすようにして貯めたカネなんて、そんなものはゴミみたいなもの。着たい物を着、食いたい物を食い、見たい物を見ていなければいけません。そうするとオカネは向こうから飛びこんでくるという、そういうことがわかった貴重な経験でした。

それから思いました。貼ってある紙の文句とか、箱に書いてあることを信用してはいけないと。故事、来歴《らいれき》、くるんであるキレイな着物、置いてある舞台、そういうものに騙《だま》されてはいけないと。相手がどんなに偉い人でも毒があることもある。毒に当たってはいけないという、貴重な、そして手痛い経験でした。

けれども、自分をかばうわけではありませんが、そのフランスの香水瓶は十九世紀のもので、確かに物はいい。とはいえ薩摩切子と間違うなんて、これはもう勉強不足としかいいようがありません。私はどちらかというと感性を磨くことに比重を置いてきたものですから、知識とか勉強というものは少しばかりおろそかにしていたようです。もっと勉強しなければダメでした。

今となっては微笑《ほほえ》ましい出来事ですが、いまだにそのときに大谷君から買った一万七千円のフランスの香水瓶をもっています。しょっちゅう眺めては、数十年前の若い日のことを思い出すのです。そんなふうに騙されて、文句のひとつもなぜいわないのかと思われるでしょうが、そんなことはただの恥さらし。絶対やってはいけません。仮にそんな恥さらしなことをやってしまったら、なんだ中島はそんな程度の人間か、と笑われるのがおちです。なにせ、相手はそんなことは百も承知でやっているわけですから、自分の未熟さを晒《さら》すようなものなのです。だったら、それでおしまいにする。

ですから、後で私は挨拶《あいさつ》に行きました、菓子折りもって、珍品堂に。

「いい物を授けていただいて、お蔭様で儲けさせていただきました」と。

なぜかというと、「あの野郎、あれで儲けやがった」と少しでも思わせなきゃ、眉間《みけん》に一発ちょいとでも与えなきゃ気がすまない。このケリは、そのうち取らせてもらいます、と心で念じて自分の栄養にするんです。「カネ返せ」なんてことは誰でもいえます。でも、それをいったら、ただの骨董屋で終わるんです。一流の骨董屋になりたかったら、菓子折りもって挨拶に行く。そのプライドが一流の骨董屋になるための気骨というものです。

で、私を騙したその大先生、「あのジジイ、仇《かたき》討ってやる」と思ってるうちに、先にあの世にいってしまった。そのうち一発お返しをしてやろうと思っていたのですが、まあ、私に仇をとられるような爺さんじゃないでしょう。死に際はきれいだったらしくて、布団を全部きちんと敷きなおしたり、身辺のものを全部片づけたりしていたそうです。生きざまはあんまりよくなかったけれども、死にざまはよかった。

「海揚がりの徳利」に刻まれた友情の苦い味

酒器の名品「海揚がりの徳利」を手に入れた！

失敗といっても、金銭的に損をすることばかりとは限りません。損はしていないものの、なんとも嫌な失敗もあるのです。

それは、実に後味《あとあじ》の悪い思い出で、私が店を開いたばかりの、まだ若造の三十歳のこと。

今は生きているかどうか定かではありませんが、ある日私の店に広島から来たという中年の男がやってきました。なかなかしっかりした感じのいい男で、背広の襟にはライオンズクラブのバッチをつけている。確か「楠木」とか名乗っていたのを覚えています。

先にいいますが、これが実はとんでもないペテン師で、他の店にもいろいろと出向いていたらしい。よその店に顔を出しては、やれ斎藤だとか、やれ村上だとか、適当な名前を名乗っていたようです。

私も独立したばかりでしたが、そういう独立したばかりの、意気に燃えているような人間のところには来るんです、こういう悪い連中が。最近はどうか知りませんが、もうとにかく悪い連中が結構ウロチョロしていて、独立して一生懸命にやっている人間をちょいと引っかけてやろうとやってくる。なにしろ若くてウブですから、それを狙ってつぎつぎと。

その楠木という男もそんな類で、小太りでした。それが私の店に来て、こういうのです。

「あなたは、独立したてだから、特にあなたを見こんでいいものを分けてあげましょう」って。

当時の私もウブといえばウブだった。おまけに、苦労人のくせに人を疑うことをあまりしません。ですから、そんなことをいわれて「はあ、そうですか」などと感激してしまいました。

さらに「実は妻の叔父が病気で商売に失敗して、今どうしてもカネがいる。家に大事にとっておいた骨董品を買ってくれないか」というのです。品物はクルマのなかに置いてあり、女房が番をしている、家宝を売るなんて恥かしいからと、女房は降りてこれないんです、と。それでさっそくその品物を見せてもらったら、これが意外なことに茶道具でした。

考えてみれば、できすぎた話でした。まあ、茶碗だの茶杓《ちやしやく》だのと一応筋の通った茶道具でしたが、とにかく話がいい。話の筋がいいのです。その妻の叔父さんとかいう人がかつて茶道具に入れこんでいて、大阪の春海《はるみ》商店から買ったものだというのです。

大阪の春海商店というのは有名な茶道具の老舗《しにせ》で、明治時代からの立派な店。私自身もそのことは親父からよく聞いていました。

よく親父が「ウチもいつかは春海のようになりたいもんだ」などというものですから、そうですか、春海さんから買った道具なら間違いないなんて、鵜呑《うの》みにしちゃった。おまけにその男がいうには、自分は丸の内にある大きな会社の貿易部長をやっていて、しかも茶道具に関しては一家言あるものだから、会社の人間や商売相手の人間から「いい茶道具あったら分けてください」などといわれているが、すぐにオカネもいるし、あんたはなかなか若いのにいい目筋をされているという話を聞くし、それに会社の連中にも、叔父が商売に失敗したなんていう身内の恥を晒《さら》すようなことを知られずにすむし、などというわけです。

コロリと騙されました。いろいろと買いました。全部で二百万円。

朝鮮唐津《からつ》の水指しとか井戸の茶碗とかいろいろあって、これがまたなかなかいい物ばかりです。そのなかに、これがまた実によかったのですが、古備前《こびぜん》の徳利があったのです。

その徳利の入れ物には「拝領海揚徳利」と書いてある。

古備前の海揚がりの徳利というのは、主に昭和十年代に岡山の沖で揚がった物をいうのですが、つまり江戸時代の難破船が海に沈んでいて、それを潜水夫が潜って引き揚げた物のことです。その海揚がりの徳利には特に名品が多い。海揚がりのなかには火鉢であるとか、そういったわりと大きめの品が多いのですが、そのなかでも特に酒器に関するものは海揚がりのものがいいとされているのです。考えてみれば、昭和の海揚がりを、明治の春海が売るはずがない。「拝領」もないもんです。

その男、なかなかやるもんです。念入りなんです。結局、あちこちの業者からの寄せ集め品で、全部がウブ品ではなかったのです。

それで、十点ほど買ったなかで、その海揚がりの徳利だけは自分で使おうと思って、こっそり隠して、残りの九点を風呂敷に包んで友人の古美術商を呼びました。「見てくれないか」と連絡したら、すっ飛んできてくれました。

「非常にいい。買ってやろう。いくらで買ったんだ」と聞くから正直に「二百万円。それに利付けを一割つけてくれ」と答えると「まあ難しい品もあるけれど、なんとか通るから」と二百二十万円で買ってくれたのです。

それで、私は二十万円の利益を得ました。もちろん、海揚がりの徳利は隠しておきましたが……。

贋作は日がたつにつれて「腹に入らなくなる」

さあ、これで二十万円儲けたし、おまけに海揚がりの徳利が手に入った、というわけで毎日毎日もう嬉しくてしようがありません。そこで、その徳利で毎日お燗《かん》をつけて酒を飲んでは喜んでいました。一カ月くらいはそうやって毎日、眺めたり触ったりしながら酒を楽しんでいたのです。ところが、しばらくそうしているうちに、それがなんだか、徳利に品位がないということにだんだん気づきはじめました。

普通、本物のいいものというのは、見れば見るほど、時間がたてばたつほど、魅力が際立ってくるものなのですが、どうもおかしい。使うたびに、どこかおかしいな、という気持ちになってきたんです。いわゆる「腹に入らない」状態になってきました。

箱を見ると確かに「拝領海揚徳利」と書いてあるのですが、どうしても腹に入らなくなってきたのです。しかも、だんだん、そのものが小さく見えるようになってくる……。

贋作というのは、最初に見たときは大きく見えても、だんだん小さく見えはじめるものなんです。それを最初から贋作と見抜けるのが本物の目利きなのですが、まだまだ私も若かった。気がつくのが遅かったのです。

出来のいいものなんです、ものは。でも贋作。贋作なのにいいものというのは、いったいどういうことだ、といわれるでしょうが、つまりそれは非常に忠実なコピーということです。人間、ひとりで何千点も何万点も作品を作れるわけがないから、贋作といえども本物を忠実にコピーした品がそうそう多くあるわけではありません。ですから、それはそれで限りなく本物に近い、非常に貴重な写しということができるでしょう。もし本物が一千万円だとすれば、その忠実な写し物は、作り手にもよりますが、五十万円くらいにはなります。それを本物に見せかけるから、贋作に格落ちするわけです。

そこまでいかないものは、もう贋作でもなんでもなくて、ただのガラクタということです。贋作の範疇《はんちゅう》にも入りゃしません。でも今の世の中、そこまで難しくいう人はいないから、だいたいガラクタを集めて喜んでいる。私たちのようなプロにとっては、その非常に高度な贋作は一応写し物として評価の範囲に入っているけれども、それ以外は、もう見るのも汚らしい。でも哀しいかな、今の世の中で贋作と呼ばれている物は、哀しいほどひどい贋作ばかり。

さて、話を元に戻しましょう。

その「腹に入らなくなった」海揚がりの徳利を、日頃尊敬する業界の先輩に見せに行きました。その当時、現役で活躍されていた、天禄堂という店のご主人の日置陽久です。この人は、古備前にかけては日本一の目利《めき》きです。

その人を夜中に訪ねて、密かに「教えてください」とお願いしたら、私が箱から徳利を出すか出さないかのうちにピシャリときた。たった一言、

「見る必要ない」

もうそれまでです。

「恐れ入りました」で終わり。1／20秒。

それから、徳利は店にもち帰ったのですが、もう二度と見るのもいやになりました。

同業者《なかま》を傷つけた心の痛みと、親友を騙しはしなかった潔さ

ところが、私がそうやって夜な夜な海揚がりの徳利で晩酌をして楽しんでいるという噂が、若手同業者《なかま》のなかでパッと広まってしまったのです。そのなかの一人、池内克哉さんという方の耳にも入ったらしくて私の店を訪ねてこられました。

「誠ちゃん、いい徳利が手に入ったらしいじゃないか。見せてくれないか」

けれども、贋作だったなどとは口が裂《さ》けてもいえません。こちらとしては、若いとはいえ店を構えて骨董商の看板を掲げているのです。意地があります。それで、見せる見せないの押し問答のあげく、とうとうチラリと見せてしまいました。ところがなんと、

「売ってくれ。百万出すから売ってくれ」

というのです。池内さんは目利きですから、真贋でなく作風を評価したのかもしれない。

ひええ、ってなもんで、まさに仰天。

「売りましょう」という言葉が喉まで出かかりました。出かかったのは事実ですが、やはり騙すこ

とはできませんでした。

池内さんは私の大事な友達なんです。同門の先輩なんです。今では有名な茶道具商なのです。同門というのは、いわば同業者《なかま》のなかのおなじ一族みたいなものですから、この業界では同門を非常に大事にするのです。私は水戸幸という茶道具商の一門のはしくれで、私の親父というのは水戸幸の小僧から立身した人。ですから、私は孫弟子か曾孫弟子になるのです。

池内さんは私の同門の先輩で、まあ兄弟子っていうわけか、小僧時代から一緒におなじ釜の飯を食って、苦楽を共にしてきた尊敬する先輩ですから、騙せるわけがない。困りました。贋作だともいえませんし。本気で欲しがっていたし。だから、こういったのです。

「これは私が惚れこんで、毎日使っている徳利だから、売るわけにはいきません」

池内さんは「小僧時代から何かにつけて相談にのってあげて、いつも一緒にやってきた君がそんなことをいうなんて。なんで売ってくれないんだ」と憤然として帰っていきました。私はそのときの光景をいまだにはっきりと覚えています。忘れられません。

この話はもちろん、その後も池内さんには打ち明けていません。この本ではじめて話すことです。そんなことをお話したら池内さんに失礼です。目が利かないということになってしまう。贋作に百万円もつけたということになるのだから。池内さんは今じゃ天下の目利きだもの。

そうはいっても、いまだ池内さんは心のなかで、あのとき、あいつは俺に売らなかったと思っているでしょう。それは私が蒔《ま》いた種だから仕方がありません。嫌な思い出です。もう五十年も昔のことです。

本当は、当時の私は百万円が喉から手が出るほど欲しかった。しかし、友情を踏みにじるようなことだけはしたくなかったから断わったわけですが、私の親くらいの世代の業者なら売っていたでしょう。昔は騙されたほうが悪くて、修業が足りないから甘いんだという不文律がまかり通っていたのです。

実は、海揚がりの徳利に関する後味の悪い話は、これで終わりではありません。今度はまた違う業者がやってきたのです。池内さんの知人である金持ちの業者の二代目でした。おそらく池内さんがいったのでしょう。「あんだけ小僧時代から仲よくしてきたものを、いくら頭をさげても売ってくれなかった」と。その話を聞いたその金持ちの二代目が、密かに私のところにやってきました。「池内さんにもお売りにならなかったその海揚がりの徳利、私に売ってはくれませんか。池内さんは百万円といったそうですが、私は百五十万出しましょう」

ポンと売りました。

その方は今では立派な大旦那になってらっしゃいます。

その人だって、その徳利が悪いことにあとで気づいたはずだろうけど、いつになっても彼の顔を見るたびに思い出します。顔を見るたびにその思い出が黒雲のように私の心のなかに湧き起こってきて、辛い思いをしています。私のなかの大きな汚点です。私の人生の大汚点だ、責めを負って歩いているのです。

もちろん、骨董商といっても基本は商売人ですから、カネを儲けなければいけない。商売人としては、もしそれが贋作であったとしても、買い手がいるのなら高く売るのは当たり前のことかもしれません。それほど後悔することではないのかもしれない。でもそれじゃあ、程度の低い商売人となんら変わりがありません。みんなそうしたいかもしれない。けれども逆にいえば、そんなことをしているから、最低の骨董商にしかなれないのです。

要は、贋作だと知らずに売ったものなら、それはしょうがないというところもあるでしょうが、贋作と知って売ったら、所詮《しょせん》それだけの骨董商ということです。贋作とわかった時点で、多摩川大橋の上から川のなかに叩きこまなきゃいけないものなんです。焼き物ならば、金槌で叩き割らなきゃいけない。

ですから、自分の大親友、自分の同門の先輩には嘘をついてでも売らなかったという心の潔さに関しては後悔はありませんが、金持ちの二代目に百五十万円でポンと売ったことへの後悔は消えません。自分の心の勝負なんです。自分の欲に負けるか勝つか、それが一流の骨董商になれるかどうかの分かれ道。私なんかはその百五十万で伸び悩んでいる。

ですから心が大事。潔いプライドを捨てない心が大事。自分の心が曇っていて「ああ、うまい物を買ったな、こいつは大儲けだ」などということばかり考えている人間は、贋作に囲まれて一生終わるのです。だからそういう人は、どんな物でもよく見えてしまう。

そんな人は今でもたくさんいます。私に鑑定してくださいなんて写真を送ってくる人の半分はそう。写真を見るだけで贋作だとわかってしまう。そういう人は、本物なら一千万円もするものを、贋作と知ってか知らずにそれでも三百万円ぐらいで買う。三百万円マルマル損。一千万円という本当のカネが出ていない。金持ちに多いようです、そのタイプは。おまけにそういう人はその物に対してある種のカリスマ性を感じてしまって、人にも吹聴してまわるから、他人が忠告をいえばいうほど自己陶酔して本当の物が見えなくなってくる。欲の固まりは本物が見えなくなるのです。

人の巾着でもかっぱらって生きていくような侘《わび》しい気持ちの人間にとっては、これは一千万円じゃなきゃあ絶対に売らないなんて思って、三百万円の贋作を抱えこむ。本当は無価値なものなんです。こういう人は、贋作が見れば見るほどいいものに思えてくるのでしょう。不思議なものです。これが、素直な気持ちで物に対している人間には、自分の心に曇りがないから、悪いものはだんだん腹に入らなくなってくるのですから。

これが、心の汚点として残っている贋作の顚末記《てんまつき》。

ゲイかどうかもわかってしまう民藝品の世界

欲しくて欲しくてしょうがなくて買ったものは、それが贋作であっても血になるのですが、ちょとばかり面白そうだからとちょっかいを出して買ったものは、贋作だったらただの徒労で終わってしまいます。つぎは、そんな話です。

私は好奇心が旺盛《おうせい》と申しますか、どうも、自分の専門分野以外の、たとえば絵画とか工藝とかにも嚙《か》みついて自分なりに咀嚼《そしやく》してみたくなる、という傾向があります。たとえそれが紳士の骨董といわれる、古い万年筆であろうと、掛け時計だろうと、ウォッチだろうと、ガラスであろうと、古書籍であろうと……。

そんな性格なものですから、ある時期、古民藝品、特に木彫りの古民藝品に強く興味をもちました。

隣の庭は綺麗《きれい》に見えるというわけではないのですが、やはり自分がずっとやってきた茶道具というものは、茶室の中だけの物なんです。庶民性といいますか、生活の息吹というのはないのです。汗や涙や土の匂いが満ちている庶民の生活とは、かけ離れた世界のものです。ですから、これはぜひ研究してみたいと思ったわけです。

一度思いはじめるとのめりこまなければ気がすまないタイプで、民藝という世界の神髄《しんずい》を知りたくなりました。そこで、よせばいいのに一年ほど民藝の世界に嚙みついたことがありました。今思うと、カネも入ってこないのに、どうやってカミさんと子供を抱えて暮らしていたのかと不思議なほどです。ひどい親だったかもしれません。駒場の民藝館などによく行っては、柳宗悦の考えていることとか、浜田庄司の本などを読みあさって研究したものです。あるいは、信州の松本まで行っては、松本民藝館の丸山太郎さんとか、中央民藝の池田三四郎さんとか、その道のプロと親しく交流させていただいていました。

木製のもの、特に船簞笥《たんす》とか自在鉤《じざいかぎ》などは非常に面白くて、なかなか耽美《たんび》な面もあるのです。そういう民藝品を愛好する人には、どうやらふたつのパターンがあるようです。ひとつはワックスで磨いて、つるんつるんにして、どちらかというと耽美なもの、ソフトなものを愛好する人と、あるいは鉄と木の藝術といった船簞笥とか仙台簞笥のような、しっかりしたハードなものを愛好する人がいます。

これはガラスをやったときにもわかったことですが、長崎ガラスとか、江戸ガラスのような型ガラスや、吹きガラス、現代ガラスでいうと岩田藤七とか、つまりそういうソフトな感じのガラスを愛好する人と、薩摩切子、佐賀切子、現代ガラスからすると各務鑛三の世界のように非常にハードなものを愛好する人がいます。

ちなみに、ソフトな民藝品を愛好する人のなかには、誤解を恐れずにいうとゲイの人が結構多いようです。欧米のほうにはゲイが多いけれども、そういう人たちは、ソフトな感じの民藝品のなかにある耽美さにひかれるようです。ゲイの世界に通じる耽美さを。

ですから、民藝の家具を見てその磨き方ひとつで、持ち主がゲイの素質をもっているかどうかが見抜けたりする。そういう趣向が非常によく出るのが民藝品、特に木の民藝品なのです。

さて、私はそんな木彫りの民藝品にひかれたわけですが、特に「自在鉤」というものをいろいろ買ったことがあります。自在鉤というのは、田舎の家屋のなかにある囲炉裏《いろり》の上に吊り下げるもので、鉤を支える横木に、鯉《こい》とか、瓢箪《ひょうたん》とか、扇子《せんす》とか、いろんな種類のものがあります。

あるとき東京のオークションで、それはそれは見事な木彫りの自在鉤が出品されていました。六十センチほどもある鯉が跳ねた形の木彫りのいい仕事の自在鉤です。年代物で実に見事。これは、さっきお話したように耽美のほうに属する木の民藝品でした。これをひとつ買おうと思って、当時十六万五千円で競《せ》り落としました。

喜び勇んで六十センチもある重い鯉の自在を抱えながら家に帰ってから、また例によって眺めて過ごしていました。眺めるのが好きだから、飽きもせずしばらく眺めていたのです。

見事なものです。耽美でトロトロですばらしい。そのころ、木彫りの民藝品を集めている友人がいたので、彼を家に呼んでその自在鉤を見せたところ「中島さん、これはメトロポリタン美術館に並べてもいいもんですよ」などというものですから、そりゃあもうメロメロに喜んでしまいました。

ところが、今度は別の業者がこれを見て、こういうんです。

「中島さん、これは自在鉤ですけど、この鯉の尾っぽの曲がり方だと、自在に掛けたときに鉤が引っかかっちゃって使えませんよ」

そんなことはないだろうと思いましたが、確かに普通の自在鉤と違って、鯉の尻尾の部分がグッと曲がっています。それがどうしても引っかかる。自在の古竹を買ってきて、ぶら下げてみたのですが、確かに鯉の尾っぽが引っかかって手取《てと》り釜《かま》や鉄瓶が下《お》ろせない、下ろしにくいのです。

それから二カ月くらい経《た》ったときに、またオークションにおなじ物が出ているのを発見。やはり十五万円くらいで

鯱形自在（江戸時代）

売れたのですが、地方のある業者が、こういうんです。

「中島さん、あれは岡山に彫刻の巧《うま》い爺《じい》さんがいて、だいたい一カ月か二カ月に一個ずつ作るんです。よーく木を彫って漆《うるし》をかけて、完全にワックスで磨きあげると時代がついちゃって、わかんなくなるんですよ。まだまだいっぱい出てますよ」

「そんなことないだろう」といってはみたものの……。おかしい、おなじ物が二本ある。

真相はというと、その自在鉤は実は中国地方の名人が作っているもので、年代物としてではなく新作工藝品として盛んに関西で売っているのです。悪い業者がいるもので、その作品をデパートで買ってきて、自分でワックスかけてつるつるにする。そうして靴墨で汚して時代をつけて、東京へもってきてオークションにポンと置くという仕組みです。ひどい話ですが、東京の連中はなにも知らないから買ってしまう。

「骨折って叱られる傘屋の小僧」とは

そんなことがわかってしまうと、もう見るのも嫌。なんとかして手放したいと思ってはみるものの、なかなか売れやしません。あっちに行ったりこっちに行ったりしながら売ろうと頑張るのですが、買値の半分もこない。

とうとう挙げ句のはてに、佐渡まで行ったのです。北陸の業者が集まる大きなオークションがあると聞いて、どでかい自在の鯉を抱えて出掛けていきました。

十五万円で売ることができて、なんとか元だけは取ったわけですが、後にはなんにも残りやしません。売上金は適当に飲んでしまったようで、すぐ消えました。

飛騨高山の知ってる業者が「中島さん、うまく売り逃げたね」といいましたが、自分の扱っている分野以外の世界に飛びこむことの難しさを痛感したものです。研究するのは面白いけれども、なまはんかな知識でもって一概にこれはこういう物、これはハードな物で、これはソフトな物だとかやっていると失敗する。やはり、その物のもっている感性を大事にしないとダメだなという教訓を得ました。

右往左往したばかりで、金儲けにもならなければ血にも肉にもならなかった苦い思い出です。こういうことを「骨折って叱られる傘屋の小僧」というのです。それをやってしまったわけです。

結局、それほど欲しくて欲しくてしようがないという理由からではなく、ちょっと面白いからちょっかいを出すような気持ちで買ったものは、それが贋作だったときに、なんにも残らないということ。

しかし、もしその木彫りの鯉が何十年かたった今日《きょう》び、競りに出たら、五十万や六十万で売れるでしょう。ですから、彫刻として鑑賞すればよかったわけです。そこに誤算がありました。古民藝の古い木彫りだと思ったところで引っかかったのです。

「これは新しい物だけど、よっぽど出来のいい彫刻だ」と思って十六万五千円で買ったのなら、それは失敗ではない。「こんな優れた彫刻はないよ」と説得して、三十万円ぐらいで売ることができたはずです。

だけど、それを古い年代物と思って買ったために騙されたと焦《あせ》って、あちこち持って歩いて、挙げ句、佐渡ケ島まで担《かつ》いで行って損して売った。本当に、傘屋の小僧をやってしまったというわけです。

幕末の泥絵《どろえ》――描かれた紙は本物だったが……

中国地方にはどういうわけか、そういう工藝家というか、画家で天才的とも呼べる名人が多い。そういう土壌はあるようです。

つぎの話も、実は中国地方の贋作にまつわる話。

今度はちょっと時代が新しくて、幕末から明治の初頭にかけて流行《はや》った泥絵に関するもの。

読者の方は泥絵というのをご存知でしょうか。泥絵の具で描いてあるのですが、遠近法をきちんと用いて描いた、なかなか素朴なものです。土の色と空の色と緑と黒と、非常に簡単な色合いですが味があります。司馬江漢《しばこうかん》という江戸後期の洋画家などの油彩に泥絵の原点があって、最近は各地の美術館に多くコレクションされています。

そうした泥絵が、あるオークションに出ていました。それも中国地方のある業者がもってきたもので、なかなかいい。そこには赤坂溜池風景、日本橋河岸の図、赤坂見附御門などの絵が描いてあります。つまり、ちょっとした年代物で、江戸時代の泥絵なのです。それが、どれもこれも実にいい図ばかり。特に東京・港区の虎の門付近、赤坂近辺の図などがたくさんありました。

二万円くらいで一枚買ってみたところ、中国地方のその業者が「中島さん、まだあるんだ」といいます。

「どのくらいあるんだ」と聞きますと、「いくらでもある」と。

話が弾んで、都内の某画廊で泥絵展をやろうということに話が広がって、安くしてくれるということで、また五十枚ほど取り寄せたわけです。

ほどなく、大きな箱に五十枚送ってきました。

きっと一枚一万円ぐらいにしてもらったのでしょう。それを某画廊に並べてみると、赤坂溜池の図とか、霞が関とか桜田御門といったものがなかなかいい。売れ行きも好調で、一枚だいたい五、六万ぐらいの値段で売れました。

そのお客のなかに、公立の図書館に勤めている方がいらっしゃって、東京の郷土史をいろいろ研究しておられました。

なんでも戦争で東京の郷土史に関する大事な資料がみんな燃えてしまったらしくて、「非常にいい展示会をやってくれてありがとう」と、えらく感謝されてしまったわけです。

それで、芝とか赤坂とかの泥絵を何枚も買っていただきました。

「どこから出たんですか」とおっしゃるものですから「岡山の古い土蔵から出たそうです」と答えました。

私も生まれが東京の青山で、港区立の小学校を出ているものですから、少しは郷土史のお役に立ったと喜んでいたわけです。しかも、売れ残った泥絵は引き取りましょうと、その業者がいってくれるので、なんとも効率のいい展覧会で、もう万々歳ってなもんでした。

その後、ご苦労さまということで、その業者と一杯やっていましたら「中島さん、今度またどこか他のデパートか画廊でおやりになりませんか。おなじもの、また送りますよ」と出し抜けにいうのです。

「はあ？」

「いや、何枚でもあるんです」

「どういうことなの？」

「いや、あれはね、それ専門の作家がいるんです」

けれども描かれているその紙は、どう見ても現代の紙ではありません。材料といい紙質といい古さといい、現代の紙ではない。

どういうことかと申しますと、古い紙はよく土蔵のなかから出てくることがあって、古物市場で結構、競り売りにかけられています。その紙を買いだめしておいて、その紙に忠実に泥絵を描いたわけです。紙の古さは本物ですが、絵は贋作ということ。

「いちばん売れるところの絵はみんな描きます」と、その業者。

私にしてみれば、東京の郷土史に貢献できたという喜びも束《つか》の間《ま》、なんだそうだったの、ということになってしまいました。

もちろん、その業者は別に騙すつもりなどなくて非常に善意。ですから恨みは何もないけれど、公立の図書館の立派な方が喜んで買ってくれたのに、取り返しのつかないことをしてしまって、中し訳ないかぎりです。その研究家の方は有名な人で、出版物も多いし、新聞にもよく出ていました。いまだにあの泥絵は、公立の郷土資料館にあるのでしょう。見に行く気はしませんが。

郷土資料館という公の建物にそういう物を入れてしまって、まいりました。私が入れたのなら、あれは贋作だったからよしましょうと取り返すのですが、立派なそこの学者が信じて買っていったのですから取り返しがつかない。

これまた後味が悪い出来事でした。

いくら紙が古くても、よだれが出るようないい構図というのは、まず疑ってかからなければいけないということです。

そりゃあ、そうです。贋作というのは、みんなが喜ぶもの、欲しがるものを作るのですから。だから絵柄は、構図は、形は何ですかというときに、よだれが垂《た》れそうないい物というのは、頭から疑ってかかる必要があります。そんなうまい物、そうそうあるわけがありません。

木彫りの民藝品の話もそうでしたが、中国地方は名人がいるだけにマークしとかなきゃいけませんね。

他にもガラス絵の贋作がいっぱい出ています。それも、フレームはやはり明治時代とか幕末の古い材料を使って、そのなかにガラスを入れる。最初は明治ぐらいの波を打っているような稚拙なガラスを探しては描いていたらしいのですが、そのうちに間に合わなくなって、きれいな新しいガラスで描くようになった。

それはさすがにガラスを見ると一目でわかります。けれどもそれがまた、南蛮船《なんばんせん》とか犬とか西洋人とか、明治の文明開化物を集めていて、蒐集家がよだれを垂らすような図ばかり。よだれが出るようないい図というのは、そうそう転がっているもんじゃない。

それ相応の年齢になったら奥座敷にすわって

さて、いくつか贋作をつかまされた苦い経験を紹介してきましたが、これらはしっかりしたプロが引っかかりやすいパターンの話であって、それ以外の、こういってはなんですが程度の低い人が引っかかるものは、引っかかるうちには入らない。それはもう欲に目がくらんでいるのですから、救いようがないし、たぶん一生目は開かないでしょう。

そういう人に対して「それは贋作ですよ」といったところで、せいぜい「こいつ、俺の宝物取ろうとしてやがる」などと思われるのがオチで、話にならない。

ところが、世の中にはそういう人が多くて、特に成り金さんに多いのです。

商売がうまくて、いい車に乗ってて。そういう人ははなから相手にしないほうがいい。こっちが疲れるだけです。

前章でも話しましたが、いくらいい目筋をもっていても物の霊性を見抜くカンは、若いころに比べると次第に落ちてくるものです。欲が出てきたり、なまじっか知識が増えるから、その知識どおりの、つまり約束どおりの物が出てきたときに、それにうまい具合に引っかかりやすくなるのです。ポロリと引っかかる。そうすると、いい物を避けて通るようになってしまう。もうこれはどうしようもありません。

それでは、どうするかというと、いい旦那になることです。いい旦那になって若い者を育てることです。

「あそこの旦那なら俺がもっていったら買ってくれるだろう」と若い連中に思われるようになることです。そういう若い目筋のいい業者にカネを出してやるつもりで、買ってきてもらうことが大事になってくる。勉強させることです。

今の私もそう。

「こんなもの買ってきてしょうがねえな。今回は買っといてやるけれど、もう二度と買ってくるなよ」

といいながら、その物はそっとよそへ投げて見切って売ってしまう。そういうふうに育ててやれば、今度はいいものを買ってくるようになるのです。

自分自身で最前線に躍り出て、血刀もって振り回したりするようなことは、やめたほうがいい。だいいち体力が続かない。奥の座敷にすわって、目筋のいい若い者がもってくる物を吟味《ぎんみ》したほうが、間違いないことが多いんです。

こうすれば、落ちてくる自分の霊性・カンも補って、そして若い者も育つというわけです。

こんな世の中です。モラルも何もあったもんじゃないと思うでしょう。

確かに老練な店主にくらべ若い連中は、勘が鋭くてセコイし、すばしっこい奴ばかりだと思いますが、なかにはいるんです、真面目な若い人が。そういう人を見つけ出して、一杯飲ませるような気持ちで育てること。

ただし、このときも自分の程度が低ければ、おなじようなレベルの低い人しか集まってこない。

若い人の感性は強いから、あの旦那は目が利かないってすぐに見破られてしまうんです。

いずれにしても、自分を磨くしかないということですよ、一生。

第三章　贋物の正体と生まれた背景

贋作なんて話題にするのも汚らわしい

本物と贋作をどうやって見分けるか、そりゃ語るも愚かなものだが、といってこれは、素人さんがちょっとやそっとでできる藝当ではない。けれども、そんなことをいっていたのでは話がはじまらない。ですから、この章では、まず贋作の正体、贋作とは何かということを、いくつかの贋作事件なども盛りこみながら話をしますが、その前にひとつだけいっておきたいことがあります。

それは、私たちのような本筋の骨董商は、贋作についての話は語るのも忌《い》み嫌うということ。贋作というのは、川に落ちて流れていく枯れ葉のようなものであって、そもそも私たちはそんな物は相手にしていない。贋作を商《あきな》うのは恥ずかしいことだし、第一に売ろうなどと考えたこともない。贋作は文化に対して、何の寄与もしていないと思います。

ところが哀しいかな、近ごろの風潮では、贋作者をもてはやしたり、贋作をニュース性があるといって取り上げるという事態が出てきている。これは思うに、世の中が少し頽廃的になっているということでしょうか。こうしたことを私なんかは常々、苦々しく思っているわけなのですが……。

ところが「私は骨董屋です」とでも名乗ろうものなら、だいたい世間の人たちはこういいます。「ああ、そうですか。じゃあ、ニセモノでうまく儲けているんでしょうね」

なかには「捨値で拾ってきた物を高く売るんでしょう。骨董の世界って、値段はあってないものなんでしょう」と。そして、決まったように最後にこうくるもんです。

「私がもってる物、本物か贋作か見てください」

まあ、愚かなもんだ、その人も。普通のミーハーなんだ。

本当に物がわかっている人、本当に美術品のよさに惚れこんでいる人というのは、自分のもっている物が本物かどうか見てくださいなんてことはいわないものです。そういうことをいう人の言葉の裏には、この物で俺はひょっとして大儲けしたんじゃないか、あるいは失敗したんじゃないか、騙《だま》されたんじゃないかという心がある。そんなことばかり考えるのなら、最初から骨董品とか美術品など買わなければいい。そういう心の隙《すき》に贋作は入りこんでくるのです。

ただ贋作は、私たちのような本筋の業者にとって、修業の過程において引っかかってきたことは事実です。そういう失敗をたたき台として本物の目筋《めすじ》を磨いてきたという、反面教師の面はあります。自分が知らないで商ったもの、知らないで買ったもの、知らないで集めてコレクションしたものが贋作であった場合は、その行為には悪意はない。単に、自分が恥をかいて勉強するだけです。けれども、贋物を承知のうえで、たとえ五千円でも千円でもいいから売り買いしたら、これはもう本当に恥知らずな行為であって、私はそれをした人を軽蔑します。

値段と物の真贋は別だと、私は思っている。物さえよければ値段というものは、それを扱う人に任せられているから、その人の責任において決めればいい。しかし、断じて贋物を売買してはいけません。ちょっとしたカネをもっている人が、台湾や中国、東南アジアへ旅行すると、もしそれが本物ならば一億円もするものを七、八百万円で買ってくるんです。一口に七、八百万円といっても、大金です。車なら何台か買えてしまう。そういう人が私のところにやってきて「これ見てください」という。

まったくわかっていないんです。私は即座に「見る必要ない」と答えます。だって、もしそれが本物ならば、故宮博物館に並んでいる物とおなじ価値のある物なんです。そんな物を買ったら何億もします。それが五百万円であるわけがない。元値は、せいぜい二万円くらいがいいところでしょう。

ですから、贋作を扱っているほうが、哀しいかな、大儲けできることは事実です。けれども、私はこの商売をはじめて三十年、贋物というものを排除してきた。確かに贋作を扱ったほうが簡単に大儲けできるけれども、自分の一生にシミがつく。もし贋作で大儲けして財を成し、名前を上げて大商人と呼ばれるようになったとしても、子孫の代に困るだけだ。大事なのは心ですから。人間、正直に胸張っていったほうがいい。

約束ごとがわかっていれば、箱を見ただけで中身がわかる

さて、贋作なんていう、とんでもない物をどんなヤツがどうやって作るのか、という話をしてみ

ましょう。

その前にちょっと断わっておきたいのですが、一流の目利《めき》きでなければ一流の贋作は作れません。一流の目利きはその天分を「善」に使えば、優れた業績の仕事を成し遂げるけれども、「悪」に使えばとんでもない贋作を作りあげてしまう。一流の目利きはそういう両刃の剣でもあるのです。二流の目利きは所詮《しょせん》、二流の贋作しか作れません。

たとえば優れた目利きが贋作を作ったならば、それは重要文化財として充分通用してしまう。それくらい優れたものを作れるものです。もちろん目利きひとりでは作れません。一流の目利きが仕こんでこしらえさせる職人もまた一流でなければ物は完成しない。ですから、一流の目利きがこしらえさせる職人は、間違いなくこれも腕はピカイチの職人です。彼らもまた、無形文化財保持者、あるいは人間国宝級の腕をもっているものなんです。

私の先代、つまり私の義理の父は、茶道具商で、これはもう「大阪の誰某、東京の中島・文吾」といわれたくらいに、たいへんな目利きでした。東京の水戸幸といえば、今でも有名な老舗の茶道具商で、業界のトップクラスではないでしょうか。親父はその水戸幸の番頭を務めていて「目利きの文蔵」といわれた男(水戸幸では奉公人はすべて名前の末尾に「蔵《ぞう》」をつけて呼んだ)。すべてがわかるわけです。世の中の「ものに関する約束ごと」に精通《せいつう》しているわけです。

たとえば、千利休がどこそこの茶会で使ったときの器というのはこういうものであったとか、あるいは松平不昧公《ふまいこう》という人はこういう字を書いたとか、沢庵和尚はこのような書状は書かないとか、しきたりから字の形まで何から何まで精通していました。

そして、江戸時代の茶碗の箱のひも、箱を包んでいる江戸時代のきれ、あるいは、慶長、室町という各時代のひもから箱から中にある紙、すべてが家の箪笥《たんす》のなかに入っていました。それも江戸末期などは相手にしない、江戸の初期から元禄までのものばかり。それから、外箱に貼ってある見出しの紙。根津青山翁さんの根津家の見出し、あるいは紀州徳川家の見出し、そういう見出しも全部ある。むろん、親父は筆をとれば、これがまた実にうまく書けるわけです。しかも、砧青磁《きぬたせいじ》の茶碗でしたら、その茶碗の銘などを書くときに、その使う墨までもが、明時代の程君房《ていくんぼう》という古い墨を使っている。にかわが乾きこなれている古墨を使って書くものですから、もうほとんど本物です。

さらに家の物置のなかには、膨大な数の空き箱が置いてありました。私の家は、今はもうたいしたことはありませんが当時はたいへんにごたいそうな家で、赤坂に四百坪もの敷地をもつ大きな家でした。その大きな家には大きな物置があって、そこには無数の年代物の箱がありました。何百年も前の箱など、ありとあらゆる空き箱があって、それはそれはすごい数でした。

ですから、たとえば茶入れや茶碗をもってくれば、それがいつの時代のものであろうと、どんな形でどんな大きさのものであろうと、それにピタリと合う箱が出てくるわけです。

たとえば、野々村仁清の焼いた茶入れというものは、金森宗和という茶人が見立てた宗和箱というものに入っていなければいけません。ですから、仁清の茶入れらしきものをどこかで拾ってきたときは、ちゃんとその時代の宗和箱に入れなければいけない。そのへんのわけのわからない箱に入れてはいけないわけです。そうしたときでも、ちゃんとその宗和箱が物置のなかに置いてあって、そのなかに約束どおりに入れて、世に出すことになる。しかも、目利きがそうやって約束ごとを踏まえていたからこそ、それがいざ骨董市場に出てくると、「新発見のウブ品現わる」となって衝撃も大きいわけです。親父の仕立てた道具が、今どこかへ出てきたら、本物以上の名品となっていて、とても見破れるものじゃありません。

何はともあれ、目利きは両刃の剣になるということを知っておいたほうがいいでしょう。

目利きは贋作で「他流試合」

私の親父は明治三十九年生まれで、還暦を待たずに死にましたが、明治のころに生を受けて昭和三十年か四十年くらいまで生きた古美術商というのは、贋作をこしらえてもお客は騙さない。同業《なか》者《ま》を騙す。つまり一種の武蔵と小次郎のようなもので、真剣勝負、他流試合をするわけです。自分の目筋で作った贋作というものにどんな奴が引っかかるかを試すんです。

すると、あいつはあの程度だって、自分の頭のなかでランクづけができる。相手も一本とられたら、自分の知識を駆使して一流の職人を使って贋作を作る。相手の好きな物を作る。今度はこちらがやられたら、ちきしょう、目筋が足りなかった、修業が足りなかった……となる。そこで金銭的な痛みと人間的な恥を痛切に感じて、また発奮する。

ですから、同業者《なかま》を騙して引っかけるということには、それほど悪という意識がなかったようです。逆にそういうふうにして、日本の骨董商というのは鍛えられてきたということもできます。もちろん、そんなことばかりやっていたわけではありません。すべてがそうではないが、そういうふうに贋作を作っては他流試合をし、戦いを挑んでいった連中は、目は確かに利いていました。でも、私の親父のことを例に上げていうわけではありませんが、そうやって贋作を作っていたような人間は結局、大物になれなかったような気がします（ゴメンよ、親父）。

やっぱり、ある程度そういうものに引っかけられて、めげずに一生懸命進んでいった、いくらか目の甘い業者のほうが人間的に豊かだったのではないでしょうか。あまりにも知識が豊かで、手先が器用で、職人を駆使して贋作を作る人間というのは、剃刀《かみそり》のようなもので、側へ寄ると切られるのです。

それに対して、ちょっと目が甘いものの大旦那で、窮鳥懐《きゅうちょうふところ》に入らばこれを助ける、というくらいの人間のほうが、やはり世の中の金持ち連中、数寄者《すきしゃ》連中に信頼されて、そして大きな商売をしたものです。その二番手のちょっと目の甘い、けれども人格の優れた人というのは、自分の目の甘さを知っているから、逆にそういう一流の目利きの人たちの目をひとつの武器にしました。「これを見てください。いい物ですか、悪い物ですか」と菓子折りひとつで見てもらって、そして自分は本物のお墨付きをお客に高く売っていた。

「目利き儲からず」という言葉があります。だから、人生のカチマケで考えると、二番手の人のほうが勝っていると私は思います。

古伊万里染付《そめつけ》には嘘がない

さて、私の扱っている古伊万里について少々。

私はご存知のとおり、古伊万里染付を専門にしています。今でこそ、たいへんにもてはやされていますが、こんなものは、どちらかというと大川でケツを洗ったようなもので、味もへったくれもない。それよりやはり、信楽の壺だとか、楽《らく》茶碗だとか、古備前の壺とか、そういうもののほうが、一日眺めていても十日眺めていても飽きないわけです。古伊万里染付の器なんていうものは、まあ三十分も眺めていれば飽きてしまう。

こういうものは、使ってはじめて命なんです。鑑賞品として、あるいは古美術品としては決して本流ではない。今の世の中の人はみんな、それがわかっていないようで……。

ただ、古備前とか、信楽とか、黄瀬戸といったものは、過去の栄光で美術館に入ってしまっていて、買おうとすれば何百万円もします。いい加減なもの、贋物にしても何十万円もすることがある。それに対して、古伊万里染付は、みんなが買えるし、楽しいものだから、学者もみんなでもてはやすし、発掘だ、調査だといって騒いでいます。けれども、これは決して日本人の喜ぶ美の本流ではありません。そこをカン違いしているから困ったものです。

しかし、私がどうしてこんな〝大川でケツを洗ったような〟きれいなものを扱うかといいますと、嘘がないんです、嘘が。

古伊万里、とくに色絵ではなくて染付の場合、脚光を浴びはじめたのはごく最近のことで、それまでは誰もが手軽に買える安価なものでした。ですから、贋作を作ったところで儲からない。贋作を作るよりは田舎に行って買ってきたほうが安いし、手間もかからないわけですから。儲からないから贋作はありえない。これ、贋作の鉄則です。

といっても、ただの遊び心で作ったものはあります。たとえば、古伊万里染付の、それも特に初期伊万里の系統に非常に打ちこんで、自分で窯を作り、一生懸命作った人はいます。その人がまったくの趣味で作った物に対して、悪い奴がそれに時代をつけて、本物で通ってしまっている物も、なかにはあります。欲得を抜きにして真心こめて作った物は、それ自体写しであろうが本物ですからね。嫌みがないんです。

あるいは、デパートで買ってきた伊万里の染付を薬品や茶渋で汚したり、古い焼き物のなかに混ぜたりしている奴も多少はいるでしょう。けれども、まあ、それは取るに足らないことでして、基本的には古伊万里染付には、今の段階では贋作はほとんどありえません。

ただ私が死んだあと、私が扱った古伊万里染付というものはやはり優れたものだった、というように評価が高くなっていけば、それに似せて金儲けをしようという連中も出てくるかもしれませんが。そうすると、古伊万里染付に関しても贋作の恐れが出てくるわけですが、今の段階では大丈夫。

そういうことで、私が商売にしている古伊万里染付には嘘がない（一九九〇年代当時として）。

では、私が嘘のないものにこだわってきたのは、どうしてなのでしょうか。

それはやはり、目利きと呼ばれる人たちが今までひどいことをやってきたのを、たくさん見てきたからなのです。目利きの〝ひどい商売〟を小僧時代からずいぶん見てきたわけです。その反動として、嘘がないものを商売にしているのだと自分では思います。子供が大人の汚い姿を見て「大きくなったら俺はこんなことだけはすまい」という、あの気持ちに似ているのではないかと思っています。

では、優れた目利きがどんなふうに贋作を世に出していたかという話を、これから紹介してみましょう。

五千万円はする朝鮮唐津の贋作づくり

私の小僧時代の話です。

私の先代はたいへんな目利きでして、あるとき九州の窯跡へ行って、土地の骨董商というか掘り屋から唐津の破片を一山買ってきました。そして、その破片のなかに、本物の江戸初期の朝鮮唐津《ちょうせんからつ》の高台《こうだい》がひとつ入っていたのを見つけたのです。高台というのは、徳利の底の部分。これはもうびっくり仰天の掘り出し物です。しかも、朝鮮唐津の徳利というのは、今なら最低二千万円はする代物で、酒器としては最高に高価なものです。昔から朝鮮唐津の徳利は数が少ないため、たとえば会席の道具として徳利に朝鮮唐津を使うとすれば、もうみんな識者連中にとっては垂涎《すいぜん》の的。当時でも二百万円とか五百万円とかしたものです。それほどの贅沢品。

話はちょっと外れますが、考えてみるに日本人というのは変わった人種で、酒を飲むための道具にこんなにカネをかけるなんて本当に珍しい。極端な話、ガラスのコップでも酒は飲める。

もちろん、海外にもこのテの贅沢はあることはありますが、せいぜいワインを飲むのにはバカラがいいとか、サン・ルイがいいという程度です。ところが日本の酒器になると、黄瀬戸のぐい飲みひとつだって千五百万円もするんです。朝鮮唐津のぐい飲みは、やはり一千万円くらいします。今の時代に一千万円もする杯で酒を飲む人種というのは、日本人をおいて他にはいません。それほど、酒器とか茶器というものに対して大金を投ずる民族なのです。器を愛《め》でるという情《こころ》の特殊性があるんです。

さて、話を元に戻しましょう。朝鮮唐津の徳利の高台です。もちろん、高台の部分だけが出てきたわけで、それはつまり破片です。しかし、破片といえども本物です。

それからどうしたかというと、朝鮮唐津の新しい作品を買ってきたのです。もちろん、江戸初期のものではなくて、現代の作家が作った一品。もしそれが本物なら数千万円はするような見事な贋作。実は、京都に写しの名工がいたのです。

その後、腕利きの直し屋を呼んできたから何をするかと思いきや、買ってきた新作の朝鮮唐津の高台の部分だけを糸鋸《いとのこ》できれいにすぽっと取りました。そして、拾ってきた本当の江戸初期の高台をすぱんとそこにはめこんだのです。膠《にかわ》で貼って、そこへ共繕《ともづくろ》い（二〇一ページを参照）を施しました。それも直しの名工がやるのですから、なかなか共繕いが見破られないようになっています。凄いことをするもんです。なぜそんなことをするのかというと、焼き物が本物か贋物かを判断する大きなポイントになっているのが、実はその高台の部分だから。

骨董商というのは、物を買うとまず高台を見ます。全体の姿がいい、出来がいい。さて本物かどうかというところで高台を見るのです。高台の何を見るかというと、土を見ます。土と高台の出来を見るわけです。贋作者は贋作を一生懸命作りますが、表面はいくらうまく似せても、高台まではなかなか力が回らないものでして、しかも土は時代や場所で微妙に違うものですから、本物らしく作るのは至難の業《わざ》。だからこそ、そこに嘘が出てしまう。高台を見れば、すべてがバレてしまう。

朝鮮唐津の名品が贋物だとわかった理由

さて、目利きとして一流の先代が、一流の直し屋を使って、本物の高台を贋物の朝鮮唐津にくっつけた。当然、引っ繰り返して高台を見ても本物の朝鮮唐津です。これは凄い。そして、そうやって作った朝鮮唐津を江戸初期の袋に入れる。さらに江戸初期の箱に入れる。仕上げに古墨を使ってひら仮名で「ちゃうせんからつとくり」と書く。まったく抜かりがありません。さらに江戸初期の更紗《さらさ》のきれを縫って外包みの風呂敷を作り、それにくるんでしまう。こうやって完璧に約束ごとを守りながら、朝鮮唐津の名品を誕生させてしまったわけです。

それをどうしたかというと、こともあろうに同門の水戸忠の主人に売ったのです。

私はその一部始終を目の当たりにしていて、同門の人を騙すなんて、たまらなく嫌でした。少なくとも強い者に向かってやるなら多少は許せるけれども、売ったのは同門の弟分だったのですから。「中文《なかぶん》はすごい目利きだ」という信頼感と尊敬の念をもって慕ってくる人間を騙したその行為は、私にとってはなんとも嫌なことでした。それから何年か経ってからのこと――。

それが実は贋作であることがわかってしまったのです。当然でしょう。どんなに腕のいい直し屋が直して、くっつけたとしても、共繕いの部分が、今と違って樹脂のない時代ですから、時間が経つにつれてそこだけ変色してしまったのです。

何百万も身銭を切って買い、授けてもらったと思った朝鮮唐津の、高台の継目の部分だけが変色したときは、どれほどの衝撃だったでしょうか。その人が私の店へやってきたとき、ちょうど親父が留守にしていて、その人は私に向かってこう怒鳴った。

「そういうもので騙す、カネを儲けるってことがいいことか悪いことか、よく考えてみろ。同門として、弟子として許せない」

返す言葉など何もなくて、もうただただ、私はほんとに恥ずかしかった。

その人は、業界の長老になられています。立派な大旦那。隠居されたとき、私は目礼して謝りました。

天龍寺青磁の花生けにしみこんだ辛い思い出

先代にまつわる話をもうひとつ。

それは、明時代の天龍寺青磁の大きな花生けでして、非常にいいものなんですが、残念なことに釉薬《ゆうやく》が全体に生焼けで、貫入《かんにゅう》、つまりうわぐすりにヒビが入っていたのです。

普通、青磁というものはヒビなど入らずピリッとあがっているものです。たぶん火事にあったのか、あるいは窯のなかから取り出すとき、温度が冷えきらないうちに取り出したものだから外の冷たい空気に触れて、表面にヒビが入ったのではないかと思われます。

もちろん、わざとそういうふうにヒビを入れた焼き物はいっぱいあります。それはヒビ焼きといいますが、当然そういうものがあってはいけない天龍寺青磁の花生けにヒビが入っていた。そういうものを我々は「生《なま》」と呼んでいます。生焼けの生。それをうちの親父が仕入れてきたのです。

生で残念だなと私は思いました。ところが親父は、その天龍寺青磁の花生けをまずきれいに洗うんです。洗うといっても、水で洗ったり、素人がやるような食器の洗剤に漬けたり漂白剤に漬けるようないい加減なやり方じゃない。洗うだけで当時のカネで五千円とか一万円くらいかかる、非常に手のこんだ洗い方です。初任給が五千円くらいの時代のことです。

そして、きれいに洗った上に上質の木精《もくせい》、すなわちパラフィンを染みこませる。

そうすると、なんとその貫入が消えてしまうんです。きれいなあがりになってしまう。無傷のものができあがってしまったわけです。

そしてそれを、入札に出した。競《せ》りではなくて入札。

競りの場合でしたら「あれは木精《もくせい》が入ってますよ」とか「パラフィンで生を消してありますよ」という情報が流れますが、入札というのは、みんなが秘密でやるので情報も流れようがない。

そして競りの買い方はご存知のとおり、誰かが「五万円」といったら「六万円」と乗せていく、「十万円」といったら「十五万円」と乗せていく買い方です。

競りにそういうものを出すと品物にまつわる情報が走るから、おそらく一万円か二万円までしかいかないでしょう。本来ならば十万円くらいはするはずなのに、なぜか二万円か三万円でとまってしまう、おかしい、変だぞ、なんか欠陥があるんだろう、とみんなが思って、競りはそれ以上進まないわけです。

一方、入札というのは自分の信念しかないので、自分がいいと思った値段を入れなければならない。談合もなんにもできないから、見て五十万円ならスパッと五十万円で入札する。

結局、その天龍寺青磁の花生けは五十万円で落札しました。五千円くらいが当時の大卒の初任給でしたから、五十万円といえば大金です。

それを買ったのは、蓑敬さんという有名な骨董商。これがまた大喜びなのです。あの目利きの中文さんが売ったのだから、私はもう最高にいいものを授かった、と喜ぶわけです。

その天龍寺青磁の花生けを、その骨董商は自分の店のショーウインドーに飾っていました。

当時はエアコンなどという便利なものがない時代、夏ともなるとショーウインドーのなかはたいへんに暑くなります。その暑さのために、なんとパラフィンが見事にじわじわと染み出しました。その天龍寺青磁は全身ベトベトになったのです。

そこで、その買った業者はどうしたでしょうか。馬鹿野郎ってなことで怒鳴《どな》りこんできたかというと、そんなことはしませんでした。二年近くベトベトのまま、店のショーウインドーに飾っていたのです。

あくまでも騙した親父に対する腹いせに……。

私はその店の前を通るたびに、非常に恥ずかしい思いをした。うちの親父は「あいつが引っかかったんだ、向こうが目が甘いからだ」といいます。昔の骨董屋はそれで通ったかもしれませんけれども、私は辛かった。

遊び心から贋作が生まれることも

これまで話してきたなかでおわかりだろうと思いますが、贋作を作るのはつまり目利きと職人なのです。一流の目利きは一流の職人を使って、他人がなかなか見抜けないほどの見事な贋作を作ってしまう。素人さんは職人がひとりで作っていると思っているかもしれませんが、そうではありません。目利きがあって職人がある。いわば目利きは、職人のプロデューサーというわけです。

もちろん、贋物作りを頼まれた職人にしても、できれば贋作などは作りたくはない。けれども、今でもそうですが、職人に対する報酬というものが低すぎるのです。特に昔は職人なんて、かつかつの生活を送っていました。自分の生活の面倒を見てくれる古美術商なり旦那の意を受けて、仕方なく贋物を作ることが多いわけです。ところが、なかにはその道が身についてしまって、悪い味を覚えてしまって、本物の贋作師になる職人もいたのです。

京都に、通称でコミヤマ青磁というのがあります。履歴はナゾですが京焼きの名工で、この人の作った砧青磁はなかなか見抜けない。大した職人なんですが、この人は間違いなく贋作師です。贋作など作らないで、自分の青磁に打ちこんでいったならば、それはそれで一流の名工になったはずで、今ごろは二代目、三代目が受け継いで、伝統工藝作家としてその名は残っていたことでしょう。しかし、伝統工藝作家の名前のかわりに、コミヤマ青磁という、贋物の代名詞を世に残していきました。

贋作を作るのは、金銭的な目的であることも多いけれども、ちょっとした遊び心であることも多い。仲間をちょっとおちょくってやろうかとか、使っている茶碗にちょっと手を入れれば雅味が深くなってもっと大きく育つぞ、といった遊び心です。

たとえば、伊賀の水差しの新しい物がここにあったとしましょう。本当なら桃山時代のものがいちばんいいのですが、これは江戸期のもので時代がちょいと落ちる。もったいないな、ってなことで、そこにビードロの釉薬をつける、ちょいと肌に焦げをつける。そうして「桃山時代のもの」になっていくのです。江戸時代のものとして放っておくのはもったいないから、桃山時代まで、あるいは室町時代まで、ちょっと育ててみようかな、というわけです。

あるいは、韓国に行って、新作《あらもの》の粉引《こひ》きの茶碗をソウルの骨董屋で買ってくる。ひとつだいたい三千五百円。それで毎日毎日抹茶を飲んで、毎日いじくりまわして、この茶碗ひとつ育ててみるか……と思うわけです。どうだ、李朝《りちょう》初期に見えるだろう、箱を合わせたら百万円だぞ、なんていう遊び心です。

浮世絵の贋作事件「春峯庵《しゅんぽうあん》事件」の後味の悪さ

明治時代に錦織剛清という贋作者がいました。この人は、渡辺華山の作品の贋物を作るのが非常にうまかった。彼が作った物のなかには今でも本物で通っているものもあるといいます。この人は後年、罪滅ぼしということで渡辺華山の銅像を郷里に建てたりしています。なんというか、本家本元の銅像を罪滅ぼしに建てるとは、ある意味では本当に遊び心じゃないかと思います。遊び心でなければ、そうやって世の中に「私は贋作者ですよ」といわんばかりのことをするはずはないでしょう。一生、華山を描きつづけて、ずいぶん儲けさせてもらったのでしょう。

そういうふうに、何か遊びのムードのあるもの、自分の純粋な趣味としても意識が強いものは、案外、贋作のもつ特有の嫌な感じがしないのです。なんとなく気持ちがいい。したがっていまになって本物として通ってしまうのです。

それと対照的に、カネだけが目的で、何の趣味性も遊び心もないものは、これはもう嫌な感じがするものです。

その代表的な話をひとつ。

今度は昭和九年の話です。春峯庵《しゅんぽうあん》事件という浮世絵に関する大きな贋作事件がありました。私も生まれる前の話ですから詳しいことまでは知りませんが、浮世絵の作品が某大名家で春峯庵と号されているところから大量に発見されたことがあるのです。春峯庵じたいがデッチあげだった。それが新聞紙上を賑わせて、専門家でこの世界の権威である帝国大学の教授も絶賛しまくった。みんなが褒《ほ》めまくるものですから、それらの浮世絵は高く売れていったのですが、それが後に贋作だとわかってしまった。

その贋作は今見ても〝こさえもの〟とわかるのですが、学者というものは基本的にはカネを出さないので、金銭的な痛みを知らないわけです。蔵だの屋敷だのと舞台装置さえ整っていて、約束ごとがきちんと守られていれば、コロリと騙されてしまいます。褒めまくった新聞記者にしても、物はわからない。もっとも、物のわからない記者の書いた記事が活字になった瞬間、新聞になった瞬間に、百パーセント信頼してしまうという世間の人たちの愚かさもあるわけですが。

その春峯庵の浮世絵はその後、昭和の終わりごろになって再び登場し、大きな浮世絵業者が、数十億という値段でバブル華やかなりしころの不動産業者に売りました。それで、その不動産業者は美術館を作って飾ったのですが……。今はどうなっているのでしょうか。また何十年か経ったころ、世に出回ることになるのでしょうが、その浮世絵はなんともいえない嫌な感じがしたものです。本当は全部火をつけて燃やしたほうがいいのですが、まあそれもしようがないことかもしれない、人の世は欲と道連れですから。ともかく、こうした金儲けだけの目的で仕こまれた贋作は、嫌な感じがするものです。

風呂屋の釜でも簡単にできる「後絵」という贋作

「後絵《あとえ》」というものをご存知でしょうか。つまり、後からつけた絵のことで、白磁などの絵のないものや染付だけの器物に、後年になって色絵付けしたものをいいます。これも、一種の贋作です。

焼き物というのはたいへん長い歴史をもっていますから、その時々によって流行というものがあります。そうすると当然、みんなその流行のものを欲しがるのです。

たとえば、明治時代から大正時代にかけて、古伊万里とか柿右衛門とか古九谷を中心とする色絵磁器というものが、たいへんに流行《はや》ったことがあります。そうすると、元禄時代なら元禄時代の、亨保《きょうほ》時代なら亨保時代の白磁に、明治になってから後絵付けをするということが起きてくるのです。特に、中国の明の赤絵というものは明治の元勲《げんくん》をはじめとする財閥たちに非常に喜ばれたものですから、これまた赤絵が流行ることになります。

白磁というのは、もともとだいたいは庶民が使うものでした。貧乏だから、色のついた器など買えないわけです。色のついたゴージャスなものは、金持ちか大名のものと決まっていたのです。ですから、白磁の器皿はけっこう残っています。それに、後絵というのはそれほどむずかしい技術は必要ではありません。低温度でわりと簡単に焼き付けができます。場所によっては風呂屋の釜を使うくらいで、だいたい温度は八百度程度。それで充分に焼き付けができるのです。

そして多少、外に放っておいて雨風に当ててみたり、あるいは泥のなかにちょっと埋めてみたりして時代づけをします。今なら薬品で汚すようなものです。そうやって簡単に贋作を作ってしまいます。

そうして、後絵が生まれてきたわけですが、これは私たちのようなプロが見ればピタリとわかります。本物に比べて力が弱いのです。特にそこに描かれている絵が弱い。また色も悪い。もちろん詳しくいえば、燃料とか色絵の材料というものは時代によって違うので、そういった部分も見るわけですが、とにかくパッと見て力が弱い。ちょっとこの絵は甘いんじゃないか、ちょっとこういう絵はなかったんじゃないか、そういうところで、あ、これは後絵だなと発見できるわけなのです。

最近、噂で聞きますが、李朝白磁に古九谷の後絵をつけたものが、今いいものとして通っているようです。李朝白磁というのは、明治のころには買う人は誰もいないようなものでしたが、今は結構高価になっていて、上等な李朝白磁に古九谷の後絵を施したものが、価値あるものとして通っているといいます。もし、それが本当なら、嫌らしい物でしょうね。噂ですめば幸いですが、そんな物を信じる人は現在《いま》はいませんが、五十年も経てば本物になる。それがコワイ。

後絵を用いて作った古月軒はなかなか見抜けない

こうした後絵のなかでも、なかなか贋作とわかりにくい、非常に出来のいい後絵があります。それは中国の清朝時代の焼き物で、古月軒《こげつけん》と呼ばれる優品に似せて作ったものです。この古月軒のオリジナルは、日本にはおそらく数点くらいしかないという貴重品で、実は欧米にほとんど流出してしまっています。というのは、この古月軒とか清朝の色絵の焼き物が日本人の美意識に合わないからです。日本人の美意識が変わってきた現在はわかりませんが。

古月軒というのは、琺瑯彩《ほうろうさい》といって非常に細かい絵画と詩文が描いてある、清朝の色絵としてはごくごく精巧なものなんです。この古月軒の銘を施して贋物を作るのですが、これがなかなか見抜けません。だいたい古月軒というもの自体がデッチ上げの俗称といわれています。根拠がなくて日本で定着した誤伝とされているのです。

乾隆《けんりゅう》なら乾隆時代に上手《じょうて》に作られた白磁の古月軒の形をした瓶を探してきて、そこに宮廷画家として腕を磨いたような人が後絵をして古月軒を作るわけです。それが欧米に流れたりしています。ごくごく上手《じょうて》なもので、もうほとんど本家《ほんか》の古月軒といっていいんじゃないかと思うような代物で、なかなかこれが見抜けない。

ただ、やはり私たちプロは、どうも絵の具が悪いとか、感覚が悪いなどという微妙なところで判断できるわけですが、なかなかどうして大した後絵なのです。そして古月軒の銘が入っているものは、俗称が生まれてからの贋作といえるのです。

あるいはまた、欧米でたいへんに喜ばれる後絵もあります。清朝の初期に康熙《こうき》という年代がありますが、このころの染付だけの瓶や白磁だけの角瓶を探してきて、それに黒い釉薬を塗ってしまうとブラックホーソン（黒彩方瓶）という有名な四角形の花瓶ができあがります。欧米で喜ばれる康熙時代の有名な色絵ができるわけです。

安い物に後絵をしたものは、なぜかみんな下手《げて》

後絵をつける元のオリジナルが、雑器《ざつき》である場合も多いようです。二十世紀初頭ごろに作られたものが多いのですが、雑器にいい加減な後絵をして、明の赤絵とか南京赤絵を作るということも行なわれました。

なぜそんなつまらないことをしたかというと、日本人がそういう雑器のようなわびさびというものを喜んだからで、それらは日本人向けに作られました。しかし、雑器に後絵を施したようなのは、みんな下手《げて》。なかには引っかかった人もいるでしょうが、だいたいそういうものは見てすぐわかります。

伊万里でもおなじこと。伊万里の雑器に後絵を施したものは、雑器だからもともとが安いし、後絵付けにそれほど時間もカネもかけません。ですから仕事もいい加減な仕事しかしていません。やはり、ボディのいいものは贋作といえども、いい仕事をしています。

元禄だとか享保時代の白磁、柿右衛門様式の白磁を拾ってきて後絵をつける場合は、その元のオリジナル自体、だいたい数十万円もするわけですから、それに色絵をして数百万のものに仕上げるためには時間と手間をかけるのです。だからこそ、贋作といっても、手の込んだものは立派に通る、ということになるわけです。

「窯入り」で傷を消すことができる

さて、後絵が出たついでに紹介しますが、贋作づくりによく使われるものに「窯入り」という手法があります。窯入りというのは、オリジナルの焼き物の上がりが悪かったり、傷ができたりした場合、もう一回窯のなかに入れて焼くことです。

たとえば、青磁の発色がちょっと悪いという場合や、染付の場合は祥瑞《しょんずい》の発色が悪いというときに、低温度の窯に入れると、不思議と発色がよくなるのです。ですから、窯入りというのは江戸時代から行なわれていることです。

これも、ボディは本物ですが、贋物の範疇に入れられます。

見分けるのは、わりと簡単です。その筋の人が見ればちゃんと「窯入り」したものだとわかってしまいます。たとえば、高台のところの薬切れがムラになるとか、天龍寺青磁は釉薬が厚いからぼてっと薬がたれてしまうとか、あるいは染付の祥瑞などを窯に入れると、必ずシミや絞りと呼んでいるあざが焼き物の一カ所に出てしまうのです。

あるいは、砧青磁は南宋以来、八百年ものあいだ伝わっているもので、そういうものは磁肌にスレが出てくるものですが、それが窯入りをすると、そのスレが微妙に消えてしまって、ものが古いのに釉薬がまるで昨日窯から出したようにツルツルになってしまう。そういうアンバランスな部分が見えてくるのです。

ただ、江戸時代に窯入りされたものがすでに百五十年も伝わってくると、それなりに時代がつきますので、見抜くことがむずかしくなってくるということもあります。

日本人の贋作は欧米人は見抜けない

さて、話をもう一度、後絵に戻してみましょう。

先日、私が中国旅行で知り合った人が、私のところへ「写真を見てくれ」といってきました。あまり見たくなかったのですが、見てみると、古伊万里白磁の手つきの瓶に明治時代に後絵を施したものでした。それがクリスティーズのオークションに出て、英語でコメントがついています。

どういうコメントかというと、

「このようなものはごく上手《じょうて》で珍しいものである。日本においても、英国においてもこのような逸品というのはごくまれであって、上手の伊万里の作品と断定できる」などと書いてあるのです。その知人はオークションで競り落としたのですが、どうしても疑問が吹っ切れないといって、写真を送ってきたわけです。

私は一見してこういいました。

「ああ、これは後絵ですよ。明治時代、色絵が流行ったときに作られた物が、ヨーロッパに伝わって、今オークションで数百万円の値段であなたが買ったんだね。つまり贋物ですよ」

では、そのヨーロッパのオークションでその贋物についていた英語のコメントは嘘だったのかというと、そうではありません。コメントした人は、本当にいいものだと思っていたわけです。つまり贋作と見抜けなかったのです。

では、それを私が一見してなぜ見抜けたのかといいますと、この場合、目筋の良し悪しというよりも、日本人だからということでしょう。

物の本質を見抜く民族の「血」

日本の焼き物に日本人が手を下したものは、日本人にはわかります。けれどもそれは、欧米人にはわからない。おなじように、中国の焼き物に中国人が後絵をしたものは、われわれ日本人は見抜くことができませんが、中国人は見抜くことができます。また、中国の焼き物に、日本の陶工が後絵を付けて作った贋物は、私たちは見破れるのです。

それはいったい何かというと「血」なのです。民族の血。

中国人が後絵をしたものは、中国人の血のなかから出てくる伝統的な力で描いていますから、日本人は見破ることはできない。

その逆の場合も同様で、日本人の血のなかから出てくる伝統が生み出したものは、中国人は見破ることができないのです。ですから、ヨーロッパでは、中国の後絵も日本の後絵も、みんな本物として通っています。彼らは見破ることができないのです。

ものがもつ不思議な側面です。

明治時代に「奈良デキ」というものがありました。奈良在住の仏師がさかんに正倉院の宝物だとか、薬師寺とか、法隆寺の仏像をコピーしました。こういうものを奈良デキと称するのですが、これらを明治時代に欧米から金持ちがたくさんやってきて、外国人向けの骨董店で買っていきました。

もちろん、古いものと思って買っていったのです。我々は直感でそれはコピーだと見抜けますが、欧米人にはわからないのです。張りぼての仏像を見せても「オー、ベリー、ワンダフル」といいます。もちろん、なかには、日本人以上に日本の古美術の真贋を見抜く欧米人もいます。けれども、日本人以上に日本の美術を研究した人間でなければ、それはムリです。

それとおなじことが昭和から平成にかけてのバブル期に起きています。日本人は海外へ行って、シャガールの贋物を買い、ピカソの贋物を買い、セザンヌの贋物を買って帰ってきました。欧米の血から生まれた一流の絵画が、ちょっとやそっとでわかるわけがない。本物がわからないのだから、本物そっくりに仕上げた贋物がわかるはずがない。

そういうふうに、よくも悪くも、民族の血というものが贋作の背景に大きく影響しているのです。

民族の血が薄まると優れた贋作も少なくなっていく

民族の「血」という話をしましたが、血というものは文明が進めば進むほど、時代が進めば進むほど、薄くなってくるものです。つまり、それは、一流の目利きも少なくなってくるということ。同時に名工と呼べる人たちもいなくなる。昔のような優れた目利きは、もうそんなに出てくることはないでしょう。

一流の目利きがいなくなるということは、すなわち優れた贋作も少なくなってくるということにもつながります。贋作と呼ぶにはとても恥ずかしいような贋作以前のものばかり。私は少なくとも、技巧があって、金儲けをしようと思う気持ちがあって、一生懸命作っているもの、そしてひょっと首をかしげるものあたりまでを贋作と呼びます。あとはゴミみたいなものでして、それは単なるガラクタとしか呼べやしない。そういうものが増えてくるのではないでしょうか。ここでは少し、そういう話をしておきましょう。

江戸時代に狩野常信《かのうつねのぶ》という狩野派第一の目利きがいました。それはそれはたいへんな目利きで、彼の鑑定書、いわゆる極め書きというのは非常に価値があったのです。その鑑定書がついてさえいれば、もうその物は間違いない。

それで、その極め書きを利用した贋作が出回ることになるのです。つまり、その極め書きがついている本物の中身を取り出して、そのかわりに贋作を入れるのです。贋作といっても、もちろん、それなりに出来のいいものです。それに狩野常信の鑑定書がついているのですから、コロリと騙されてしまいます。そして、本物のほうはよそへ売る。こうして儲ける不届き者もいたわけですが、その狩野常信の極め書きを伴った贋作、ものはかなりいいですから、それが現在まで約三百年も経ってしまうと、もう本物として通ってしまう。なぜかというと、いろんな理由があるけれども、ひとつには狩野常信が存命のころの日本人の血というものがなくなってしまったからといえるでしょう。江戸時代の日本人の血がなくなってしまったから。

時代が進むにつれて落ちていく目利きの目筋

新幹線ができ、テレビが生まれ、洋間に暮らすようになりました。あるいは靴を履《は》き、パンを食い、そんなこんなで日本人の古い知恵を失ってしまった。こういう時代の変化にしたがって、日本人は変わり、日本人の感覚も変わってきたのです。もはや江戸時代の日本人の血は、今の日本人のなかにはほとんど残っていません。ですから、日本人は明治期以前の品の優れた贋作が作れなくなったのです。

やがて中国人もそうなるでしょう。韓国人もそうなるでしょう。

ですから、時代とともに目筋というものは落ちていき、ある時代まで進んでしまうと、贋作が本物となって流れていくようになるのです。

当然、目利きもだんだん減少していくことでしょう。それは目利きの必要がなくなってくるからです。もはや、これだけ研究者がいたり、展覧会があったりするし、それに第一、目利きを必要とするだけの品物が世の中に流通していません。ほとんどのものが美術館に入ってしまい、研究室に入っています。

昔は目利きは一人か二人しかいませんでした。たとえば刀でいえば、本阿弥《ほんあみ》家が一手に刀の目利きを引き受けていたのです。徳川家康から「刀の鑑定をしてもよい」と認められて免許状をもらって、日本全国の目利きを本阿弥家が一手に引き受けていました。同様に、古筆と称する古い消息とか歌切れなどに関しては、古筆《こひつ》家が室町時代以来ずっと鑑定をしておりました。あるいは鉄の細工物は、明珍《みょうちん》家と呼ばれる家系が行なっていた。そういうふうに、ある分野に関する目利きは、日本中で一軒しかなかったものです。

けれども、だんだん世の中が進んでくると、いろんな分野で目利きというものが登場してきて、今はすでに一億総目利き状態。

でも、それは目利きと呼ぶにはあまりにも幼稚なレベルで、本当の目利きと呼べる者はどんどん減ってきています。

もっとも、人間の社会が時代とともにどんどん変化していくにつれて、現在の最高の文化というものは、新しい文化や藝術が新しく生まれてくるにつれ、過去のものになっていくわけですから、しようがないことといえるかもしれません。

たとえば、いつの時代の音楽がいちばん良かったかといいますと、やはり十八世紀から十九世紀初めのベートーベンやシューベルトの時代です。その後、いいものはそれほど出ていません。琴はどうかといいますと、江戸期の八橋検校《やつはしけんぎょう》の時代です。

石の彫刻はといえば、ギリシャ、ローマ時代です。木のものなら、日本の奈良時代。焼き物だと、中国の北宋、南宋時代。版画では、江戸時代の浮世絵であり、昭和の棟方志功。絨毯《じゅうたん》であれば、やはり十七世紀のペルシャです。

それ以後は時代とともに全部、衰退に向かっている。それはしようがないことなのでしょうが……。

目利きと文化の関係も、おなじことがいえるのではないでしょうか。

新しい藝術が生まれてきたら、また新しい目利きが生まれてくる

人間の文化の頂点というものは、素材と環境に恵まれたどこかの民族が極めているものです。その時代が終わったら、その民族の文化はあとは衰退に向かうしかないようです。けれども、もし新しい藝術、新しい美というものが生まれれば、そこにまた新しい目利きが必要となってくるでしょう。今後、日本人は何の美の頂点を迎えることができるのでしょうか。

多少なりとも、希望はあります。新しい時代の美というものを、常に誰かが探していますから。四畳半一間で、三畳くらいの狭い研究室のなかで、コツコツと新たな美を追いつづけている人がいます。それがあるとき、時代の要求に沿って急に脚光を浴びるかもしれません。

周りが認めようが認めまいが、自分の専門、自分が求めるものをコツコツと追いつづけることが大事なのです。いつかそれが脚光を浴びて、世の中に大きな潮流を起こすことになるかもしれません。

日本人の目利きは世界一

はっきりいいますが、日本の古美術商の目筋は世界一です。こんなに切れる目筋は、世界広しといえども、どこにもありません。

さあそこで、どうして日本人の古美術商というものに、優れた目利きが出てきたのか。

それは一言でいうと、日本の古美術商にカネがなかったからです。ヨーロッパの古美術商はカネがある。彼らのバックについているのは王室であり、石油王であり、鉄道王です。モルガン、ロックフェラー、ロスチャイルド。そういった天文学的な富をバックにして、トロール漁業をするように、なんでも漁ったわけです。

それに比べて、日本の古美術商の後ろについてるのは、せいぜい明治の元勲に関連した人くらい。三井、三菱、あるいは五島慶太、根津嘉一郎。財閥の歴史が浅すぎるのです。

そんな日本の古美術商に何ができるかといいますと、ひたすら目筋を磨くしか手だてがない。目筋を磨いて一本釣りをして、トロール漁業に対抗するしかないのです。それに加えて、日本の美術蒐集家も江戸時代、二百五十年にわたって国民文化として培《つちか》われてきた茶道の伝統というもので美意識が磨かれ抜いていますから、要求が非常に高くなる。それと切磋琢磨していくためには、よほど優れた名器名品で美術愛好家を満足させなければならない。そんな過酷な条件のもとで、常にハングリーで戦ってきたから、カリスマ的な目筋のよさを日本人の古美術商は養うことができたのです。

しかし最近は、それほどの目筋があってもカネにならない。だから、いかにうまく立ち回って儲けていくかということだけが主流になっているのです。

けれども、総人口からみれば、ほんのひと握りにもならない古美術商のなかの一人が、カリスマ性を磨いて、一生懸命努力してくれれば、その人のやっていることが将来、必ず開花して、世間にも見直されて、時代の潮流を生み出していく。そういう若手の業者を何人か、私も実際に知っています。

決して口には出しませんが、私は信じて無言で応援しています。そういう人たちの時代が必ず来る、と。

「永仁の壺事件」が残したもの

贋作にまつわる事件をもうひとつ紹介してみましょう。昭和三十年代の前半に起こった、有名な「永仁《えいにん》の壺事件」。

ものは鎌倉時代の古瀬戸の瓶子《へいし》です。昭和十八年ごろに、永仁銘の入った古瀬戸の瓶子が愛知県の東春日井郡志段味《しだみ》村のあたりの窯跡から発見されたといわれて、たいへんセンセーショナルな扱いを受け、当時の文化財調査官だった小山冨士夫さんが、昭和三十四年に重要文化財に指定したのです。それほど凄い発見でした。世界陶磁全集のページを飾り、博物館や展覧会に飾られて、それはそれは脚光を浴びたのです。

ところが「あれは俺が作ったもんだ」と不世出の名工、加藤唐九郎がいったものですから大騒ぎです。その後、いろいろと究明していくと、唐九郎の長男である嶺男がボディを造ったと告白し、加藤唐九郎がそれをデッチ上げた贋物だったと判明しました。

この加藤唐九郎、名前を聞いた人はたくさんいらっしゃると思います。なにしろ瀬戸の凄い名工です。唐九郎の作った志野茶碗とか古瀬戸の茶碗は、いまでも本場に行けば千五百万くらいでも買えるかどうか。その唐九郎、腕は名工ですが、かなり飄逸な人で、結局、世の中をちょっとおちょくってみたというのです。

当時、世の中の古美術に関わる人たちは、あれがいいだの、俺がもっているものがいちばんいいとか、俺がいちばんの目利きだとか、日本中の陶磁学者や趣味人がいったりしていたものだから「こいつら、まったくしゃらくせい」ってなもんで、ちょと世の中をおちょくったのが、この事件だったというわけです。まあ、オカネが欲しかったから製作したとか、国粋主義者が奉納品に注文したともいわれていますが、そこはどうですか、わかりません。

まともな人間には、やはりいいものは作れません。ちょっと変わっていてアブノーマルなくらいでなければ、天才的な作品は生み出せない。今はアブノーマルを全部排除するような方向へいっているから、完備はされているけれども面白味のない、つまらないものばかりの世の中になっていま す。加藤唐九郎のころは、まだまだそういう要素が世の中にあった時代なのです。

さて、そんな世の中の連中や風潮をからかってやろう、ということで、彼は永仁の壺を作ったわけです。それは古い鎌倉時代の形を借りた梅瓶《メイピン》で、しっかりと当時の年号の永仁銘を入れたものでした。約束どおりの上物です。

それをどうしたかといいますと、こっそり古い窯跡に埋めたらしい。ただ単に埋めたのではありません。壺を埋めたその上に、鎌倉時代の本物の古瀬戸の破片を一杯埋めたといわれている。さらに、どこからか掘り返した炭や灰、炭化した木なども埋めたというのです。

これほどの手のこんだ芝居を打っておきながら、何食わぬ顔をして何年か後に掘り出しました。たぶん大学かどこかの研究部の学生を連れていって、こういったんでしょう。

「私の研究によると、この辺に鎌倉時代の瀬戸松留窯跡があったはずなんだ。ひとつ実証の手掛かりに、ここらを掘ってみたまえ」

そうやって掘らせてみると、当たり前のことですが、古瀬戸の破片が出てきたわけです。調べてみると驚くことに本当の鎌倉時代の破片が。

とまあ、ここまでは推測ですが、事実はどうも、もっと複雑だったらしいです。

「これが世にいう有名な鎌倉時代の松留窯の窯跡だ」ということで、発掘された破片を東京の根津美術館に、資料として寄贈を申し出た唐九郎。

古瀬戸の窯跡発見の報に、文部技官の小山冨士夫さんがすっ飛んできたのはいうまでもありません。さらに詳しく調査や聞きこみをつづけてゆくと、なんと今度は無傷の壺が出てきた。そこには銘文が書いてある。しかも永仁と書いてあるのです。

「まさしく鎌倉時代の古瀬戸の壺だ。唐九郎さん、よくぞこれをめっけてくださった」

こうして重要文化財に指定されました。ところが、みんなが大喜びして、それを何万人もの人が見たり、世界陶磁全集のグラビアを飾ったりしていたところ、突然、唐九郎が「あれは、俺が作ったもんだ」とペロッといったものですから大騒ぎ。それが永仁の壺事件の全容です。

物に対する愛着心、物に関する日本人の美意識が美しい

この事件で〝凄いな〟と私が感心するのは、唐九郎はもちろんですが、それに引っかかって重要文化財に指定した小山冨士夫という文部技官です。

この小山さんという方は、優れた学者で、古い中国の窯跡を発見したり、陶藝家として後世に残る仕事をされています。しかも人格者。この人がこの贋作にまんまと引っかかったとき、さてどうしたかといいますと、あっさり自分の間違いを認めて、文部技官を退官して野に下ってしまったのです。その潔さに感動します。

退官しても、彼は当代一の優れた学者です。出光石油の創立者の出光佐三さんが、あまりにも優秀な学者を惜しいと、出光美術館の役員に迎えています。こういう筋のわかった人たちが作った出光美術館には、やはりとびきり優れたものがあるのです。学術的に貴重なものは、小山冨士夫さん

が鎌倉の海岸で採集した南宋青磁の破片とか、戦前、日本軍と一緒に中国に行って、そこで発見した定窯破片などが出光美術館の資料室には全部あります。なんでも、その後、小田原市の松永安左衛門の園遊会で、唐九郎と小山さんが会ったとき、軽く片手を上げて笑いながら、「やあ」とお互いにいったそうです。

「どうだ、参ったろ」「いや、参ったよ」というわけです。

そういう面白さが永仁の壺事件にはあります。そこには何も金儲けがからんでいません。ただ、唐九郎は、世の中をいっちょおちょくってやろうということで、これほどの事件を作ってしまう。やられた小山さんにしても一度は重要文化財にまで指定したものだから、たいへんです。なのに、二人が会ったとき、酒を飲んで肩を叩きあったというのですから。そこに、日本人のもっている美意識というか、人間性というか、相手に対する憐憫の情というものがひしひしと感じられるのです。

永仁の壺はその後、むろん陶磁全集からは姿を消し、昭和三十六年に文化財の指定も取り消しになりました。そのおかげでかえって、永仁の壺の載っている陶磁全集や美術書は、いま古本屋で非常に高い値がついているそうです。

ちなみに、私たち古美術商は、その壺が本物だとは誰ひとりいわなかった。黙って見ていただけでした。贋作だと、みんな知っていたからです。なにしろ姿が悪いし、第一に腹に入らなかったんです。

ガンダーラ石仏の贋作事件にみる日本人の低劣化

永仁の壺事件ときわめて対照的な事件が、バブル期のころに起きています。あるところからもちこまれた金箔を押したガンダーラの石仏を国立博物館の技官が「これは本物です」といったために、それを信用した枚方の関西記念病院の亀廣さんという医者が、確か七千万円前後と記憶していますが、そんな大金を払って買ったのです。

ところが、それを当時、池袋にある古代オリエント博物館の田辺勝美研究部長が「あれは贋物だ」と指摘しました。そこで急にそのガンダーラの仏像が脚光を浴びて、真贋論争が起こったわけです。写真誌や週刊誌にまで掲載されて、これまた大騒ぎになりました。

でも、これは目の利く古美術商なら、誰が見ても贋物とわかる代物です。だいいち金箔に矛盾がある。観音さまなのに弥勒さまの水瓶《すいびょう》を持っている。全体的に薄っぺらだ。写真週刊誌に全身像が載ったとたんにピンときて、永仁の壺のときとおなじように、私たちは何もいわず黙って事の推移を楽しんでいたのです。これを売った中東の商人は、以前にも有名な贋作をもちこんだ男で、私たちはみんな知っていたから、なんということはありません。

でも、その医者はオリエント博物館の学者と歩調を合わせて、その究明に立ち上がったわけです。オリエント博物館の若手の学者も、正義感と自分の学術的な情熱でもって戦いました。なんといっても、相手は国立博物館という権威なのですから。それで、何度も何度も公開討論会を催したのですが、それに対して国立博物館側は、大阪高裁の上告棄却をいいことに、結局、最後にはだんまりを決めこんだ。

私が思うに、博物館はやはり自分の間違いを認めるべきだったでしょうね。それは小山冨士夫さんの例とは、あまりに対照的な姿でした。彼らは結局、古美術、つまりは日本人の美意識というものに対して、愛情をもっていなかったのではないでしょうか。だからこそ、土壇場でだんまりを決めこんだと思うのです。そう思われてもしようがないでしょう。「間違いました」などと認めたら、担当した学者は出世にキズがつくし、行政は損害を賠償しなきゃならないけれども、後世のためにも、自分のためにも、やはり認めるべきでしたね、もし多少なりとも仕事に対するプライドがあったのならば。

この騒動は、小山冨士夫さんを代表とする昭和の前期に活躍した人の潔さと、昭和末ごろのバブル期の人間の低俗さ、というものをはっきりと表わしてくれたものだったと思います。戦前から戦後にかけて一生懸命、食うや食わずで古美術を研究して人間を磨いた時代の人たちと、立身出世だけで育った人たちの差。しかも、この二つの贋作事件は、両方とも公立の技官がからんでいて、今後の教訓として残っています。

贋作というのは、実に人間の善と悪、官公立と個人、目利きと職人、さまざまなドラマを秘めたものなのです。

第四章　鑑定士の特技『お宝発見』

「お宝の発見」には捨て目が必要

骨董商や鑑定士といいますと、何かたいへんな宝物を探し出すと思う方が、さぞかし多いことでしょう。それは、目が利《き》くから発見できるというものではありません。問題は機転が利くかどうかということでして、つまり「捨て目」です。

たとえば道を歩いていても、今日は天気がいいからあそこの好事家《こうずか》の親父の家は襖《ふすま》が開いているかもしれない、ひょっとして中が覗けるんじゃないか、という機転。あるいは、知らない町を歩いていたら、なんということのない雑貨屋の店の奥に備前の壺がひょこり置いてあるのを見つけたり。あるいは、住宅地を歩いていたら、庭師が外で水をまいている、そこで「あっ、今日はお茶会があるのかな」と気づくことが、「捨て目が利く」ということです。

そうした何気ない日常生活のなかで常に「捨て目」を利かせておくということが、大袈裟なようですが、お宝の発見につながっていくわけです。

前の章でお話しましたが、日本の骨董商がどうして目筋がよかったかといいますと、やはり貧しかったからなのです。日本の骨董商は昭和四十年代にヨーロッパの骨董業界に大挙して繰りだしていきました。当時ヨーロッパには、江戸時代に日本から輸出した伊万里だの九谷だのが大量に残されていましたから。

そこで、一軒の骨董屋に日本の骨董商が入っていくと、数多く店に並んでいるもののうちから、間違いなくいちばん儲かるものをパッと取るんです。山積みになったガラクタのなかから本当に価値のあるものを瞬間で見つけ出す。それはもう、向こうから見ると、神がかりのように思えたことでしょう。

それはやはり、ハングリーな状態のなかで培《つちか》った目筋以外の何物でもない。ヨーロッパの骨董商は、日本人の骨董商のことを「神風ディーラー」と呼んでいました。

そういうふうに貧しかったからこそ目筋が磨けたのは事実なのですが、新しい発見をするというのはそれとは逆に、どちらかというと商売を離れた道楽的な部分も大きいのです。自分の商売以外のところで発見があるということです。

新しい発見というものは、まず他人は評価してくれません。すぐに評価してくれるような物はそう簡単に手に入ることはないし、そもそも外になど出やしません。ですから、他人は評価しなくても自分だけが評価するという、いわばクリエイティブな部分があるわけです。そのため、それはなかなか商売にはつながりません。どちらかというと、商売以外の道楽的な要素が大きいものです。

骨董商の店先に展示されているものは、文字どおり商《あきな》いのための品物であって、そこの主人にとっての本当の掘り出し物は奥のほうに隠されていたりするものです。世間に出しても、誰も相手にしないかもしれない。が、いつの日にか脚光を浴びて、人々の注目を集めるようになったときに、それが急激に値上がりして、そうしてはじめて銭勘定を伴って世の表舞台に躍り出てくるのです。それが美の発見だと思います。

もっとも本人にしてみれば、大発見をしたなどという意識はあまりない。単に自分がいいなと思った、興味があった、というところからはじまるのです。

古伊万里染付を世に認めさせたのは「私の美の発見」

私は、三十代の前半に茶道具とか美の主流であった既製の古美術品というものの殻を捨て去りました。

私の店は、昔は伝統的な古い茶道具商の店の形態でして、たとえば床の間があって応接間があって大きなウインドーがありました。ウインドーにはいつも篭に花が生けてあったものです。

ある日、私は鋸《のこぎり》をもってきて、店の真ん中の柱を切り倒してしまったのです。それは別に店を壊したということではないんですが、そうすることで伝統を断ち切ってしまおうと思ったのです。

なぜかといえば、伝統的な古美術の世界の殻にいつまでも守られていてはいけないと思ったからです。このままでは、自分は古美術界の単なる縁の下の力持ちで一生を終わってしまう、そんなことではいつまでたっても営業的には発展しないし、自分が何か新しいものを求めていこうというときに腰が引けてしまうだろう――そんなふうに思ったからです。

さて、それから何をはじめたかといいますと、それまでは誰も注目していなかった古伊万里の染付、当時、雑器《ざつき》と呼ばれていたものを扱いはじめたのです。どうしてそんなものを扱うようになったかといいますと、大した理由からではありません。うちのカミさんが「台所で使うのになかなかいいわ」といったからだけの話であって、深い理由は何もない。

けれども、これが結構おもしろいんです。数も多いし、なにしろ安い。何百万円のものを買い入れて、売れるまでカネの心配をしてもう何日も夜が眠れない、というようなこともない。

とはいえ、もともとが安いものですから利益はたかが知れています。したがって、人並みの利益を得るには人の三倍は働かなければならない。それはそれでたいへんでした。たいへんでしたが、二十年、三十年と経った今では、これが美術品として脚光を浴びるようになっています。

これは、私にとってのひとつの「お宝発見」だと思います。

古伊万里の染付を私が扱いはじめた当時、同業者は私の店の名前「からくさ」をもじって「がらくた」と呼びました。ところが、今では古伊万里染付は商品の主流になっています。今では、日本中の骨董業者が口をそろえてこういいます。

「中島が、古伊万里染付をここまで商品化してくれた、今まで売れなかったものをここまで育ててくれた。感謝している」と。

古伊万里染付に対する認識が変わってきたのは、昭和四十年代の後半から。自分でいうのは面《おも》はゆい気がいたしますが、しかし、これはやはり私の努力の結晶であると自負しております。

古美術というのは、文化的にどれほど重要な逸品であっても、何億もするような高いものであっても一点しかない。一点しかないものは一度売ってしまったら終わりです。生産がない。これが古美術品の宿命です。

もっとも、そこが非常に大きな魅力ではありますが、経済的に考えれば「古美術商は儲かってしょうがないでしょう」とみなさんが思っているほどのことはないのです。

しかし、古伊万里染付というものは、地方へ行けば蔵のなかにいくらでもあります。百万円売ったら、また仕入れに行けばいいのです。考えようによっては、生産性があるといえるかもしれません。

生産性があるということは、大量販売が可能になるということです。けれども、人が百円程度にしか評価しないものを五千円で売るためには、やはりそこに私の強烈なこだわり、個性がなければいけないわけです。

たとえば、古伊万里染付に、鰯《いわし》だとか鯵《あじ》の開き、芋の煮っころがしを置いたのでは、さまになりすぎる。ステーキを置いたり、アイスクリームを入れたり、サラダを入れるという意外性が欲しいところです。独創性、アイデアですね。そうやって使ってみると、古伊万里のほうも意外な美しさが出てくるものです。私はそういうことを料理番組や婦人雑誌の料理記事で紹介してきたのです。そのなかで少しずつ世間が古伊万里染付の面白さに気づきはじめた。そして流行になっていった。

そこにやはり商売というものに立脚した美の発見、私の美の発見があったわけです。

洋服店のウインドーに無造作に飾ってあった李朝の壺

さて、お宝発見ということで、いくつかの体験談を紹介しましょう。先程も話しましたが、大事なのはひとつに「捨て目が利く」ということ。まずは、そういう話から。

ある日、私が車を運転して東京の下町を走っていたときのことです。古い洋服屋がありまして、店のウインドーのなかに白磁の大きな壺が置いてあるのが目にとまったんです。

「お、こんなところに」

と何か引っかかるものがあったのですが、そこは一方通行で戻れません。路地を一周して、もう一度見てみると、それは大きな李朝《りちょう》の壺でした。ところが、無造作に、子供の野球のバットなどが壺のなかに放りこんであるのです。

店に入っていって、そこの店主に名刺を渡して、こういいました。

「お宅のウインドーにある壺は、今から五百年前の、朝鮮は李朝の初期の物です。たいへんいい物だから、ああいうところに置いておくのはもったいない。奥へしまってください」

そうすると親父がいうには「いやあ、自分の祖父が戦前に京城、今のソウルにいたもんですから、引き揚げのときにもって帰ってきたものでして」ということです。

「私はその壺は三十五万円で買いますから、いつでもお売りになるときは私にください」

と、いろいろと心の交流をして帰ってきました。

大事なのはそのとき、売ってくれと出し抜けにいわなかったことです。もし「売ってくれ、ぜひ売ってくれ」などといっていたら「なんだ、この古物商は」となるのが人情というものでしょう。

あくまで「こんな所に置いていて、もし割れてしまったら非常にもったいないことですから大切に奥にしまってください。もしお売りになるときは、ご連絡ください」という段階でとめておく。

品物を売るとか買うとかということは、たとえれば潮の満ち引きとおなじこと。潮が満ちなければ絶対に取引はできません。そういうことを多くの業者、特に若い業者というのはわかっていないようでして、人がもっているものを親の形見であろうとなんであろうと、売ってくれ売ってくれというから、最後には疎《うと》んじられてしまうのです。

素人から買ったものはプロに売れ

それから二、三年が経ったころ、洋服屋のご主人が例の壺を湯上がりタオルに包んで私の店にいらっしゃった。

「この壺を買ってくれませんか。店を建て替えることになりまして。ついては邪魔だし、あのときあれほどあなたがいってくだすったものですから、三十五万円でなくて結構です。もっと安くて結構です」と。

「いや、そうはいかん」ということで五十万円で買いました。もちろん、金銭の余裕があって五十万円で買ったわけではありません。ないカネをそこいらじゅうからかき集めて買ったのです。当時は私も家を買ったばかりでしたから、もうそれだけでも大変でした。でも、そこまでして買うに値する物のよさなのです。いい壺なんです。

それからしばらくして、その壺を大阪のオークションにもっていきました。

ここでひとつの鉄則は「素人から買ったものはプロに売る、プロから買ったものは素人に売る」ということです。素人から買ったものですから、オークションでプロに売ったのです。

もし、素人から買ったものを素人に売りますと、贋物が贋物だとわからずに終わってしまう危険があるからです。そういうことを繰り返していると堕落するしかない。目筋なんて磨けません。そこにプロを介在させれば、自分の目の正しさや甘さがわかるし、当たれば利益も大きい。逆に、プロから買ってプロに売ると、利益が少ない。物は間違いないけれども利益は出ない。素人から買ってプロに売るか、プロから買って素人に売るという鉄則を守ることで、利益もしっかり上がるし、物の筋というものがはっきりと出てくるのです。

しかも、こういう場合は当然、東京では売りません。東京で買ったものは大阪で売る。そうやって、結局、そのオークションでは、私が横を向いているあいだに五百五十万円で売れました。昭和四十年代前半の五百五十万円というのは、これはもう大金です。

もうおわかりでしょうが、大事なことは「捨て目を利かせる」ことなのです。車で夕方の下町を走っているときに、頭のなかの一部を空けておく。そこへ、チラリと目に飛びこんできたものが頭のなかに残る。これが、前のトラックが邪魔だなあとか、若い者がポルシェなんぞを乗りまわしてしゃくだな、なんてことばかり考えていると、ダメなんですね。

機転が利かない目利きはチャンスを逃す

つぎは私の親父の話です。たいへんな目利きだった親父の話。

昭和三十年代、東京の自由が丘にある古い古物市場へ私を連れて出掛けていきました。その小さな競りに、横浜のほうから来たという古物商が汚い茶筅を出品していたのです。それは汚い茶筅でした。茶筅じたいは当時は二百円もしないでしょう。ところが、その茶筅のなかに入っていた絵唐津の茶碗が実にいい茶碗なのです。

その古物商は、茶碗の価値をなんにもわかっていないわけです。ところが、業者はみんな目利きですから、いい茶碗だとわかっている。出席者は、まあ五十人程度でしょうか、その絵唐津の茶碗を固唾《かたず》を飲んで見守っていたのです。品物はうぶだし、うまくやれば、競《せ》り落とせるし……。

そして競りがはじまりました。五百円からはじまって一万円、二万円、三万円、ついにはとうとう五万円までいったのです。当時としては五万円はかなりいい値段です。五百円からはじまったのに、この跳ね上がり具合ですから、相手も何か変だと思ったのでしょう、売らないといいはじめた。

「そんないいもんなら、俺は売らねえ」

と帰り支度をはじめたのです。そうしたら、みんながいうわけです。

「売んなさい、チャンスだから」

誰も茶碗のことはいいません。

「お爺さん、五万円はチャンスだよ、今度、市場へ出してごらんなさい、五百円もしないよ」

というのです。

しかし、その古物商はかたくなになって、帰り支度。

そのとき、うちの親父が私に千円札を握らせて「あの爺さんのところへ行って、なかの茶碗だけ千円で売ってくれって頼んでこい」といいました。

カンの鋭い親父です。私もその言葉を聞いて「ははん」と思いました。私は千円札を握って、下駄箱の所で下駄を履いているその爺さんに「親父が、なかの茶碗だけでいいから千円で売ってくださいっていってるんですが」といいました。

すると、その爺さんは「茶碗だけならいいよ」といって売ってくれたのです。そして、残った箪を後生大事に風呂敷に包んで帰っていった。

親父は結局、その茶碗を二十五万円で売りました。

これも、機転が利くかどうかが大事であるという話。やはり目が利くだけではダメなのです。機転が利かなければ、どんなに目利きであっても逃してしまう。

それから、やはり人間がわからなければいけません。人間がわかるには、いい商人とばかりつき合っていたのではいけません。悪い奴らともつき合わないと、本当に人間がわかるということにはならないのです。

昭和四十年代後半、里帰り伊万里が帰ってきた

さて、今度は海外の話をひとつ。

昭和四十年代後半の話ですが、いわゆる里帰り伊万里というのが当時、非常に多かったんです。里帰り伊万里というのは、江戸時代に海外に輸出された古伊万里がまた日本に戻ってきたもの。私も、ずいぶんやりました。オランダのスキポール空港だとかロンドンのヒースロー空港から、古伊万里を風呂敷に包んで日本にもって帰ってきたものです。

そうした潮流のなかでの話ですが、オランダに行くと日本の骨董商が必ず立ち寄るところがあるのです。それがアムステルダムのスピーゲルストラウタという骨董街。何軒もの骨董商が軒を並べている運河沿いの一画です。

そこではまず、日本にもち帰ればすぐに右から左に売れるものを買います。たとえば、錦手の古伊万里です。里帰り伊万里のなかでも大きな壺、沈香壺とか、十七世紀のオランダ東印度会社の社標であるV・O・Cのマークの入った皿などは人気が高くて、日本に運んでいけば五倍や十倍には売れて、とてつもない大金が転がりこんだものです。

あのころはたいへんに儲かりました。ああいうような大儲けが十年もつづいていたら、日本人の骨董商は全員腑抜《ふぬ》けになってしまったことでしょうが、幸いにして二年くらいでブームは終わりましたから、みんな今日の命をながらえています。

さて、その骨董街のなかにベンジャミンという店がありました。部屋のなかはいつもピカピカで、

そこの店主がなんというか非常に青年貴公子でして、しかもなにか芳しい匂いがするのです。たぶんホモだったのではないかと、今では思うんですが。まあ、それはいい。

そこで、みんな日本人はいわゆる錦手の古伊万里とかV・O・Cを買うんです。そのころV・O・Cの大皿は三十万円くらい、東京にもってくると百五十万円くらいで売れたのです。商売としては非常に割りがいいものでした。

ということで私もV・O・Cの大皿を買ったのですが、それは儲けがはっきり見えているわけでして、なにか虚しさがあるのです。三十万円で買えば百五十万円で売れるという、儲けが見えている物は儲けだけのことであって、心に残らないのですね。もちろん、大根とか魚を売って儲けが見えていることは結構なのですが、骨董品や古美術品を扱っている商人というのは、儲けるだけの物ではなにか虚しさがあるのです。

1973年、オランダ・アムステルダムの骨董街にて

そこに、もうひとつ自分の心の勲章になるような物を買いたいわけです。

オランダの王家が伊万里に注文した幻の逸品

そこで、そういう物を探したのです。すると、棚の上にいかにも気持ちの悪い変わった皿がひとつ置いてありました。それは、玉の上に王冠が乗っていて、それをグレートデンあるいはダルメシアンのような犬が二頭で支えている。そして、その犬の体にイモリがいっぱい描いてあるのです。なんとも気持ちの悪い皿で、それがなんと古伊万里。そんな古伊万里は見たこともなかったから、不思議な皿だと思いました。もちろん誰も気持ち悪がって手に取りゃしません。「ちょっとそれを見せてくれ、いったいいくらだい」

と聞きますと、三十万円ということでした。かなり高い。買おうかどうか少々迷ったのですが、結局、一割引いてもらって二十七万円で買いました。

それを買って、日本の骨董商がみんな泊まっているホテルに戻ると、みんなが「中島さん、何を買いました？」と聞きます。

「実はベンジャミンの店で変な皿を一枚買ったんだ」

すると「なんであんな物買うんですか。あんな物、二万円でも売れないよ」と、誰も相手にしてくれません。「変な物買って、君も目筋が悪いね。もっと儲かる物を買わなきゃあねえ」なんていっている。でも、部屋に戻ってその皿を見ていたら、見れば見るほど実に奇妙奇天烈《きてれつ》な皿なのです。

しかも、間違いなく十七世紀中ごろの古伊万里です。

どうにも気になったから、つぎの日にベンジャミンの店にもう一回行きました。「あの皿に入っているマークはどこの大名のマークか」とブロークン・イングリッシュで聞いたら、とある王立美術館へ連れて行ってくれました。そこでいろんな資料を見せてくれたのですが、それがフォン・バン・ビークという王様の王家の紋章だということが判明しました。

もう、驚きました。フォン・バン・ビークというのは、大画家レンブラントのスポンサーで、十七世紀に日本に皿を注文している王様なのです。つまり、自分の城で使う皿を伊万里に注文していたわけです。しかも、世にも奇妙な皿を。

その皿はもちろん、儲けようと思って買ったわけではなかったのですが、そうした事実を知ったものですから実に感慨深いものがありました。

さて、それを抱えて日本に帰って来ましたが、当然そんなものを買ってくれる人はいませんでした。V・O・Cはすぐに売れてしまいましたが、その変わった皿は、みんな相手にしてくれませんでした。

美術書にも紹介された不思議な皿

ところが、北鎌倉に住んでいた野々上慶一さんという方が、私の友人からその話を聞いて、私の店に来てくださった。そして皿を見て「珍しい皿だ」と非常に感心されたのです。その方は当時ちようど『紅毛絵伊万里』という本を上梓しておられて、その本に急いでこの皿を載せたいから、売ってくれとおっしゃった。

「誰にも売らないつもりでいたんですが、野々上先生が買ってくださるなら売りましょう」「いくらならいい？」

「三十万円で買ったけれども、その倍の六十万円でどうでしょう」

「いいでしょう」ということで、六十万円で買ってもらいました。

そして、それを『紅毛絵伊万里』の一ページにカラーで紹介してくれました。

「これは最近招来された珍しい皿で、伝承によればレンブラントのスポンサーであった、フォン・バン・ビークの注文品であった」と。

それは単に金儲けのためにもってきたものではありません。嬉しいことに儲けることもできましたが、仮にそれが十五万円でしか売れなかったとしても、それはそれでいいのです。野々上さんが気に入って、『紅毛絵伊万里』という本に「珍しい伊万里である。オランダ貿易の証拠になる」と紹介してくれたというのは、当時まだ若かった古美術商の私にとっては胸のすくような勲章だったのです。

これはやはり、儲けは別として、ひとつの美の発見でしたから。儲けのことばかり考えていたら、絶対にこういう発見はないでしょう。そのとき、誰でもわかるV・O・Cの皿を買って百五十万円の相場で売れば、それは単なる商売だけであって、心のなかには残りません。自分の勲章にはなりません。儲けばかりが先にあるときは、なかなか「お宝の発見」などないということです。

燃やされる寸前の狩野探幽の水墨画

忘れられない思い出として頭のなかに残っているものに、焚き火で燃される寸前の名品を救い出したことがあります。

それは鎌倉の由比ヶ浜にあるたいへんに古い家でして、新しい家に建て替えるから何か捨てちゃもったいないものがあったら教えてくれないかと、ご主人がいってきたのです。オカネにするというんじゃない、ただ何かあったら救ってくれと。

それで見に行ったのですが、大したものはなく、まあ多少の物を見つけ出して、だいたい五十万円ほどで買ってあげました。「もうあとは大丈夫でしょう」ということで残りのガラクタを庭で焼くことになった。

そのとき、庭に大きな箱が立てかけられていました。どう見ても屏風《びょうぶ》の箱のようです。

「あれは屏風の箱じゃないですか？」

「いやもう虫が喰ってボロボロなんです。ほっとくと虫が這《は》い出しちゃうから灰にして処分しようかと思ってるんです」

ちょっと待ってくださいということで、箱から取り出したその屏風を庭に広げて見てみますと、確かにボロボロ、虫が喰っている。

けれども、それはなんと狩野探幽《かのうたんゆう》の山水画だったのです。しかも墨絵。なかなかいい。そして、落款には「探幽斎《たんゆうさい》」と書いてある。

探幽斎というのは、斎書きといって、狩野探幽が五十歳ごろ、いちばん油の乗り切ったときに使っていた号なのです。だいたい絵の世界では、晩年の物は非常に高いとされています。しかし作品としては壮年期のものが力がある。

それで、これはもったいないから「三万円でください」といいました。

すると、ご主人は「いやあ、ただでいいです」。

「ただというのは、私は嫌です。冥利が悪いから。まあ、運ぶのにもカネがかかるから三万円にしといてください」ということで三万円で買ったのです。

それを東京にもち帰って、表具屋《ひょうぐ》に出して、修理代が七十万円。それを東京美術倶楽部の売り立てで出したら、二百万円で売れました。そんなわけで狩野探幽の六曲一双の大屏風を救ったことがありました。

襖の引手は桃山の七宝だった

そのときに、もうひとついい物がありました。座敷の奥の襖《ふすま》の引手が桃山時代の七宝《しっぽう》金具だったのです。昭和の初期に建てたその家の先代というのは、たいへん金儲けをした人ですから、やはりお茶をやったりして、自分の家を新築する際におそらく懇意の骨董商に頼んで、桃山時代の引手を見つけてもらったのでしょう。

財を成し、贅をこらして昭和の初期に作った家というのは、みんないい材料を使っていますし、家具にしてもみんないい物です。そうすると、当然目につくのは、襖の引手とか違い棚の戸袋です。そういうところに有名な画家の絵が貼ってあったりするのです。

私はそういった方面は決して専門ではありませんが、時代背景とか置かれた条件というものを頭のなかでちゃんと計算してみれば、いい物が出てくるところは、おのずからわかるわけです。縁の下を見たって何もない、やはりカネをかけてあるところを見るべきなのです。

ですから、ちょっとそういうことを踏まえながら、目につかない部分にも機転を利かして見ていくということが、やはり美の発見につながるわけです。そして、いい物を救うことにもなるのです。

「買い掘り出し」と「売り掘り出し」

先に紹介したオランダのフォン・バン・ビークの話などは、買ったそのときはいったい何なのかよくわからなかったけれども、意外と高く売れました。こういうのを我々は「売り掘り出し」といいます。これは目利きにはよくあることでして、儲けてやろうなどということばかり考えていると、なかなかできないことです。なんとなくいいと思って買った物が、案外、売り掘り出しになるのです。これに対して、一千万円で売れると見こんだ品を、十万円の安値で買うことを「買い掘り出し」といいます。この買い掘り出しというのは、売り掘り出しに比べると、だいたい欲が強くて、贋物を見間違えていて、買ったときすでに損していることが多いのです。

高く売ってはじめて買い掘り出しになるわけですが、売らないで抱えこんだまま「俺の買った壺は一千万円だ」とか「俺が十万円で買った茶碗は一億円の値打ちがある」などと豪語しつづけて死んでいく人が多い。そうすると、遺族が争うことになります。相続争いです。品物を売ってみて、はじめて値打ちのなかったことに気がつくのです。そういうふうに買い掘り出しは、ちょっとドロドロとした汚い面をもつものなんです。ですから、買い掘り出しを欲目なしで素直にできるようになったら、本当の達人といえるでしょう。

これぞ、道楽者の骨董旅

私たち骨董商は掘り出し物を探すために、さぞかしいろいろと各地を旅行しているのだろうと思われるかもしれませんが、そんなことはありません。

もちろん、私も若いときはよく旅行をしていましたが、その旅行が何かの美の発見につながったかといいますと、そんなことはあまりなく、むしろ目筋を磨くための大切なエキスになったということがいえるかと思います。知らない土地の歴史を知り、風土や人情を知る。そういうことが自分のエキスとなって蓄積され、カンを磨き機転を利かせるための養分になる。

ですから、旅行するということは、物を発見するということよりも、単純に旅先でその土地のちょっとしたものを買う喜びのほうが大事なのではないでしょうか。信楽に遊びに行って狸の置物を買ったり、地方の骨董屋で蕎麦猪口ひとつ買ってみたり、それでなかなか面白い。そういうちょっとした遊びで充分であって、儲けたとか、掘り出したとか、そういうことばかりですと、心の狭いつまらない旅になると思います。

骨董好きの方たちが、グループで京都や大阪へ出掛けていって露天市などをうろうろする。そして、ご当地のおいしいものを楽しむということもなく、新幹線ですぐに帰ってくる。そんなことがあるようですが、こういうのはちょっと寂しいですね。

やはり趣味なのですから、グリーン車に乗って、いちばん高いホテルに泊まっておいしいものを食べて、それでゆうゆうと骨董市を散策してほしい。だいたい、さあ、名古屋で露天市がある、京都で露天市があるということで、朝、日の出とともにスニーカーを履いて出掛けていって、値切って値切って「掘り出し物だ」などという物にだいたいロクな物はありません。

昔の人間の話ですが、趣味の極致というか数寄者《すきしゃ》の極致という話をご紹介しましょう。

青山二郎という方ですが、この人はとにかくいい家の息子でして、一生食うには困らない境遇でした。若い日に小林秀雄と二人で、大金を懐にして、信州あたりに遊びに行った。一カ月もの長きにわたって旅館に泊まりながらの贅沢旅です。それで夕方になれば、懐にカネをぶちこんで骨董屋に出掛けていっては、趣味の物を買ってくる。毎日そんなことをしながら、たとえば新物《あらもの》の粉引《こひ》きの茶碗を古く仕立てたりして、悦に入っていたりする。

そんなことを繰り返しながら「今度はじゃあ岐阜のほうに行こうか」なんてことで、また遊ぶ。また十日ほども宿屋に泊まって「いい物あったら持ってこいや」てなことで、土地の骨董屋がもってくるものを買ったりする。

まあ、これが旅の骨董買いの真骨頂でしょう。まさに道楽者。とても今の世の中では望めませんが、そういう精神をもってほしいということです。朝一番の新幹線に乗って露天市に出掛けて、値切って買って終電車で帰ってくるようなことは避けなければ、心がすさむばかりで、なんのための趣味かわからなくなるでしょう。

南京で買ってきた「屎瓶《しびん》」で遊ぶ旅の楽しみ方

私も今でも旅行はしますが、物を買う楽しみはあまりありません。はっきりいって、旅の楽しみだけです。それは、物がなくなったから。昔は旅をすれば必ずその土地の骨董屋へ寄る、そうすると一点や二点は物を買う。それを東京へもって帰って売れば、それで旅費は出たものです。それほど、どこにでも物があったのです。

ところが今は、気の毒になるくらい物がない。戦後七十年間、物を売りつづけてきたからでしょう。生産がないものを七十年間も売っていれば、なくなるわけです。もし骨董品に生産があるとしたら、それはすべて贋物の誕生というわけになってしまいますから、どんどん贋物が増えることになる。そういっては身も蓋もないから物探しに出掛けていくと、つまらないデク人形を買ったりする。そんなわけで、家のなかはゴミだらけ。

一九八〇年代に、中国の南京に行ったときのことです。例によって何にもありゃしませんでした。でも、ひとつだけ買ったのが、清朝の末期に作った小便器、つまり屎瓶。これがいいんです。一万四千円。「まあ、なんて物を買うんだ」と親父が生きていればきつく叱られたことでしょう。家内も呆《あき》れていました。

それを綺麗に洗って、ピアノの下に置いてあります。友達が遊びに来たらギョッとするでしょうね。「なんだこれは」と聞かれたら「いや、俺は最近これを使っているんだ」といってやろうかと思っているんです。あくまでジョーク。こういうジョークが最近の旅の楽しみでしょうか。それほど、いい物がなくなったということなのです。

ない物ねだりはしないで、ある物を探しなさい

まあ、それは旅に限らず、収集品すべてにいえることではないでしょうか。まともな物はだんだんなくなってきたから、ゆとりの物を買うことです。満州帝国時代の新京で、市電が敷かれたときの開通式に招待客に配られた犬釘の文鎮なんていう代物も買ったりして、私の棚のなかにはロクな物がない。それもまた新しい旅の楽しみ方だと思っています。

けれども、やはり捨て目は利いていますから、何かがもしあったらそれは絶対に落としません。みなさんの脇にも宝物が眠っているかもしれませんが、その宝物の嗅ぎ分け方は、今まで話してきたように、常に心の一部を空けておくということです。

では、心の一部をいつも空けておけば、古備前の水指しがあるかといえば、あるわけがない。志野茶碗があるかといったら、あるわけがない。ない物ばかりのために心の一部を空けておいたら、

それはエネルギーの損失です。矛盾していることのように聞こえるかと思いますが、ないものねだりなどしないで、それでいて常に頭の一部を空けておけということです。

「なんかいい物ないですか、あれがないですか、これがないですか」と骨董店にいってくる客の話は、骨董屋はだいたい右の耳から左の耳に出しています。

「ああ、探しておきましょう」といいながら「ないものねだりをするな。そんないい物があったら俺はあんたに売らないよ」ということになるのです。

それよりも、つねに物事に興味を持つように心がける。それは自分の身の回りにあって、手の届くものでいいと思います。これだと閃いたときに買ってみる、その第一歩が大切なのです。私は若い時分から洋書が好きでした。読めもしないのにですよ。だからロンドンでは必ず古本屋で天金革表紙を買っていました。そのおかげで晩年の現在《いま》になって、ついに骨董界の稀覯本《きこうぼん》といわれるユーモフォポウロス全十一巻を手に入れることができたのです。

新しい視点で自分の宝物を探すこと

こういうことがありました。

辻が花という桃山時代の衣装の裂地《きれじ》は、今では一尺四方で数百万円もする代物ですが、それが古い木箱のなかに、猫の座布団《ざぶとん》になって入っていたことがあります。それはきっと当時の人が辻が花を自分で着て、それがつづれてしまったから、それで猫の座布団を作ったのでしょう。なかにはぼろぼろになった綿が入っていましたが、間違いなく辻が花。蔵出し品のウブくちのなかに交ざって、それが競り市に出品されたときは、目利きの業者どうしが落手を争ったものでした。他の業者はボロ裂れがなぜそんなに高いのかわからず、ポカーンとしていたものです。

ですから、時代裂は古い行李《こうり》のなかにあるとか、カネのかかったいい物は、名家の末流にあるとか、あるべき所にある物を探さなければ……。骨董店に行って辻が花はありませんかといっても、あるわけがない。あったとしても、そこの主人がそーっと裏に隠して、一見客《いちげんきやく》なんぞに売りはしません。花唐草の八寸皿はありませんかと、私のところにもよく来ますが、あるわけがない。そんな物があったら、私が買って楽しみます。

それなら、花唐草なんかさらりとやめて、もっと新しい目で、花唐草以外の皿で美しい感性がある物を探せばいいのです。しかし、書物から得た知識で探しても、本にはいちばんいい物しか載せませんから、そういうのを求めてもあるわけがない。本で見る物はほんの基礎知識。それから出発して、もうちょっとおもしろい自分の目にかなう物を探せばいいんです。

そういうことがわかっていないから、朝一番で露天市へ行って飯も食わずに値切って、夜スカスカになって帰ってくる、ということになる。やはり、青山二郎の精神を感じ取ってほしいものです。私が南京で尿瓶を買ったように、あなた方の傍らに人生を豊かにする宝物は眠っているのです。

第五章 鉄人が伝授する鑑定の鉄則

第1条　ファースト・インスピレーションで勝負しろ

物の真贋《しんがん》を見極めるときに、いちばん大事なことは最初のインスピレーションです。目利きにとっては霊感ともいえます。物が目の前に置かれたその瞬間、どういう印象をもつかということです。もしそれが欲の絡《から》まる贋物《にせもの》だとしますと、これまで何度もお話してきたように、何かしら嫌な感じがするものです。いわゆる、腹に入らない感じがするのです。

贋物というのは、やはりどこか物欲しげなのです。これを作って儲けてやろうという気持ちがそこに滲み出ているものなのです。焼き物でいうと、形ばかり整えることを考えているから全体のようすが悪くなる、雰囲気が悪くなる。絵でいえば力がない。似せよう、似せようと思って描くから力がない。

そうしたことを感じとる最初のインスピレーションが大事なのです。

しかし、人間というのは不思議なもので、ずっとそれを見ていますと、しだいにその物のもつ良い面を探そうという努力をしてしまいます。儲かるんじゃないか、掘り出し物じゃないかという欲がそこに加わりだすのでそうなるのですが、そうなってしまうと、その物はもう見えなくなってきてしまいます。

ですから、第一印象で悪い物は絶対に悪いという信念をもたなくてはいけません。第一印象で良いと思った物は絶対良いという信念をもつことです。もっとも、それだけの判断を瞬時にするためには、これまでお話したように、さまざまな力を身につけておかなければいけないわけですが、ともかく基本は最初のインスピレーション。

ただ、ここで注意しておいていただきたいのは、真贋と値段をきちんと分けて考えてほしいということです。物の真贋と、高いか安いかということは別の問題。悪い物でも高く売れる物がありますし、良い物でもまるで売れない物があります。そこを混同しないことです。

鑑定士として物を見るときは、それが良いか悪いかだけの話ですが、商人として物を見る場合は、売れるか売れないかという話になるものです。世の中の人は売れる物は良い物だと思っているようですが、これが実は大きな間違いの元なのです。

よく古美術の入札会などで、若い人が「これはどういうものですか？」と私のところにもってきます。そこで「これは贋物だよ。悪い物だよ」といったとします。けれども、それが意外と高く売れたりすることもあるのです。そうすると、その人は「中島さんは悪い物だといったけど、あれはやっぱり物が良いんだ」と内心では思ってしまうことが多いようです。しかし、それではダメなんです。その人の目は、結局、値段しか見ていない。

値段を見るのは商人としては大事なことですが、それだけで良い悪いを判断していると、物を見る目はちっとも進歩しません。

まず最初に判断すべきことは、それが良い物であるかどうかということであって、それからつぎに高く売れるかどうかという点を判断しなければいけません。そうしないと、本物の目利きはおろか、優れた商人にもなれないでしょう。

第2条　すべての故事来歴を捨て去れ

つぎは、物にまつわる話とか、状況、経歴、歴史などは全部捨て去って見なければいけない、ということです。その物をクルリと裸にして見ることが大事です。余分な物を取りはらったところで見なければ、物の本質は決して見えてきません。

そのなかでも注意しなければいけないのは、その物にまつわる話です。往々にして素人の方が私たちのところに値段や真贋を尋ねに来るときは、たとえば先祖代々の古い話まで詳しく調べてきます。

「自分の家は江戸時代の大名で、どこへどういうふうに移って、何万石もらって、それの妹の連れ合いの兄さんの孫の孫の孫がこの私で……」といった感じでやってきます。

聞かなくてもいい話を三十分もつづけられて、こちらはうんざりしてしまいます。そんなことよりも中身を早くお見せなさいということです。

だいたいそういうような故事来歴の多すぎる物は贋物かガラクタであることがほとんどです。ですから私は「ああ、結構ですね。大切にしなさい」といいながら逃げてしまうのです。焼き物しかり。仏像しかり。掛け軸しかり。故事来歴が多い物に、ろくなものはありません。剝《む》き出しのままの姿を見なければいけません。

また、故事来歴がある物に限って、秘密性をもちたがります。たとえば「親父は、この品物は家宝なんだから絶対に売るなといったんですが、内緒でもってきました」とか「おふくろの目を盗んでちょっともってきました。内緒で買ってください」などといいます。もうすでに、見ようとする相手の口を封じているわけで、秘密のなかに引きずりこんでいるのです。そんな物に良い物などありはしません。あるわけがない。

また、その品物が置いてあった状況や環境などに惑わされることも非常に多い。たとえば、古い屋敷のなかの奥まった床の間に、あるいは結構な茶室のなかに、この古い掛け軸が掛かっていた、といったようなことです。それらしい舞台が用意されていますと、これはタダモノではない、何か素晴らしい物なのでは、と思いこんでしまいやすい。そういう状況もすっかり捨てきって、その物自身を見なければ、騙《だま》されます。

私たちの世界には「舞台を張る」という言葉があるのですが、これは、物が置かれている状況を家屋敷から整えて、いかにもそれらしく見せて騙すということです。

ひとつの贋物を売りこもうと思うときに、古い家を借りきって、おまけに女中さんまで借りて金持ちの家庭を作りあげ、そこにお客を呼んで来るのです。そして、これが俵屋宗達《たわらやそうたつ》です、尾形光淋《おがたこうりん》です、雪舟《せっしゅう》です、といかにもそれらしく話して引っかける、などという極端な例もあります。

プロの古美術業者ですら、お客の家に出掛けていって物の査定をするときには、自分の店で見るよりもよく見えてしまうことがあるのです。たぶん、相手の家という「舞台」に気押しされてしまうのでしょう。非常に良く見えるものだから高く買ってしまって、それをオークションにかけてみると、半値にもならなかった、といったことがあるのです。ですから、そういう舞台に負けないだけの見識と経験を積んで、その物にまつわるものをすべて取り払って、純粋にその物を見る力が大事なわけです。

ただ、そうはいっても、約束ごとはきちんと見ておかないと失敗します。これまでいろいろな話をご紹介してきましたが、たとえば茶道具や古美術には伝統的な約束ごとがありますから、最低限それらはクリアしているものでなければいけないわけです。約束ごとにかなっていない物は、最初の段階でおかしいということになるわけです。

しかし、だからといって、約束ごとが守られているからそれがすぐ本物だとはいえません。そのへんの判断が非常にむずかしいのです。約束ごとは約束ごととして見なければいけないものの、それだけに頼ると約束どおりの物が出てきたときにコロリと騙されることになりかねません。やはり、いちばん大事なのは、物自体がもっている力や品位を見るということでしょう。

それから、問題なのは掛け軸です。日本の掛け軸は絵（本紙）と表具という、ふたつの物が合体してひとつの藝術品となっているわけですから、両方が合っているか、調和がとれているかどうかを鑑賞しなくてはいけません。また、その作品が生まれたときに表具されたままの状態か、あるいはのちに表具し直されているかを知ることも大切です。

たとえば、絵は明治時代の贋物でひどい物ではあるけれども、表具のほうは十七世紀初めの慶長裂《ぎ》れでなかなかいい、などというケースもあります。そうすると、絵は買えないけれども、表具は買える。表具を買うつもりでその掛け軸を買って、それにふさわしい絵が出てきたときに表具屋へ出して仕立て直してしまう。これは「柄取《がらど》り」といいますが、そんな藝当もできるのです。もちろん、逆の場合もあります。

ですから掛け軸に関しては、表具プラス絵を一体化した完成品として見て、さらにそれぞれを別々の目でもって見分けなければいけないのです。これは鑑賞するときにもいえることであって、絵と表具の総合藝術として掛け軸を見立てるべきなのです。

第3条　欲の心を捨て去れ

これは今までもずいぶん話してきたことです。もちろん、オカネを儲けることも大事ですが、そういう欲が先にたつと物の神髄が見えなくなります。物の神髄を見ることがまず先決であって、その後ろにカネの輝きが見えるのが理想なのです。

これを買ったら儲かるだろうか、あるいはこれは俺がもっているものに比べてどうなんだ、などということばかり考えているのは、物を見るときの障害になります。必ず目が曇ります。

相手を引っかけてやろうと考える悪い業者がまずやることは、相手の欲の心をむらむらと燃えあがらせることです。

「このあいだ、どこそこの売り立てで、これは一千万円もしてたんです」

「台湾の故宮博物館にある、これと対になっている片方を今、売りに出したら一億はします。私はいまオカネに困ってるから、これを五百万円でもいいから売りたいと思っているんです。でも、世間体が悪いので、内緒で見ていただきたいんですが」

などといわれたら、たいていの人は心が動くものです。そうなるともうダメで、ころりと引っかかってしまいます。

あるいは「永仁の壺事件」のときに本物の破片をまず掘り出したように、最初に本物を見せる。もしくは別の本物を先に安くもたせて最初に利益を与える、という用意周到なケースもあります。「永仁の壺事件」では、土を掘り起こして最初に出てきたものは鎌倉時代の本物の壺のかけらでした。それで色めき立ったところで、つぎに贋物の壺が出てきました。はじめが本物なのだから、次も当然本物だろうと、たいていの人は思うわけです。

そうやって相手の探求心や欲の心を見事に燃えあがらせておいて引っかけるのが、騙そうとする業者の常套《じょうとう》手段です。

欲に心が覆《おお》われると、傷も見えなくなるし、形の悪さも消えてしまいます。ましてや時代の違いにも気がつかない。欲を捨てて物を見るというのは、なかなかむずかしいことですが、それでしか、物の本質は見抜けないのです。

第4条　常に懐は空にしておけ

たとえば、バーゲン会場に行ったとしましょう。余分にカネをもっていったら、ネクタイ一本買えばいいものを三本も買ってしまったりする。しかし、三本のうちで使うのはだいたい一本。結局高くついてしまって、それでは店の思うツボ。

常に懐はカツカツにしておいたほうがいいのです。カネが余っていると物を甘くみてしまうし、真剣な日が養えません。いちかばちか、これに失敗したら俺はもう昼飯も食べられない、という極限に自分を置いておくと、目筋が鋭くなってくるものです。

ところが、カネがあると欠点までも美化してしまう。許してしまう。形がいいからこの程度の色目でも我慢しようとか、ちょっとむずかしいところがあるけれども時代は本物だろう、というように厳しい判断力が失われてしまいがちです。

すでに紹介しましたが、日本の目利きがなぜ欧米の目利きから見ると、神がかり的に優れていたかといいますと、それはカネがなかったからなのです。カネがないから、骨董屋に入っても絶対に間違いのないものを一発で選ばなければ、飯が食えなくなる。そのギリギリのところで自分の目を鍛えてきたから、優れた目利きが生まれてきたのです。

それに引き換え、大富豪や大財閥、そして王家などをバックにもった欧米の業者の場合、手数料収入が大きく、オカネはいくらでもあるわけですから、食べるのには困らないわけです。いくつか手に入れた品物のなかでいい物がひとつあれば、それでいいわけですから、日本人の目利きに比べて目筋が落ちるのは当然のことです。

ですから、懐には最小限のオカネがあればいい。その最低限の予算のなかで、これだという物をひとつ買うことで、目筋が磨かれるようになるのです。

骨董市などでも、本当に良い物を買いたいのなら、最低限の予算で出かけること。そうして必死になって、真剣勝負をすることです。

山ほど買って喜ぶのもそれはそれでいいですけれども、それではいつまでたっても良い物を見つけ出すことは不可能でしょう。

第5条　失敗を恐れるな

失敗を恐れてはいけません。

失敗を恐れてばかりいますと、良い物だと思ってもなかなか手が出せなかったり、鑑定を頼まれたときにハッキリと断言できなくなります。

そうすると、大失敗はないけれども、いつまでたってもそのレベルから上にあがることができません。鑑定士といえども、最初から百発百中の早打ちガンマンというわけではなかったのですから。痛い目に会って、そして恥をかいて本物の目筋を磨いてきたのです。恥をかきたくないからといって周囲の意見に左右されているばかりでは、進歩はありえません。他人の鑑定眼、見識はそれとして大事にして聞くとしても、自分の直感を信じることです。他人の言葉に心を揺るがしてはいけません。

極端な話、昔、私が鑑定した内容と違うことが百科事典に書いてありました。そして、ある人に、

「あの百科事典にこう書いてありますが、どうなんですか」

と抗議されたことがありました。私は「それは百科事典が間違えてるんだ」といいきりました。万が一、重要文化財になっているものが疑わしければ、それは重要文化財を査定した人が間違えているんだ、ということです。

重要文化財といっても、人間の行なう仕事ですから「絶対」ということはありえません。自分こそ正しいと断言できる信念をもたなくてはならないのです。それをあやふやにしているから、自分の目に責任を負えなくなってしまう。

自分の目に責任と信念をもっていいきったときは、それがもし間違いだったとして、大きな損失を受けても、結局、それが身になるのです。そして、つぎからはおなじ間違いは繰り返しません。当然、見間違えることはあります。良いものを悪いといってしまうことです。その場合、品物が「見ニクイ」ものであるとプロは表現します。万人が見て皆がわかりやすいもののほうが「見ニクイ」よりも一段上と考えます。

骨董商というのは損得のはっきり見える目先の商売にとらわれてしまう面がどうしてもあるものです。そのうえ、失敗を恐れてお互いに寄りかかることもあるのです。物の見立てを「あいつがいいといったんだから、いいんだろう」という寄りかかり合い。これでは、いつまでたっても目利きにはなれません。

「百人の骨董商がダメだといっても、俺はこれを信じている」という強い信念をもてる人だけが、一流の商人になり、目利きになれるのです。

第6条　世の中のあらゆることを勉強しろ

骨董の世界のことばかりではなく、あらゆるジャンルのものに対して貪欲に勉強することが大切です。

それこそ、空を流れる雲の種類でもいい、さまざまな昆虫の飛び方でもいい。あらゆる森羅万象《しんらばんしょう》のことを勉強するのです。

もちろん人間は機械ではありませんから、そのほとんどを忘れてしまうかもしれません。けれども、そうしたことがあるときふと思い出されて、それによって、対象をひとつの視点からだけではなく、百の視点から見ることができるようになるのです。それが正しい鑑定の秘訣です。

そこに出された物がどうしてもわからなかったけれども、その持ち主の話がどうも史実と合致しているから、これはひょっとしたら本物かもしれない、調べる必要がある、というような判断ができるのです。

これは先に話した「物にまつわる故事来歴を捨て去れ」という鉄則と矛盾しているように思われるかもしれませんが、その鉄則とは確かな知識があることを前提としているのです。

何も知らない、何の判断材料ももっていない、というのでは話にはなりません。しっかりとした判断材料があったうえで、なおかつ故事来歴に振り回されるな、とらわれるな、ということです。たとえば、禅僧の墨跡で、誰の筆になるものか、はっきりとわからないものがあったとしましょう。仕方がないから匂いでもって「これは物がいい」と判断する。

けれども、そのあとで必死になって大徳寺系譜を勉強しなければ、ただのカンだけで終わってしまいます。

「あれは私のカンでいいと判断したけれども、そのカンは正しかったのかどうか」ということで猛烈に勉強する。「過ぎ去ってしまったものは、もういいや」というのでは進歩がない。「ああ、俺が鑑定したことはやっぱり正しかった。よし、もう一歩踏みこんで勉強してやろう」という、知識に対する貪欲さがなければ真の目筋は磨けません。

第7条　約束ごとは徹底してマスターする

あらゆることを学ぶことが大事ですが、そのなかでも特に骨董に関していえば、約束ごとはきちんと知っていなければ話になりません。約束ごとに関しては、さまざまな話をしてきましたが、非常に大事な要素です。

そもそも古美術品というものは約束ごとで成り立っているものなのです。祭祀に使うものであろうと、日用品であろうと、必要に応じて作られているわけですから、それらが作られた時代や、生んだ国の約束ごとがあるのです。余計なものはついていません。不必要なものがついているのは、現代藝術の世界です。

室町時代の古鏡に浮き彫りされている鶴は二匹の鶴の嘴《くちばし》の間隔に特徴があるとか、初期伊万里の大皿というものは三分の一の高台《こうだい》で釉薬が生がけであるとか、茶道具でいえば千利休はこういう竹の花生けの切り方をしたとか、それぞれの約束ごとがしっかりとあるのです。

そうした約束にかなわない物は、それは怪しいと思わなくてはいけません。

もちろん、約束に沿ったものだから本物である、などと性急な判断をしていたら、すぐに騙されてしまいますが、少なくとも約束に外れているものは、まずおかしいと考えることができるわけです。

たとえば、鑑定依頼の電話がきたとしましょう。

「それはいつごろお買いになったんですか」と聞くと「いやあ、爺《じい》さんが明治時代に京都で買ったんです」という返事。ところが、その品物は戦後になって中国から流出したはずの物だから、どうもおかしいということになる。電話の段階でもう見る必要がなくなってしまったわけで、「まあ、大切にしてください」とでもいうことになります。

あるいは「一九二〇年頃に父が中国旅行をしたときに、鉄道の工事夫からこの焼き物を買いました。これは唐三彩《とうさんさい》といわれているそうですが、本当でしょうか」と誰かが聞いてきたとします。

そうすると、つぎのような話を思い出します。上海から西安に向けて鉄道を作っていた二十世紀のはじめに唐時代の墓に鉄道工事がぶつかった。線路を通すためにそこを掘ってみると、なんと唐三彩が大量に出てきた、という話。そうするとこれは、信頼するに足るということになるでしょう。

こういうのも一種の約束ごとであるわけです。

こういうふうに、人間が過去に作ってきた物は約束があるわけで、その約束をしっかり身につけていくと、嘘がたちどころにわかってしまうのです。

第8条　財布が許すならば実体験をもて

人からもらいものばかりして、身銭を切らない人は、当然のことながら進歩する余地はありません。たとえどんなに素晴らしい物をもらっていたとしても、おなじこと。自分の財布から出したカネで買わなければ、物を見る目など養えません。

昔の帝国陸軍の軍人の蒐集品というのはロクなものがないものです。彼らの蒐集品は見てくれは確かに「関東軍参謀」だの「なになに閣下」だのと、立派な墨書がついている華々しい箱付きの硯とか花瓶であったりするわけですが、それは見てくれがゴージャスで高価そうな感じがするだけで、実体は三流品ばかり。中国人の頭のよさは、物を見る目がない連中に対しては三流品や贋作ばかりを贈呈して、本当のいいものはちゃんと自分たちでもっていたことです。

自分の身銭を切って物を選んで買うという実体験がないから、こういうことになる。書物を読んだり、展覧会を見たり、人の講演会を聞いたりするのもいいけれど、そんなものは所詮、扉をノックするためのもので、ただのカルチャーにすぎません。それよりも小遣いを貯めて、ハングリー精神で何かを買ったほうが、百回の講演を聞くよりはずっと実になるものなのです。

第9条　物を見る際は過剰な個性は表に出すな

人間にはどうしても好き嫌いがあります。自分の嫌いなものや専門以外の物は避けたがる傾向があるけれども、自分の好きな物に対してはどうしてもよく評価してしまうものです。そういうふうに惚れこんでしまって、ついつい高く買ってしまいがちです。そして商人の場合、なかなか売れないものだから見切って安く売ることになり、結局、損をする。

ですから、できるだけ自分の好みは抑えつつ、そのかわりに経験や知識やカンを総動員して見るべきです。そうすると正しい評価ができるものです。

本書の第二章の失敗談のところでも紹介しましたが、私が時代ガラスに夢中になって、買えるはずがないために見事に騙されたわけです。売った相手は私がガラスに足を突っこんでいるということを、たぶん知っていたのでしょう。その私の弱みをうまく突っつきながら、そしてその心理を煽《あお》りながら仕掛けてきて、薩摩切子ではないただのフランスの香水瓶を買わせたわけです。

好きな物というのは、そういう弱みにもなりうるので、その弱みを隠すためにも、好きだという趣向性を上回る知識や経験、カンを集中する必要があるのです。

一方、嫌いなもの、あるいは自分の鑑定の手に負えないものは、ずるいようですが、手を出さないほうがいい。

知ったかぶりをして手を出したら、ひどい目にあいます。知らないものは知らないという謙虚さも、ときには大事なことなのです。

私たち専門家にしてもおなじことで、知らないくせに知ったかぶりをして「ああ、これはこういうものですよ」などとやっていると、「狼が来たぞ」と大ボラを吹いて、最後には誰にも相手にされなくなった少年の話とおなじように「あの人のいっていることは、たいていいい加減だ」ということになってしまいます。

古美術を知っている人であれば、専門以外の物でも、いい悪いはファースト・インスピレーションでだいたいわかるものなのですが、もう一歩踏みこんだことは専門家に聞きなさいということです。だいたい、話を聞いて品を見れば背景は全部見えますね。

そういう謙虚さをもちつづけることで、自分の目筋に対して厳しい姿勢が培えるようになってきます。虚勢を張っていい加減なことばかりいっていると、いつしか自分に対する厳しさが薄れてしまいます。

第10条　物の生まれた時代を想像して対峙しろ

さて、古美術を鑑定するのは当然、今という時代です。今という時代はその物が存在した時代の環境とはさまざまな点で大きく違います。たとえば、光の状況、風の具合、家のなかの家具、柱、壁など、大きく異なっているのです。ですから、その物を見るときに、今の状況のなかで見ても、それは当時の人たちの目に映ったものとはかなり大きく違っているはずです。

そういうことを考慮して、可能な限りその物が生まれたときの状況を思い浮かべて、想像のなかでその物に対峙するべきです。たとえば、江戸初期に作られた織部焼きが茶室で使われた状況を想像すると、そこには今のような蛍光灯や電灯はないわけで、明かりは障子を通して入ってくる柔らかい光であったり、紙燭《しそく》の元に揺らめく炎であったりしたわけです。そういう暗さのなか、時代背景のなかで使われたものが織部焼きであって、かつ、そうした状況のもとにあった織部焼きがもっとも美しかったはずなのです。

つまり、江戸初期の心になってそれを鑑賞しなければ、本当のその物の美しさ、機能性というものはわからないということなのです。

あるいは、武人の手紙を見るとき、その環境をイメージしてその物を見る。そうすると「そのころの武人はこんなに悪い紙を使っていたのだろうか？」などという疑問も出てくるわけです。あるいは、天皇の御宸翰《ごしんかん》を見たときには、京都の紫宸殿《ししんでん》のなかで天皇から公卿が恭《うやうや》しくちょうだいしている状況を想像してみる、その公卿に自分を置き換えてみる、そういうことをやっていると、ただ漫然と見るのとはまったく違うものが見えてくることがあるのです。

日本だけではありません。ギリシャ、ローマの大理石の立像があったとします。そうしたら、今度は、エーゲ海の青さを思い浮かべ、オリンポスの白亜の建物のなかにその立像が立っている光景に自分の心を旅させることです。そうすると「あれ、なんか変だぞ」ということになる。

確かに物を鑑定するときは、レンズもいるし明るい光のなかで傷や胎土を見たりもします。けれども光が明るすぎるということは、往々にして物を悪く見せることもあるのです。見えなくてもいい粗《アラ》まで見えてしまって、本物を贋作だと判断してしまう危険性があるのです。

現代と昔がいちばん違うのは光と音です。鳥の声や裏庭の笹が風にそよぐ音、障子から入る柔らかな光や蠟燭の炎の揺らめき。そういうなかに自分の心を置いて物を見てください。

そのためには、歴史と風土を勉強するしかありません。何事につけても常にひたむきに自分を磨くしかないのです。

鑑定の鉄人は、そのようにして生まれてきたのです。

2005年、ドイツのカッセル州、ヴィルヘルムスタール城にて。初代柿右衛門の壺。
「開運！ なんでも鑑定団」番組史上最高額となる5億円の評価となった。

第二部

骨董の真贋

私の父は、東京の京橋の茶道具商「水戸幸《みとこう》」で番頭にまでなった人で、たいへんな目利きでした。父は、血縁でいえば伯父にあたり、幼くして両親を亡くした私の養父になってくれました。父は、水戸幸から独立後も都内で茶道具屋を営んでいたわけですが、毎日の生活といえば、家の前まで迎えにきた人力車にふろしき包みをひとつもって乗りこんで、夕方には「いいお茶会だった」などといいながら、ほろ酔い気分で帰ってくるような生活です。

今から考えても、世間一般とはずいぶん違った家庭環境で私は育ったわけですが、そのなかでも、特に印象深く残っている父の記憶というのがあります。それは、昭和二十年三月十日の東京大空襲で父の店が全焼してしまったときのことです。父は、まだくすぶりつづけている焼け跡まで出かけていって、終生大事にしてきた尾形乾《おがたけん》山《ざん》の鉢を焼け跡のなかから拾い上げてきました。

真っ黒になった乾山の鉢は、まだ熱をもっていたそうです。

そして、真っ黒に焼けたその鉢を実家の食卓のテーブルの上に置き、その上に毎朝、庭から取ってきた新鮮なキュウリの浅漬けの角切りを山積みにしていたのです。

新鮮なキュウリの緑と、真っ黒に焼けただれた乾山の鉢——。その光景は、今でも私のなかに強烈な原風景として残っています。

骨董というのは、いうまでもなく趣味の世界です。しかし、なぜそれほど人の心を魅きつけてやまないのか——。

その魅力を語りはじめると延々と話はつづくわけですが、その魅力を感じ取れるような話を本章では紹介しています。

たとえば、骨董を楽しむ際に必要不可欠な知識である「約束事」を実例をもっていくつか紹介してみました。もっとも、私たち骨董商の頭のなかには箇条書き的に約束事が入っているわけではなく、ものに対峙《たいじ》した瞬間に体のなかからわいてくるように約束事が出てくるわけですから、細かく羅列していたら無限の数になります。ですから、あくまでも約束事の基本的な捉え方を解説したつもりです。

また、骨董という不思議な魅力に取りつかれた人々を、業者、お客の両方から紹介しています。一度壊してしまったらもう二度と元には戻らないその耽美さゆえに、さまざまな人間が骨董を愛し、骨董を追いつづけることになりますが、そこには実にさまざまな人間ドラマが織りなされることになります。

さらにまた、お宝が眠る可能性がある地域、場所の話や、取っつきにくいと思われている骨董業者とのつきあい方にも話は及んでいて、読みものとしても十分に堪能していただけるものと確信しております。

いずれにしても、ゴールのない趣味の道である骨董の世界を楽しむ手助けになればと思っております。

一流の骨董商というのは、目をつぶってそのものに触《さわ》るだけで、良し悪しがわかってしまいます。肌触り、暖かさ、重さ、そして空気――そうした、ものが発する呼吸や意思を感じ取れるわけですが、これは長年にわたる経験と修業はもちろんのこと、最終的には骨董を愛する心から生まれてくるのではないでしょうか。

それは、たとえば、父が、黒こげになった乾山の鉢を食卓に置いて、毎朝、瑞々《みずみず》しいキュウリをその上に置いた、その心に通じるような気がするのです。

第六章　約束事とは何か

骨董の真贋を見分けるための最低条件

「約束事」というのは、骨董の真贋を見分ける際の必要条件です。約束事を知らなければ、まず骨董の世界では話になりません。

たとえば、室町時代の和鏡に浮き彫りにされている鶴は、二羽の鶴の嘴《くちばし》の間隔にある一定の特徴があるとか、初期伊万里の大皿というものは三分の一の高台《こうだい》で釉薬《ゆうやく》が生がけであるとか、さまざまな「約束事」があるのです。こうした約束事が守られていないものであれば、それは贋作ではないか、と疑ってみる必要があるわけです。

ここで戦後の代表的な贋作事件を紹介しておきましょう。三章でも取り上げた「永仁の壺事件」です。これは、基礎的な約束事をチェックできなかったばかりに起きてしまった事件です。

昭和十八年ごろ、愛知県の東春日井郡志段味《しだみ》村のある窯跡から、鎌倉時代の古瀬戸の壺が発見されました。鎌倉期の年号である永仁銘がしっかり入っている、たいへんな発見です。センセーショナルな扱いをされ、当時の文化財調査官であった小山冨士夫さんはそれを重要文化財に指定。世界陶磁全集のページを華々しく飾り、博物館や各種の展覧会に飾られたものです。

ところが、この大発見を覆《くつがえ》すような証言をした人物が現われました。かの有名な加藤唐九郎です。不世出の名工である唐九郎が何といったかといいますと、

「あれは俺が作ったんだ」――。

まさに爆弾発言です。世間が大騒ぎしたのはいうまでもありません。

唐九郎という人は、瀬戸のたいへんな名工です。唐九郎が作った志野茶碗や古瀬戸の茶碗は当時でも人気があり、現在では千五百万円を出しても買えるかどうかという代物です。その唐九郎がこんなことをいいだしたものですから、その衝撃の大きさがわかると思います。

どうして彼がそんなバカげたことをしたのかといいますと、一言でいってしまえば、世の中をちょっと「おちょくってみた」ということでしょう。世の中の陶磁学者や趣味人たちは「俺がいちばんの目利きだ」とか「あの品は最高だ」とか、物知り顔でいっている。そういう連中や風潮がうさんくさくてたまらない。そこで一発大芝居をうって、奴らの鼻をあかしてやりたいと思ったわけです。その経緯を大まかに紹介してみましょう。

まず、本物の古瀬戸そっくりの壺を作りました。伝聞では、神社のご神体にするとか奉げるとかの注文を受け、唐九郎の長男嶺男さんが器体を作ったといわれています。古い鎌倉時代の形をかりた梅瓶《メイピン》です。年号もしっかり鎌倉時代の「永仁」と入れました。腕の優れた名工ならば、本物とそっくりの壺を作ることくらい、どうってことはありません。

その壺を今度は、愛知県の窯跡に埋めました。それも、ただ単に埋めたのではありません。埋め

た壺の上に、鎌倉時代の本物の古瀬戸の破片をたくさん散らしておいたのです。この破片だけでも貴重なものなのですが、さらにどこから探してきたのでしょうか、当時の炭化した木や炭などもいっしょに、いかにもそれらしく埋めたのです。

さて、そうして埋めた永仁の壺をどうやって唐九郎が世間に知らせたのかは不明ですが、たぶん地元かどこかの大学の考古学を学んでいる学生に「私の研究によると、あそこらへんに鎌倉時代の瀬戸松留窯跡があるはずだ」などといったのでしょう。そうして、そこを掘り返してみると、本当に鎌倉時代の古瀬戸の破片が出てきてしまった、というわけです。

その情報が当時の文部技官の小山冨士夫さんのところに流れていって、小山さんは現地へすっ飛んでいく。さらに調査・発掘をつづけていると、今度はなんと驚くべきことに、永仁の壺が無傷の状態で出てきたのです。発見の経緯は、私も人づてに聞いていますので事実と多少異なるかもしれませんが、だいたいこんなところだったのでしょう。

さあ、たいへんです。鎌倉時代の古瀬戸の破片が出てきたことで、喜び勇んで、目が眩《くら》んでしまったのでしょうか、小山さんはその壺を本物の古瀬戸の瓶子と断定しました。そして、世間が「すごい発見だ」と大騒ぎしているころに、ひょっこり、加藤唐九郎が「あれは俺が作ったんだ」といったわけです。これが永仁の壺事件の大まかな流れです。

約束事にかなっていなかった「永仁の壺」

世の中が大発見だと大騒ぎしていたころ、私たち古美術業者はどうしていたかといいますと、心のなかでは「あんなもの、贋作に決まっている」と冷やかに笑いながら、事態のなりゆきを見ていました。「永仁の壺」が本物だとは、誰ひとり思っていなかったのです。なぜかといえば、それは姿は悪いし、なんといっても「腹に入らなかった」からです。

「腹に入らない」というのは私たち古美術業界で使われる言葉でして、要するに、贋作などを目にしたときに、どうにもしっくりこない感じをいう表現です。

贋作というのは見た瞬間に、なんともいえない、いやな感じがするものです。贋作というものは、仏像であろうと、ガラスであろうと、絵であろうとおなじです。「腹に入る」「入らない」というこの感覚は、商取引の経験と長年にわたって磨かれた研鑽《けんさん》による勘がなければわからないものなのですが、ものの真贋を瞬時に見抜く際の重要な基準となっています。

それともうひとつ、贋作だと断定できる大きな理由は「約束事」にかなっていなかったからです。つまり、永仁の「永」という字が、二十世紀の現在使われている字だったのです。鎌倉時代に書かれた「永」の字は、今とは違い、「示」という字に似ている感じになっています。実に簡単なことでして、知っていれば「あ、あの字は違う」とすぐわかるのですが、そうした約束事を知らないと、コロリと騙されることになるわけです。ですから、約束事をきちんと踏まえておくことは、真贋を見分けるための最低条件といえるのです。

けれども、大事なことは、約束事がすべてではない、ということ。約束事にかなっているから本物だ、ということにはなりません。約束事というのは勉強している人間は知っているわけですから、それを守った作り方はいくらでもできます。ですから、約束事は、真贋を見分ける際のモノサシのひとつと考えておくべきでしょう。

それよりも重要なのは、「腹に入らない」という一種のインスピレーションです。形が悪い、なんとなく迫力がない、こうしたことを感じとれる感受性のほうが大切です。

まず最初にあるべきものは直観であって、約束事はその直観を補うもの、と考えていただければと思います。

中国の本物ソックリに写された川瀬竹春の染付の器

永仁の壺事件の興味深いところは、一流の人間が、嘘を嘘と知ってやったことでしょう。だから、みんながひっかかってしまったのです。本物をろくに知りもしないで、直感を養うための経験もないような人間が、唐九郎とおなじことをやったとしても、だれひとり騙される人はいなかったはずです。本当も嘘も知っている人間が嘘をつくと、他人にはそれが嘘かどうかわからない――そう改めて教えてくれたのが、永仁の壺事件です。世の中が加藤唐九郎の芝居にまんまとのせられてしまったわけですが、ここでもうひとり紹介しておきたい人物がいます。その人は、川瀬竹春《ちくしゅん》という名工です。

川瀬竹春は、染付の名工です。現在でも、その脈絡が名工として日本の工藝界の一端を支えておられますが、初代、そして二代の竹春は非常に優れた染付の名手でした。

ただ、その竹春というのは、本来の自分の作品ではない、中国の明朝天啓期の古染付や清朝初期の染付の「写し」を作ることも少なくありませんでした。しかも、その写しはあまりにも本物ソックリで、ひとつ間違うと贋作として世に出る可能性があったから、「これは私、竹春の作品ですよ」ということを知らしめるために、写しにはちゃんと自分の名前を彫って入れていたのです。自分の作品に対して責任をもっていた、ということです。だからこそ、竹春は自分が作った作品の裏に細いクギ彫りで、あえて「竹春」という彫り銘を入れたのです。器の裏をひっくり返してみると、釉薬の下に竹春という針の先で記したような彫り銘があって、それを見ると「さすが、名工だな。本物をわかっている人だ」と深く感じさせます。

ところが、世の中には悪いヤツがいるもので、この名工の良心をないがしろにするような人間もいるのです。

彼らは、竹春の作った写しを手に入れて、そして歯医者が使うグラインダーという器具で、裏に彫られている「竹春」の文字をきれいに削り取ってしまうのです。それを、共繕《ともづくろ》いで無傷のように直して、さらに古い袋に入れ、古い箱に入れて、本物として売りに出してしまうのです。

そうすると、これが贋作であると見抜ける人はそうそういません。なぜなら、作った竹春その人が贋作を作ろうなんて思っていないから。真面目だからです。

このように欲がなく、決して心が薄汚れていない作品というのは、見抜くことが非常に難しいのです。

「真面目に作られた」コピーは見抜けない

私の知人のそのまた知人ぐらいにあたる方で、初期伊万里が本当に好きで好きでたまらないという人がいました。好きが嵩《こう》じて、自分で窯を作ってしまうくらい、心底から初期伊万里に打ちこんでいたのです。そして、ついには初期伊万里の吹墨《ふきずみ》の皿を完成させてしまいました。

吹墨というのは、兎《うさぎ》や鷺《さぎ》といった絵柄を白く抜いて、そのまわりに霧吹きでコバルト顔料を吹きかけたような染付の手法のことでして、この手の初期伊万里には名品が多く見られます。

この人には、贋作を作って儲けてやろうなどという気持ちは、さらさらありません。吹墨が本当に好きで、本物に限りなく近いものを自分で作りたいという衝動で作ったのです。真心がこもっているのです。このようにして作られたものは、写しであって、贋作とはいいません。それは、限りなく本物に近いコピーなのです。

しかし、心をこめて作られたものといえども、コピーが世に出たときが問題です。

本物が好きで創作心のある人が心をこめて作った複製品を、別の人間がわざと汚して時代色をつけ、古い箱なんかに入れてわざとらしく仕立て、本物だと嘘をついて売った場合、それがコピーであると見抜ける人はなかなかいません。作った人の心が純なだけに、本物として出回ってしまうことになるのです。

たとえば本物が五百万円だとすると、これはコピーですとハッキリさせて、十五万円ぐらいで売るのは大いに結構でしょう。ところが、それを「本当だったら五百万円するけれども、三百五十万円でいいです」などといいながら売るヤツがいるのです。

こうしたものをたちどころに見破るのがプロの目利きです。

それでは、真贋を見分ける第一歩、目利きが当然知っていなければならない約束事をさっそく紹介していきましょう。

約束事といっても定規で計るようにはいかない

約束事といっても、これまでに書いてきたように、約束事にかなっているから本物だということではありません。約束事はものを見るときのひとつの条件です。そうした知識をもっていることと同時に、いちばん大事なのは感性です。ものを見る感性があること、そして約束事を踏まえていることが両輪となってはじめて、真贋を見分けることができるのです。

また、藝術作品というのは、定規で計って作ったものではありません。そのときそのときの作者の微妙な感性が反映されているものですから、約束事といっても定規で計ったように判断できるわけではないのです。

たとえば、こんな話があります。

民藝運動の推進者で民藝陶器部門の重要無形文化財保持者であった浜田庄司さんが、アメリカの大学で陶磁器に関する教鞭をとったことがありました。

ある日、釉薬のかけ方を学生に教えていたときのことです。木灰を水に溶かして灰釉《かいゆう》を作ろうとし、灰を手のひらでスッとすくい取って、それを水のなかにぶちこもうとしたそのとき、ある学生が「ちょっと待ってください」と待ったをかけました。その学生は、灰の量が何グラムなのかを知りたくて、計りでその量を計ったのです。そして、先生が手にしたのとおなじ量の灰を使って、釉薬を作りました。そして、実際に陶器を焼いてみたのですが、先生の作品とは似ても似つかないでき具合になってしまったといいます。

計りで計っておなじ作品を作ろうとしても、それは無理。つまり、そのときどきの微妙な感性であるとか、気合いなどが、美の世界ではいちばん大事だということです。

約束事というのも、そういう問題を抱えています。感性と知識がお互いにしっかりと支え合って生まれてくるものなのです。そのことをまず第一に押さえてもらって、具体的な約束事について、いくつか紹介していきましょう。

田能村竹田の書に隠された謎

田能村竹田《たのむらちくでん》という、塡詞《てんし》（漢詩の一分野）の第一人者であり、淡彩で新鮮な作風を遺した画家がいます。大分県の竹田《たけた》の人で、江戸時代後期を代表する傑作や繊細な小品をいくつも残している文人画家です。評価の高い人の贋作は多い、という鉄則どおり、竹田の書画の贋作は非常に多くて、「田能村竹田の掛軸をもっている」という人があっちにもこっちにもいるくらいです。

けれども、そんなにたくさんの本物があるはずがありません。見る人が見れば、すぐわかります。

この竹田の書は、細かな文字でもって几帳面にビッシリと漢文が書かれています。ところが、何字目かまで書き進むと、それまでカチッと書かれていた文字が、フーッと流れるようになることがあるのです。そして、全体として見ても、何かしらフーッと横に流れているような感じがあるのです。そのため、かえって間の取り方がよくて、硬さがなくなっているというのが特徴です。

このことに関して、豊後高田の医者で竹田愛好家の方から聞いた話によれば、田能村竹田先生は実はメニエール病だった疑いが濃厚とのこと。メニエール病というのは、内耳の障害が原因ではないかと考えられている病気で、耳鳴りや目眩《めまい》、難聴といった症状が発作的に起こる、やっかいな病気です。非常に几帳面で律儀でピシッと仕事をする人がかかりやすいそうで、文字を書いていると、字画が一字だけ急に小さくなったり、ときどき立ちくらみのようにフーッと流れたりするそうです。そして、田能村竹田先生の書が、まさにメニエール病独特のものらしいのです。

まあ、その真偽のほどはわかりませんが、明らかに贋作とわかるものには、このかすかなフーッとした間がありません。どれもこれも、定規で書いたような、あるいは、習字のお手本のようなピシッとした文字なのです。

こうした微妙なところは、贋作者にはなかなかわかりづらいし、またわかっても真似することは至難の業《わざ》ではないでしょうか。

田能村竹田の書は横にフーッと流れている、と覚えておくのも真贋を見極める際のひとつのポイントになるでしょう。しかし、その約束どおりの書が出てきたとしても、フーッと流れている全体のバランス、文字の間合い、やわらかな雰囲気といった微妙なところを、自分の感性で読み取らなければならないことは、いうまでもありません。

渡辺崋山の作品に漂う透明感の秘密

田能村竹田と並んで、贋作が多いことで有名なのが渡辺崋山です。肖像画に特色があり、「鷹見泉石の像」という作品は、国宝になっていて、上野の博物館に保存されています。

しかし、渡辺崋山の贋作は、一目見て贋作だとわかるようなものではありません。プロでも、渡辺崋山の高度な贋作は、なかなか見抜けません。ハッキリいえば、崋山のわかる人はもういない、ほとんど不可能だといってもいい。それは学者でも業者でも同様です。

けれども、ひとつだけいえることは、彼の作品には独特の何ともいえない澄みきった透明感があるということです。

渡辺崋山は、画家であるのと同時に武士でした。三河の田原藩の家老です。武士というのは、自分の命はあってないようなもので、常に身命を投げうつ覚悟ができていないといけません。常に殿様のため、国のため、領民のために、自分の命を投げうつ覚悟が必要です。事実、蛮社の獄で投獄された渡辺崋山は、のちに幕府を批判したとして蟄居《ちっきょ》を命じられ、自分のために家族や藩主に難が及ぶのを恐れて、切腹して果てています。

そういう人ですから、普通の町人が研鑽を積んで画家になったのとはワケが違います。家が貧しくて内職として画家を始めたにもかかわらず、絵を描いてオカネを得ようという発想がないのです。

狩野派の画家にしても、もちろん全生命をかけて絵を描いただろうけれども、本物の命をかけるというスタンスはないわけです。武士が命をかけるのとは、意味が違います。

そういう生きざまの人だから、その絵にも何ともいえない、研ぎ澄まされた透明感が漂っているのです。今の人たちがとうに忘れてしまった、人のために尽くそうというような清らかさ、命に未練を残さないという潔《いさぎよ》さがあるのです。

だからこそ、今の世にないものとしてみんなが欲しがるわけだけれども、腕の優れた贋作者が彼の作品を真似したものと、本物とを見分けるのは、至難の業です。その独特の透明感を嗅ぎ分けなければならないのですから。しかも、その透明感は、現代人がとっくの昔に失ってしまったもの。それを感じ取るには、本当にたくさんの本物を見つづけて、自分の知性と感性を磨く以外に方法はありません。

井戸茶碗に秘められた戦国の心

渡辺崋山につづけて紹介しておきたい話があります。

茶碗に関する基本的な話。茶碗といえば、有名なのが「井戸茶碗」。さまざまある高麗茶碗のなかでも最高級のものであり、「一井戸、二楽、三唐津」などと称されて、戦国時代の武将が茶の席で愛用したのが、井戸茶碗です。その代表といえるのが、大徳寺孤篷庵《こほうあん》に伝わる喜左衛門《きざえもん》井戸、根津美術館に伝わる柴田井戸などです。

この井戸茶碗には大まかな約束事、好ましい特徴が三点あります。まず、高台が竹の節のようになっている。そして、高台を下から見ると、片側が薄くて片側が厚い、三日月形になっている。もうひとつ、おなじく高台を下から見ると、真ん中がコンモリと山のようになっている。これを兜巾《ときん》高台といいます。

以上、三つの見立てがありますが、これは、人間の顔のなかで鼻が真ん中にあるのとおなじくらい、そうなっているのが当たり前といったニュアンスのものです。ですから、この三点が欠けるものは井戸茶碗としてやや手が落ちるわけです。あるいは井戸茶碗以外のまったくの別物といっていいでしょう。

それを知ったうえで、この井戸茶碗に特有なのが、豪放な桃山の気分、戦国の気分です。

戦国時代の武士たちは、それこそ明日にも命を落とすかもしれない、いつだって戦場の露となって命を捨てる、そうした緊張を強いられる生活を送っていました。そんな張り詰めた日々のなかで、ほんのひととき、茶室に入って、静かに茶碗に対峙して、一服の茶を喫するのです。静かで、豊かな時間をすごすのです。

そのころの茶というものは、武将の茶、男の茶でした。いつでも死ぬという覚悟を胸の奥底に秘めた武士が、自分本来の姿に立ち返るための茶なのです。ですから、その際に使う茶碗は、ひよわな耽美的な感じのものであってはいけません。荒々しいけれども、何ともいえない侘び寂びが漂っていなければいけないのです。そういう需要に応えたのが、高麗茶碗、なかでも井戸茶碗と呼ばれるものなのです。

それまでの茶碗、室町時代以前の茶碗というのは、唐物（中国産）が最高級とされていました。とりわけ、唐物の青磁や天目などの茶碗が喜ばれました。それが、利休の侘び茶が完成していくと、唐物茶碗から人々の目が離れていき、かわってこの高麗茶碗が主流になっていきます。

高麗茶碗というのは、いわゆる朝鮮半島で作られたものですが、そのルートの詳しいことはわかりません。ほとんどは秀吉の朝鮮出兵のときに、従軍した武将たちがもって帰ってきたものでしょう。あの戦さはもちろん秀吉の無謀な戦争だったのですが、別名、茶碗戦争といわれるように、朝鮮半島の茶碗が大量にもたらされ、また現地の陶工たちが日本に虜囚として連れてこられた、という厳然とした事実が隠されています。まあ、自主的に渡航した人たちもいたということですが。連れてこられた陶工たちは各地の窯業に従事させられたのです。そして、彼らの技術がだんだんと日本の陶工たちに伝えられ、やがて日本独自の国焼茶碗やお庭焼が生まれてくることになるのです。

高麗茶碗には、こうした複雑な歴史が秘められています。しかも、そうして日本へもたらされた茶碗を前に、死を覚悟した戦国武将が茶をたてたのです。

井戸茶碗は、日本と朝鮮の重たい歴史、戦乱の世を生きた武士の命、それを伝えた江戸時代の茶道文化、そんなものといっしょに現在にまで残されてきたわけですから、井戸茶碗を真似た贋作との違いを云々するまでもないことは、もうおわかりのことでしょう。

少々、重い話になりましたが、今後、井戸茶碗に対峙するとき、何かの参考にしていただければと思います。

佐伯祐三の贋作事件から読み取る教訓

油絵の世界でいえば、かつて佐伯祐三の贋作事件がありました。

これは、岩手の遠野あたりで、佐伯祐三の油絵が大量に発見されたということから始まった事件です。そんなうまい話があるわけないのですが、河北倫明さんという偉い方が「その絵は本物だ」というお墨付きを与えてしまったのです。そして、その情報を聞きつけたある地方公共団体の長が、公共のオカネでその絵を購入しようとしたのですが、多くの画商が、佐伯祐三の油絵であるということを認めなかったものだから、すったもんだの騒ぎとなったわけです。

けれども、冷静に考えれば、そんな場所に佐伯祐三の絵が大量にあるわけがないのです。そんなことは、ごく初歩的な約束事であって、それがわからないようではどうしようもありません。嘘の話は大きいほどひっかかりやすいものなのです。

この事件から、ひとつの教訓を読み取れます。それは、ものを買うときは、耳で買わない、目で買えということ。いかにも実《まこと》しやかな話だとか状況を聞かされると、グラリと心が動いてしまうのが人間ですが、そんなことには惑わされないで、自分自身の怜悧《れいり》な目でもって、そのものを見るべきなのです。そうしないと、まんまとうまい話に乗せられることになるのです。

また、その公共団体の長が、自分の財布で、自分のポケットマネーで買うつもりであったなら、ひっかからなかったかもしれません。しかし、公共のカネで買おうなんてことを考えるから、目が甘くなってしまう。自分の懐を痛めないでいい、というところから甘さが出てくるのです。

梅原龍三郎の贋作は「人柄」でわかる

また、ある藝術家の作品を見る際に、その作風を知り尽くすことは大事だけれども、さらに一歩立ち入って、その作家の人となりを知っておくことも大事です。

たとえば、細かいことに頓着せず、豪快な人柄で有名な梅原龍三郎画伯の場合。

どこが豪快かといえば、仕事をする際に使用する絵筆を、何千万円もする万暦五彩の水指しに、乱雑に入れていたりする。しかも、値打ちのある共蓋は取り外したまま。また、墨をするのに、何百万円もするような明時代の墨を惜しげもなく、どんどんおろしたりする。さらに、煙草を吸う際の灰皿が時代ものの逸品で、人が聞いたらびっくりするような名器を使っている。

あるいはまた「梅原先生のライオン食い」という言い方で知られているように、たとえば鰻の蒲焼を食べるときに、二、三切《きれ》をチョロチョロ食べるのではなく、大皿に鰻の蒲焼を盛り上げておいていきなりむしゃぶりつく、といった食べ方をするのです。

そういう感覚をおもちの方ですから、絵を描くときも大胆です。これは当時お世話をされた額縁商岡村多聞堂さんの実話です。

朝日が当たる富士の絵を描く、ということになったときのこと。そのスケッチ先として、伊豆の長岡の旅館で、もっとも富士が美しく見える部屋を借り切りました。そして、朝日が出てきて美しく富士を照らしだすわずかの時間、それこそほんの十分や十五分だけ絵筆をもつのです。冬の寒気が厳しいなかで、窓を全開にして、富士が茜色《あかね》に染まる一瞬だけを描くのです。それで、その日の仕事はすべて終わり。そういう感じで、二カ月、三カ月と滞在して、描くわけです。

通常だったら、ある程度の段階で自分のアトリエへ戻って、一日じゅう、その作品にかかりっきりになりながら製作するものですが、そんなせせこましいことをしない人です。

こうした作者の暮らしぶりや考え方を知っていることも非常に大事です。

こういうことがありました。梅原先生のある作品が、某鑑定委員会で本物と判断されて、それに鑑定書がつきました。そのため、もっぱらその作品は本物として通っていたわけですが、どう見たって梅原先生のものとは思えない貧相なものです。

それは、細身の花生けのなかにバラが一本生けてある、という静物画でした。けれども、梅原龍三郎の感性、生きざま、人間性から考えてみると、彼は花生けのなかにバラを一本入れて描くようなことはしないと思うのです。そんなことをするような人ではありません。バラを描くのであれば、唐三彩の壺や明赤絵の花瓶などに、とりわけ艶やかな素晴らしいバラを何十本も束にして生けて、豪快に描くと思うのです。それが、梅原龍三郎という人です。ちょろちょろとした花を貧弱な花生けに一本差しこんで描く、などという発想はしないはずです。

ですから、いくら筆使いがソックリだとしても、信頼性の高い鑑定書つきとはいえ、それは贋作に違いないとわかるのです。こうしたことも、ひとつの約束事といってよいでしょう。

ネズミを彫るために半年も飼いつづけた石川光明の気迫

真の藝術家が作品を作るときにどんな発想をするものか、端的に物語る例がありますので紹介しましょう。

明治時代の帝室技藝員で、象牙の彫刻家として有名な石川光明《こうめい》の話です。彼の作品には象牙のほかに木彫りのものもありますが、どれもこれもたいへんな名品。何千万円もの値がついている作品もありまして、彼ほどの名工はのちに現われないのではないかといってもいいくらいの名工です。

さて、石川光明が、たしか明治宮殿だったと伝聞しておりますが、ネズミの彫刻を献上することになりました。それをどう彫ったか、といいますと……。

名工ですから、ネズミがどのような形で、どのような動きをして、どのような表情をしているかくらいは、体のなかに染みついていたでしょう。けれども、石川光明は本物の姿や動きを知り尽くすために、また生きているようなネズミを彫るために、実際にネズミを捕まえてきて、家のなかで飼ったのです。そして、自分で餌をやりながら、行動やしぐさをじっと観察しつづけました。製作に取りかかったのは、半年近くが経ってから。半年のあいだ、ネズミの観察をつづけて、そうしてまるで生きているようなネズミの彫刻を完成させたのです。

本物の昔の仕事師というのは、これほど気合いが入っているわけです。私が「いい仕事」というのは、そういう姿勢で作ったもののことをいうのです。

そうした姿勢で作った作品は、かりに非常によく似た贋作が出てきても、なんとなくわかってしまうわけです。真摯な姿勢から生まれてきたものは、贋作が決して真似することのできない、なんともいえない品性と気迫があるものです。

第七章　贋作のテクニック

「箱書き」に代表される日本人の藝術観

茶道具を主とする和骨董の世界では、その価値を決める重要な要素に「箱書き」というものがあります。

品物が入っている箱に書かれた、そのものにまつわる来歴や銘などです。

たとえば、この品は室町時代、桃山時代、江戸時代などに、天皇家から授かったとか、将軍が使っていた、というようなことを記念の意味で箱に記したり、和歌をしたためて貼付したりしてきたわけです。そうして、大事にしてきたのです。

日本人の道具に対しての美意識というのは、総合藝術です。茶碗じたいも大事ですが、その茶碗が入った箱や、なかの袋、外包みの布も、いっしょに大事にしていたのです。さらに、その茶碗をある有名な歌人が評価してくれて、茶碗に対して歌を詠んでくれた、しかも歌銘もつけてくれた、ということもあります。そうすると、ひとつの茶碗について、いくつもの文化や価値がくっついているわけです。これを道具の「次第《しだい》」といいます。

そういうものをすべて総合して、ひとつの美術品として評価、鑑賞してきました。むいてしまえば、ただの茶碗かもしれませんが、そこにさまざまな来歴、文化が付随することで、茶碗を中心にした美の世界を楽しんできたのです。

たとえば、利休の高弟だったある武将が素晴らしい茶碗をどこかで見つけてきて、それで茶を楽しんでいた、としましょう。

しばらくして、その茶碗の噂が徐々に広がっていって、徳川家康の耳まで届く。徳川家康がその茶碗を見たいということになって、その茶碗をお目にかけると、いたく気に入ることになる。そして畏れ多いことに、家康が茶碗を愛でる気持ちを手紙（消息文）に書いて送ってくれた。そして、誰かがその家康の文を掛軸にしてくれて、その結果、その掛軸はその後ずっとその茶碗についてまわることになる、というわけです。

こういった掛軸を「添幅《そえふく》」といいます。おなじく添えられた文書は「添状」です。さらに、その茶碗がめぐりめぐって松平《まつだいら》不昧公《ふまいこう》のような大茶人のもとにたどり着き、大きな立派な箱に納めて、さらに不昧公が箱書きをして大事にしていった、ということもあります。「次第」が良くなるわけです。

こうして、後世、その茶碗と箱と掛軸は、一体となって鑑賞されることになるわけです。つまり、総合藝術。

そして、そうした総合藝術を堪能することを可能にしたのが茶会です。床の間にその掛軸をかけて、箱から出された茶碗で茶をたてる。そうすることによって茶室という空間のなかに、千利休の精神が漂い、その高弟の武将が座し、徳川家康や松平不昧公も存在することになる。そこで一服の茶を喫する、こんな楽しみ方をしたのです。その茶室のなかでは、数百年という時間を一気にタイムスリップすることができ、そのなかで時代時代の人物と対峙することができるわけです。

これこそ、日本人が編み出した独特な美意識といえるでしょう。

勘違いしてはならないのは、その茶碗が生まれたと同時に、箱書きや掛軸がついていたのではないということ。それらは時代のなかで、偶然と偶然が重なって、ひとつの茶碗に付随していったものなのです。つまり、箱書きはその茶碗にまつわる歴史なのです。

贋作を生み出す素材にもなる「箱書き」という権威

箱書きについて、もう少し申しあげましょう。

魯山人の焼き物には、多くの作品に片仮名で「ロ」の文字が入っています。

これは約束事です。

贋作を作ろうとたくらむ人間は、魯山人ふうの焼き物を作陶し、器のどこかに「ロ」の文字を刻みこみ、それからさらに、もっともらしい箱書きをして、実しやかな贋作を生みだすのです。

あるいはまた、魯山人と親しくしていた黒田領治(黒田陶苑創立者・茶人)という人物がおりまして、彼が箱のない裸の作品でも「これは魯山人の作品に間違いない」と鑑定しますと、箱をあつらえ、自分の雅号である「陶々庵」と記し、箱書きをしていました。つまり、黒田領治の箱書きが本物の証になっていました。

これも約束事です。

すると今度は、この黒田領治の箱書きの偽筆が生まれてくるわけです。

この場合は、中身も贋作、箱書きも贋作です。

箱書きというのは、前述のとおり、日本独特の素晴らしい文化であることは間違いないのですが、それを贋作という点からみると、このように素人を簡単に騙す恰好の材料となってしまうこともありうるのです。

こんな贋作が出てくる原因は何かといえば、日本人の最大の欠点である、権威に寄りかかってしまう傾向、これにつきます。

箱書きというお墨付きがあるから本物だろうと、安易に判断してしまう、それに寄りかかってしまって、中身が本物であるかどうかを見極める厳格な目を養うことができない、だからまた箱書きの権威に頼らざるをえない、こうした悪循環に陥ってしまうのです。自分の目と勘と経験でものを見ようとしないことが原因です。

池の坊の花器であろうと、千家の茶器であろうと、その道具には多くの場合、家元の箱書きがついていています。そういうものを大事にしてきたことは、それはそれでたいへんな美徳であり伝統なのですが、箱書き万能になってしまえば、その美徳、伝統に振りまわされることになるといえましょう。

これは、まさに日本人の欠陥です。権威があるから、ということで盲目的な従順をしてしまう。

あるいは逆に、本当にいい作品があっても、そこに箱書きなどの権威が付加価値としてついていないばかりに、忘れ去られることも多々あります。鑑定書がなければ見向きもしないなんてことは、いくらでもある話でしょう。

ところが、アメリカなどでは、箱書きなど、問題にしていません。箱書きの美点もわかってほしいのですが、中身がよければ、それでOK。日本ではまったく無名であっても、作品がよければどんどん評価されています。それが日本に逆輸入されて大人気となることも、珍しいことではありません。

日本人は、かつて中国明清期の無名画家のなかから、優れた藝術家を発掘した実績をもちながら、現代になって、権威に弱い体質が染みついてしまっていて、悪い思考回路が定着してしまっているようです。

けれども、これからの時代はもっと自由な発想、自由な考えをしていかなければ、美の世界でも取り残されていくのではないでしょうか。ひとりひとりがそれぞれの感性と目を磨くことの重要性を、私はつくづく感じます。千利休の原点に戻れということです。

バランスの悪い「合わせ箱」には要注意

「箱書き」と切っても切れない関係にあるのが「合わせ箱」です。

すでにご紹介したように、かつての僧侶や武将からなる文化人や茶の家元が箱書きした品が代々伝えられて、人から人へとわたっていったときに、箱書きはその品の由来を示す重要なものになります。

ですから、中身だけなら二万円程度であったとしても、箱書きがあるために五百万円もの値段がつくこともあるのです。

こんなことがあるために、箱書きを利用して儲けてやろうとするズル賢い連中が後を絶ちません。箱も本物で立派な箱書きがついている、そのなかの品も本物というような場合、まず品物だけを相応の値段で売ってしまう。そして、箱のなかに贋物を入れて「箱のついた貴重な逸品です」と、これまた高く売ってしまう。買ったほうも、箱書きに騙されて、由緒あるいい品を手に入れることができた、などと大喜びです。

箱書きがなくても、古い時代のついた箱に、やはり時代をつけた贋物を組み合わせて、いかにも古い貴重な骨董品に見せかけることも多くあります。これを「合わせ箱」といいます。

こういうものを目の前にしたとき、私たちプロはまず箱と品物の寸法を見ます。合わせ箱だと、サイズがなんとなくしっくりしないものです。本来なら、茶碗のまわりには四ミリ（二分《ぶ》）くらいの余裕しかないはずなのに、どうも隙間がありすぎるとか、逆に隙間がなくて窮屈に見えるとか、そういったバランスを見るのです。

もちろん、何でもかんでも隙間は四ミリというわけではなく、それぞれの品にはそれぞれふさわしい隙間があるわけです。箱の深さも同様であって、全体のバランスを見て、なんだかスカスカだ、どことなくキツキツだというものであれば、これは合わせ箱ではないかと疑ってみる必要があるでしょう。

当然、いちばんしっかりと見るべきものは、なかの品です。何度も申しあげているように、故事来歴や入れ物などをすべて取り去った、そのもの自体の価値を見極めることが大切なのです。

もっとも、合わせ箱はすべて悪いというわけではありません。いい箱に入っていて、なかの品も含めて、全体的にバランスのいい状態であれば、それはそれで付加価値が生じてけっこうなことだと思います。ただ、高く売りつけるために、合わせ箱であることを隠している場合が多いですし、そういうものにかぎって中身も贋物だったりしますから、よくよく注意していただきたいと思います。

しかも、おもに水指しや花生けなど、立体的な品を入れる箱には、巧妙に「詰める」というテクニックを使ったものがありますから、気をつけてください。

水指し、花生けというのは、合わせ箱をしようとすると、箱のほうが深すぎて、ものがなかに沈んでしまうことが多いのです。縦横はなんとか合っているけれども、深すぎることが多いのです。こうしたときに、箱の底の部分をいったん外して下の部分をうまく削ってしまうことがあるのです。

これが、箱を「詰める」ということです。かなり高い技術を必要とするので、こんなことのできる職人はだんだん少なくなってきていますが、それだけにこの手の合わせ箱を見破るのは至難の業といえます。

いずれにしても、ものの真贋を自分の目で見極めることができれば、箱書きや合わせ箱に振りまわされることはないのです。

他人のくっつけた権威を鵜呑《うの》みにするのではなく、自分の目を磨いていくことが何より大事になるわけです。

「お墨付き」という権威がもたらした功罪

もちろん、権威が生み出したものは罪ばかりではなく、功績もあります。

権威に裏打ちされたものというのは、歴史のなかにおいて、間違いなく大事にされつづけてきました。

「これは殿様から拝領したものである」とか「明治天皇からいただいたものだ」ということになれば、手厚く保護されつづけることは間違いない。「親父はああいってるけれども、俺はこんなものは要らない」と、ガレージセールで売り飛ばすことは、まずありません。

極端な話、ミロのビーナスでもツタンカーメンでも、すべては発掘品なのです。ところが日本では、千三百年も昔から正倉院に聖武天皇の遺愛品が伝わってきています。歴代の為政者や幕府はオカネを注ぎこんで、これらを大事に保存してきたのです。

こんなことは、海外では考えられないことです。前の世代からつぎの世代へと品物が伝わっていく流れが、人の手から手によるという当たり前のことが、外国では当たり前ではないのです。

それは日本が島国で、外敵に攻められなかったからだ、などという単純な答えだけではすまされません。日本文化の特殊性、日本人の美意識、そういうことを解明して、初めてわかってくることではないのでしょうか。

このように、日本の古美術界にみられる権威には、功罪両面があるわけです。

さて、箱書きの話に戻りますと、先ほど申しあげましたように、作品が生まれたと同時についてまわったわけではなく、後世の人物が加えたものです。ところが、近世になると、そういう伝統が崩れてきます。

たとえば、ある茶碗を作ったときに、少しでも高い値段で売りたいものだから、大徳寺の坊さんのお墨付きがほしいということで、すぐにお墨付きをもらいにいく、あるいはお茶の先生のお墨付きがほしいからもらいにいく、などということが起きてきたのです。権威を最初からくっつけて、高く売ろうとすることが、だんだん慣例化していったのです。

もともと、箱書き、添状というのは、一種の「遊び」だったのです。愛用の茶碗に、古今和歌集のなかから歌をひとつ拾ってきて、その歌にちなんだ題名をつけてみるとか、そういう雅びの感覚。文化というものは遊びです。

ところが、そうした遊びのなかに、近世になって、オカネがつきまといはじめたのです。そして、遊びが遊びだけではすまなくなっていったのです。最初から権威をつけることによって、経済的に潤うという発想が生まれてきたわけです。

明治時代に至るまで、日本における藝術の世界は、ほとんど豪商や貴人たちが独占していました。彼らには、オカネもたっぷりあるし、プライドもありましたから、贋作を売り買いして儲けてやろうという発想はありません。そんなケチ臭い考えはなかったのです。しかし、近代社会になって、貴族や財閥の社会が崩壊して、一般大衆の時代が到来、貴族の遊びであった藝術を一般大衆も楽しむようになってきました。美の世界との関わりをもつ機会が出てきたのです。

とはいえ、市井の人々には、いいものを愛《め》でる、よさを味わう、由緒あるものを大切にしていく、といった文化を純粋に遊びとして楽しむ下地が充分にできていたわけではありません。目の前にある品物にどの程度の価値があるのか、いいものなのか、あるいはクズ同然のものなのか、判断することができません。マニュアルも経験もないわけですから。それで必然的に、家元や高僧などという権威のお墨付きがあるかないかが、大きな判断基準となったのです。そして、お墨付きがあれば高い値段で取引できるというように、美の世界に金銭がからむようになったのです。こうした背景があって、贋作も多く作られるようになりました。

以来、現在に至るまで、骨董にはお墨付きとか金銭がまとわりついているわけです。もの自体のよさをきちんと見抜くことが、なんだか特殊な技術のようになってしまったのです。そういう意味では、まだまだ文化が浅いわけで、今の日本の状況は、過渡的な状況といえるのではないか、私はそんなふうに思います。

「飛び込み」はバランスで見抜け

さて、ここでは贋作師のテクニックについて、紹介しておきましょう。

先ほども、ちょっと出てきましたので、まず「飛び込み」からお話しします。

飛び込みとは、オリジナルの掛軸あるいは屏風などに、後世、新たに花や鳥や人物を描きこむことをいいます。

なぜこういうことをするかというと、少しでも高く売るためです。飛び込みによって、作品をより豪華に見せるためです。花が咲いていなければ花を描く、美人がいなくて寂しい感じがすれば美人をそこに描いてみる、というように、豪華に見せて高く売れるようにするわけですから、しゃれこうべなどは描くわけありません。人が見て美しいと思ったり、きらびやかに見えるものを描き加えるのです。でも、描き加えたものは、やはり絵が下手です。

飛び込みはなかなか巧妙な技術を駆使していますから、飛び込みの部分がオリジナルの部分と色合いが違うとか、その古さが違うというのは、なかなか見抜くことはできません。飛び込みを描く画家もプロですから、そんなヘマはしないわけです。

では、どうやって見抜くかといいますと、これは全体のバランスを見るしかありません。オリジナルはオリジナルとして完成しているわけですから、そこに飛び込みをすると、どうしても不自然さが生まれてきます。

けれども、このバランスの悪さ、不自然さというのは、定規で計ったようにわかるものではありません。自分の目で見て感じ取るしかないのです。そのためには、やはり勉強するしかありません。いいものをたくさん見ることです。そうするなかで、バランスのいい構図というのがわかるようになります。あるいは反対に、これはバランスが悪いから飛び込みかもしれない、と勘が働くようになるのです。

また、飛び込みとは若干異なりますが、こんなテクニックもあります。

戦後、日本へやってきた多くの外国人は、天皇家の菊の御紋章が入ったものをほしがりました。菊の御紋章が入った蒔絵《まきえ》の硯箱や手箱などです。そこで生まれてきたのが、蒔絵師を使って、硯箱や手箱などに菊の御紋章を描かせた贋物です。あるいは、徳川家の葵の紋章入りの贋物です。それらを「これは天皇家からいただいたものです」「これは将軍家に伝わる由緒ある品です」などといいながら外国人に売りつけたわけです。そうしたものが、ずいぶんと外国に流れました。そして、のちに日本へ舞い戻ってきて、本物として通っているものもなかにはあります。

本物として通用しているようなものは、やはり腕のいい贋作者の手によるものですから、簡単に見抜くことはできません。とはいえ、私たちプロの目には、その紋章が単なる菊や葵のデザインにしか見えないものです。本物だけが醸しだせる気合いに欠けているからです。

「仕込み物」には気合いが欠落している

さて、今度はオリジナルもへったくれもない、贋物以外の何物でもない、「仕込み物」について触れておきましょう。

飛び込みは、本体はオリジナルですが、この仕込み物というのは、オリジナルそっくりのものをまったく新しく作ることです。時代づけをして、色から何から古いものそっくりに作るわけです。

これは、特に明治時代の掛軸に多く見られます。掛軸に描かれた仏画、洛中洛外図の六曲屏風、あるいは美人画。そういうものの仕込み物が明治時代にたくさん作られて、地方のお大尽に売られたのです。地方の大尽というのは、いいものを見る機会がなかなかないし、かといって彼らは都会にあるものよりもずっといいものを手に入れたがっていたのです。

ところが、いいものはそんなにあるわけではありませんから、そこで仕込み物に騙されることになるのです。腕のいい職人がオリジナルを写して、掛軸や屏風を作って、それらしい古い箱に入れて、地方に売っていたわけです。

もっとも真似をしようと思っても真似できないのがオリジナルですから、どうしても本物にある気合いみたいなものが欠落しています。これも前に話しましたが、象牙の彫刻の名工、石川光明が宮中に献上するネズミの彫り物を作るため、ネズミを数カ月間、家で飼ってじっと観察しつづけて、それから彫刻にかかる、などという話でもわかるように、オリジナルには作者の生命をかけた気合いがこめられているのです。そこがコピーとは圧倒的に違うわけです。どんなに上手に写しても、その気合いだけは写しきれない。本物と贋物の差はそこにあります。

しかし、仕込み物のなかにも素晴らしい品はありますから、仕込み物として扱えばいいのです。これは文化・文政の仕込み物、明治の仕込み物、昭和の仕込み物、というふうに割り切って扱えばいいのです。それをオカネほしさに桃山や江戸初期の本物として扱うから、問題が生じてくるのです。特に、五十年、百年と歳月が経った仕込み物は、いかにもそれらしく見えますし、本物で通ってしまう可能性も高くなるから、注意が必要です。

掛軸の良し悪しは握りぐあいでわかる

そういう仕込み物のなかで、特に掛軸にしぼって、その見分け方のひとつの目安をご紹介しましょう。

掛軸というのは、ご存知のようにほとんど箱に入っています。それを節句やお茶会のときに出したり、あるいは大きな家であれば床の間に掛けっぱなしにしておくことも多い。そして、昔は、掛軸の前に香炉《こうろ》を置いて香《こう》をたくことが習慣としてありました。

この香をたく習慣によって、ひとつの真贋を見分ける目安が生まれてきます。つまり、香をたくと、その煙は上にのぼっていきますから、当然、掛軸の上のほうがくすみます。月日が経つうち、掛軸の上のほうが下のほうよりもくすむことになるわけです。ですから、掛軸を見るときに、上と下を合わせてみて、その色が違えば、これは古くから使われてきたものだ、ということがわかります。汚れの色合いがおなじであれば、おかしいぞ、最近作られてわざと古く汚したものかもしれない、ということになるのです。

あるいは、掛軸のいちばん下の軸の部分には埃《ほこり》がたまりますから、埃がたまっていなければ仕込み物かなと疑うことができるでしょう。もっとも、いい品になれば、そうしょっちゅう床の間にぶらさげておきませんし、手入れが行き届いていますから、埃などはついていませんが。

しかし、どちらにしろ、そんなことは腕利きの贋物師であれば知っていることですから、それを逆手にとって、掛軸の上と下で色合いを変えたり、軸の部分に埃をこすりつけておいたり、ということくらいは、いくらでも可能です。ですから、今述べたことも絶対の目安ではありません。ひとつの参考程度に考えておいたほうがいいでしょう。

本当にいいものというのは、常にしまいこんでいることが多いですから、掛軸を広げたとき、独特の気配が感じられます。鋭敏にこの匂いともいうべき雰囲気を嗅ぎ取ることが、掛軸を見る第一歩です。

いいものかどうかを見分けるいちばん確かな方法は、実は掛軸を軽く叩いてみることなのです。ポンポンと手のひらで裏面を叩いてみて、その音、感触をみるのです。

私がテレビの『開運！なんでも鑑定団』で、屏風や掛軸が出てくるとポンポンと裏側を叩いているのは、無意味に叩いているのではなくて、それで良し悪しを判断しているのです。

いい掛軸というのは、表具がしっかりしているから、叩いたときに張りがあって乾いた音がするものです。巻いたときもピシッと締まりがいい。逆に、質の悪い掛軸は、巻いたときはフニャフニャしているし、糊《のり》も悪いものを使っているから、長い時間が経つとフンドシみたいにフニャフニャになるのです。

掛軸や屏風を叩きながら、こんなことをチェックしているのです。しかも、目をつぶっていても、握った感触や張りの音でわかるものです。だから、掛軸を全部広げてみる必要はありません。だいたい三分の一ほど広げて、本紙（画面）の上部をチラリと見たら、その段階で良し悪しはわかってしまいます。テレビで鑑定するときは、それでは視聴者が納得してくれませんから、一応、全部広げてみますが、本当はちょっと広げた段階でわかっているのです。

そして、三分の一を見て、もしいいものだったら、今度は全部広げて再確認をするわけです。私たちが本当に鑑定をする場合に全部広げて見ているときは、ひとまず、いいものだと思っていいでしょう。贋物だったら、巻いた状態のものを手で握ってみただけで、それ以上は見ません。そういうものなのです。

金儲けのために「時代づけ」したもののいやらしさ

「時代づけ」というのは、毎日毎日おなじ茶碗でお茶を飲んだりして、渋なんかをつけて、いかにも古い茶碗であるように、味わいをつけることです。

時代づけは、茶碗や皿などの風情を味わうという点では、それはそれで結構なことだと思います。特に、現代生活の明るすぎる光のなかでは、風情も何もありませんから、それをカバーするためにはいいことではないでしょうか。

昔は現代みたいに照明器具が発達していませんでしたから、人々は柔らかい光のなかで生活していただろうと思われます。昼間であれば障子越しの淡い光のなか、夜であれば蠟燭や行灯《あんどん》の光のなかで、お茶を飲んだり、その茶碗を眺めたりして、暮らしていたでしょう。

それが現在では、電球や螢光灯という照明器具が誕生したおかげで、太陽の光とおなじような光でものを見ることになります。これでは、何でもかんでもあまりにもまっさらの状態で見えるわけで、そうすると細かい傷などの欠点まで露《あらわ》になります。風情も何もあったものではありません。そういうデメリットをカバーするという意味で、時代づけすることもあるのです。

しかし、問題なのは時代づけをする目的が、ものの風情を楽しむためではなく、金儲けのためにする場合です。

そういうことをもくろむ連中がやる時代づけの方法は、もう、まったく下品で卑猥です。

土のなかに茶碗や皿をわざと埋めておいて、しばらく経ってからおもむろに取り出し、大発見をしたように見せかけるわけです。たとえば、中国の洛陽で最近焼いた唐三彩を、二カ月くらい土のなかに埋めておいて、立派に赤土がついたところで取り出して、「掘り出しものだ」などというヤツがいるのです。

香港の骨董屋に行ったときのことです。新しいものをわざと汚したとわかる箱のなかに、変な汚い茶碗が入っていました。箱の貼り紙には「蜂須賀公爵家蔵」と書いてあるのです。

もう、笑ってしまいました。蜂須賀家といえば、戦国時代の豊臣秀吉以来の大名で、明治時代の貴族の代表格ともいえる名家です。日本人が知らないわけはありません。過去の日本人の庶民感覚からすれば、雲の上の存在です。だから、わざとガラクタ茶碗の外箱に蜂須賀家の蔵品だなどとインチキな札を貼って、無知で成り上がり者の日本人を引っかけるのです。そんなくだらない、贋物とも呼べないものに、たくさんの日本人が騙されているのです。騙される人がいるから、そんな商売がまかり通っているのです。

それはやはり、日本人がまだまだ卑猥でカネがほしい民族だからでしょう。本当にいいものがわかる民族にならないかぎり、こういうものはなくなりません。

さらにひどいものになると、土に埋めるだけでなく、肥料槽のなかにぶらさげておいたりすることもあります。池のなかに放りこんでいることもあります。危険なフッ化水素に浸すものまでありいるものです。そういうことまでして時代づけしたものは、やはり何ともいえない、いやらしさが漂っているものです。自然に醸し出されてきた味わいではない、妙な感じがするものです。そんなものを見ていると、精神衛生上、よくありません。

本当の味わいをつけるというのは、やはり、毎日毎日、そのものを慈しんで、愛して、眺めて、使いこんでいくことです。そうすれば、だんだん雰囲気が出てくるものなのです。これが本当の「味わい」です。

絵画の名コピー「工藝版」はルーペで判別

つぎに挙げるのは贋物ということではありませんが、本物と勘違いされることがある代物です。いわゆる「工藝版」と呼ばれる絵画などの印刷物。大塚工藝社という印刷会社が刷る複製品の印刷物を通称「工藝版」というのですが、これは実に見事にできています。色といい、寸法といい、本物と寸分違わぬような複製品を作って販売しているのです。古画から新画まで、歴史上に名が残るような作品を忠実に再現している印刷物です。

たとえば、横山大観による「海十題・山十題」という、日本の精神、霊峰富士や海を描いた素晴らしい作品があるということで、私の若いころ、商品取引で財を成した方の家に招かれて、拝見させていただいたことがあります。大きな床の間に、その「海十題・山十題」が掛かっていました。それがまあ、とにかく素晴らしい。打ち寄せる波が私のすわっているその部屋までダーッと押し寄せてくるような、ものすごい迫力がありました。

それが実は、のちに画商の友人に話したところ、工藝版だというのです。実に見事でした。ですから、工藝版といってもそれはそれで値打ちがあるもので、その「海十題・山十題」の工藝版はおそらく今では百万円では買えないでしょう。

テレビの『開運！なんでも鑑定団』でも、たとえば「この川合玉堂の色紙はおじいさんからもらったものだけど」とおっしゃる方に「これは印刷物ですよ」といいますと、多くの場合、たいへん驚かれます。本物そっくりですから、素人の方には印刷物といわれてもちょっと信じられないかもしれません。

それくらいよくできています。もしオリジナルが一千万円くらいするのであれば、工藝版は十五万円程度の値打ちはあるはずです。

私たち庶民にとって、本物はほしくてもなかなか手の出せない高嶺の花ですから、入手しやすい工藝版で絵画を楽しむということは、けっこうなことだと思います。

今は、いろいろな工藝版が出ています。大塚工藝社は、工藝版目録というのを出していて、それを見れば、横山大観であれば三十万円だとか、竹久夢二の色紙であれば七万円だとか、販売価格がわかりますから、それを参考に工藝版を購入してもいいのではないでしょうか。名品の作風に触れてみる絶好のチャンスだと思いますし、美術の楽しみ方のひとつといってもいいでしょう。

なお、工藝版という呼び方は、厳密には大塚工藝社の印刷物を指すわけですが、今はもっと一般的になっていて、名画や色紙などの印刷物を総じて工藝版ということが多いようです。それは、たとえばシャープペンシルがノック式ペンシルの総称であったり、ウォークマンがヘッドフォンステレオの総称であるのとおなじです。

ただ問題は、大塚工藝社の初期の作品には、これは大塚工藝社の工藝版だという印章が入っていないこと。今では、責任をもつためにちゃんと入っているのですが、初期の作品にはありません。だから、速見御舟《はやみぎょしゅう》などの作品はすでに本物として通っているものもあるのです。人から人に伝わっていくなかで、本物だと思いこまれていくわけです。これは悲劇だし、問題です。所定鑑定人でさえ、見抜けなかったこともあるのですから。

けれども、オリジナルか印刷物かを見分けるのは、それほど難しいことではありません。ルーペや虫眼鏡で見れば、わかります。印刷物ですから、印刷のインクの粒子が見えるのです。また、ルーペなどを使わなくても、やはり全体のようすがツルッとしていることからわかります。絵の具や墨の盛り上がりがありません。ですから、絵の表面をなでてみると、その感触でだいたいわかります。ただ油絵のコピーは絵の具が盛り上げてあります。

「共繕い」した伊万里の皿が二つに割れた！

つぎは、トラブルが多い「共繕い」について触れておきましょう。

「共繕い」というのは、壊れた部分、欠けた部分をきれいに無傷のように仕上げてしまうことをいいます。これは、樹脂を使って割れたところをくっつけて、あるいは欠けたところに補塡剤を入れて、その外側をおなじ色調の絵の具で仕上げ、元どおりの姿に復元するのです。焼き物の場合によく使われる方法で、昔はペンで修理していましたから、ペン繕いと呼ばれていました。

直しの名人による共繕いは、それが修理したものだとはなかなかわからないくらいに、きれいに仕上げられています。ただ、月日が経つと、絵の具が徐々に褪色していくので、色の変化でわかりました。けれども、最近は樹脂化学がたいへん発達していますから、色も褪色しないし、紫外線ランプを当ててもそれに反応しません。そういう技術の進歩によって、共繕いを見抜くのは非常に難しくなっています。

ただ、磁器はわりと簡単に見分けられます。反射率が高いので、全体の調子のなかで見ると、その共繕いの場所だけが変にバランスを欠いているのです。目利きになればこれはだいたいわかりますが、備前のような炻機質《せっきしつ》の褐色陶、土物《つちもの》、交趾など南蛮物というのは困難です。黒くて光線の反射率が悪いから、なかなか見抜くことができません。

私にも、こんな経験があります。昔、ある老人の業者から伊万里の錦手の皿を買いました。非常に真面目な方だったので、何の疑いもなく買いました。ちょっと汚れていたので、皿を家にもちかえって、ぬるま湯で丁寧に洗っていますと、どうもようすがおかしくなってきました。日に焼けた皮膚が剝《は》がれるように、皮膜が剝がれだしたのです。どんどん剝げだして、アレッと思ったときには真っ二つに割れてしまいました。共繕いをして、ビニールの皮膜をかけてあったのです。

買ったときは全然見抜けずに、見事にひっかかってしまったわけです。値段は二十万円くらいでした。

後日、その皿を売った業者に会う機会があって、その皿を見せ、「あなた、仕入れるときにこの手の繕いに気をつけなさいよ」といってあげました。たぶん、その方も共繕いを知らないで買ってきたのだと思いますが、私はその人に弁償してもらおうとは思いませんでした。

というのも、共繕いするにも相当の金額がかかることを知っていたからです。

共繕いをひっぺがしてキズにしたままキャンセルしたら、きっと十分の一の二万円ほどにしかならないでしょう。共繕いの費用はかなり高いですから、その修繕費用を考えれば、皮膜を剥がしてキズモノのまま返品すれば、その業者は大損です。相手に情をかけるなんて、人がよすぎると思うかもしれませんが、私はそれが礼儀だと思うのです。

もちろん、共繕いしたということを隠して売りつけるのはルール違反ですが、逆の立場、つまり最初から共繕いしたものと知らないで仕入れて、そのまま他の人に売ってしまう可能性もあるからです。

いずれにしても、共繕いの取引というのは、本当に難しい。人間性が問題になってくるからです。

「共繕い」は事前の売買契約で対処しよう

共繕いでみなさんがよく目にするのは、博物館などに陳列されている発掘品や骨董品でしょう。

首がとんでしまった壺を展示する際に、腕利きの修理屋に頼んで再現した首を共繕いでくっつけたものです。このような目的のための共繕いであれば、まったく問題ありません。

しかし、あくどい業者のなかにはこんなことをするヤツもいるということを知っておいてください。

たとえば、三カ所壊れている茶碗の二カ所を共繕いにして、ちょっと見ただけではわからなくしておいて、あとの一カ所は「金繕い」にするのです。金繕いというのは、金漆を使って接着部分を仕上げる方法でして、これは一種の鑑賞に耐えうるものです。逆に、金繕いの風情を味わうこともあります。

それで、悪質な業者は金繕いの部分だけを強調して「これはキズモノですが、いいものですよ」などというわけです。

つまり、傷はその一カ所だけかと思って買ったら実は他にもまだ傷があった、などということがあるのです。一カ所だけを目立たせてごまかす方法です。

そういうゴマカシをもって共繕いをしたものは、もう、贋物といっていいでしょう。特に最近では、そうしたトラブルが多いようです。昔は、今ほど多くはありませんでした。ですから、共繕いに関しては、取引をするときに契約をきちんと交わしておいたほうがいいでしょう。もしこれが共繕いだったらどうするか、ということをあらかじめ決めておいたほうが、トラブルを未然に防げるはずです。

つけ加えておきますが、先ほど、皿の汚れをとるためにお湯で洗ったといいましたが、なんでもかんでも洗えばいいというものではありませんから、注意してください。

たとえば、中国の漢緑釉、唐三彩や加彩《かさい》の焼き物の汚れを落とすために洗っていたら、傷があった、といって、返品してくる方がいらっしゃいますが、唐三彩などはこまかく柔らかい土ですから、水でゴシゴシ洗ったりしたら、まずいわけです。だいいち、味わいが消えてしまいます。何でもかんでも、アライグマの小咄《こばなし》みたいに洗えばいいというものではありません。

美術品の扱い方については、購入した店でよく確認しておくといいでしょう。

ペルシャ陶器の多くは「呼び継ぎ」で作られたもの

壊れた部分をくっつける技術が修復の基本であるとすれば、まったく違うものどうしをくっつけることを「呼び継ぎ」といいます。別のところから違うものを呼んできて、くっつけるということです。

ここに、一部が欠けてしまった茶碗があるとしましょう。その欠けた破片がすでに手もとにない場合、他所から手に入れた破片のなかからピッタリ合う破片を探しだして、それを茶碗の欠けた部分にうまくくっつけてしまうことがあります。

これは、必ずしも贋物作りのためだけに行なうものとはかぎりません。くっつける部分に金繕いを施して、それをひとつの景色として鑑賞する場合も多いのです。

これは、陶器ばかりでなく、銅器などでも見られます。たとえば、殷周時代の青銅器で尊式《そんしき》という形の花生けがありまして、首から上の部分が欠落していた場合に、うまく合いそうな首の部分を別の破損した品からパーツとして探してきてくっつけてしまうことがあるのですが、これは全体のバランスがよくありません。

また、ペルシャ陶器も、ほとんどが呼び継ぎだと思ってよいでしょう。ペルシャ時代の軟陶の陶器が、そのままの形で、いくつもいくつも残っているわけがありませんから。

これは人から聞いた話ですが、イランなどの古い墓地や遺跡発掘場所に行くと、ペルシャ陶器の破片が山ほどあるそうです。それらはすべて十四世紀から十六世紀のものだといいます。そういう破片を山ほどもちかえってきて、皆で輪になって座り込み、おしゃべりしながら、楽しそうに一生懸命くっつけて、ひとつの陶器を作りあげているというのです。

それはもう、パズルの世界。山のような破片のなかから、ひとつずつピッタリ合うものを探しだして、作業を進めていく。気が遠くなるような作業だと思われますが、破片の数も膨大だから、時間をかけて〝パズル〟をしていけば、なんとか形になるのです。しかも、人件費が安い。現地のおじさん、おばさんが一カ月かかって作っても、それほど高い人件費はかかりません。それを日本人に数万円で売れば、もうそれでけっこうな儲けになるのです。

ですから、ペルシャ陶器はまずほとんど呼び継ぎだと思っていたほうが無難です。もっとも、それらはどうしてもバランスが悪いですから、すぐにわかります。

「呼び継ぎ」を楽しむ日本人の美学

けれども逆の見方をすれば、ここまでやれば贋物というよりは、一種の創作と呼んでいいかもしれません。事実、そういう呼び継ぎを楽しむ風習が日本にはあるのです。

ただし、どんな破片でもいいというわけではありません。それが桃山時代の志野や唐津だったとしたら、破片はすべて桃山時代のものでなければいけません。桃山の破片だけで作った呼び継ぎを楽しむのです。

かつての茶人たちのなかには、無傷の信楽が手に入ったのだけれども、無傷ではおもしろくないと、わざわざ口の部分を欠いて、その部分を金繕いして、それを鑑賞した、などという極端な話もあるくらいです。もっとも、この行為はちょっと考えものですが。

これは、日本人特有の美学でしょう。何か不完全なもの、完全でないものを愛《め》でるという、日本人だけがもっているひとつの民族性といえるだろうと思います。春夏秋冬という豊かな自然の変化のなかで日本人は生まれ育っていますから、きっちり白黒つけるよりも、どこかに曖昧さが残っているほうを好みます。決着をつけたがらずに、必ずしも1＋1が2ではないという見方をするのです。

呼び継ぎには、そういう感性が生み出した美学が感じられます。しかも、桃山時代の志野の破片を集めて茶碗を作りあげるなどというのは、いかにも日本人の美意識からくる愛陶精神のこだわりといえるのではないでしょうか。

第八章　お宝はどこに眠っている？

本物の水晶玉なら一本の線が二本に見える

いわゆる「お宝」と呼べるものは、どこにでもあるものではありません。特に最近では、旅先で掘り出し物を見つけることも非常に難しくなっています。本当にいいものは、もうすでに納まるところに納まっているからです。

けれども、海外旅行へ出かけて、いかにも時代の古そうなものを見せられて、それがさも凄いものであるような話を聞かされると、海外ということもあって、「ひょっとしたら……」という感覚に陥りやすい。しかし、そんなものがおいそれと手に入るわけがありません。

私は、よく中国に古美術探訪のため旅行をするのですが、以前、こんなことがありました。

あれはたしか、黄山という山に登ったときのことです。中国にはどこにでも売店があるのですが、その山の頂上にも売店が軒を並べていました。下りのケーブルカーを私が待っていると、大阪から来たという団体客がドヤドヤとやってきて私を見つけ、「あ、中島先生がいる」ってなもんで、いろいろと話しかけてくるんです。

そのなかのひとりが、自分はこういうものを買おうと思っているんだが、ちょっと見てくれないか、という。私はそういうノウハウの切り売りは嫌いだから断わるのが普通なんですが、まあ、せっかくの旅先での出来事ですし、袖触れ合うも他生の縁、ともいいますし、見てあげることにしました。

その人が買いたいものは何かというと、大きな水晶玉でした。直径が十八センチほどもある大きな玉です。私はその大きな水晶玉を手にとって、頬に当ててみました。その感触で、ああ、これはガラス玉だとわかりました。水晶というのは、ガラスよりもヒヤッとする感触があるのです。頬は敏感ですから、私はいつもそうやって調べます。

その方は、それがもし本物だったら買いたいというのだけれども、残念ながら贋物です。とはいえ、これは贋物ですよといっても納得しないだろうから、私はこういいました。

「あなたの髪の毛を一本抜いてごらんなさい」

相手はキョトンとしていましたが、抜いた一本の髪の毛を、私は白い紙の上に置いて、その上に水晶玉をのせました。そして「これ、あなた何本に見えますか」と尋ねました。その人は「一本抜いたから一本に見えます」と答える。

「じゃあ、これは水晶ではなく、ガラスです」

もし本物の水晶玉だったら、髪の毛は二本に見えるはずなのです。水晶にはそんな不思議な性質があります。その人はのけ反るくらい驚いていましたが、骨董商というのはそういうこまごまとしたことをよく知っているものなのです。相手を納得させるための知識、ちょっとした約束事が、頭のなかにいくつもいくつも入っているのです。もっとも水晶玉程度は、触っただけでわかります。

政治家と帝国軍人の蔵にはろくなものはない

本当にいいもの、お宝というのは、そんなに簡単に見つかることもないし、簡単に手に入るものでもありません。いかにもお宝のように見えて実はつまらないものだった、などというケースも山のようにあります。

昭和四十年ごろのことです。今は亡き某大物政治家の家に、ある屏風を届けたことがありました。貿易会社の社長から贈られた中国製の屏風です。なかなか凄いものです。ところが、それは新作の工藝品でした。当時としては、それなりに美術的価値があったかもしれませんが、今だったら中古家具として分類されてしまい、美術品とはいえないでしょう。

このように、他人からいただいたもの、自分でオカネを出していないものというのは、特に注意が必要です。一見すると豪華で高そうなものなのだけれども、売りに出してみると古道具扱いされてしまうということが多いのです。

私の経験からすると、とりわけ政治家の家や蔵にあるのは、そういうものが多いようです。それというのも、当然、贈り物が多いわけで、しかも美意識の高低を見極めるノウハウはたいへん難しく、どうしても新しい工藝品の系統が集まってしまうようです。

加えて、「これは某一流デパートの社長が社員といっしょに運んできてくれたものだ」などと自慢した大理石のテーブルとか、紫檀《したん》のテーブル、あるいは金屏風だの刺繍の屏風だの、真珠で作った五重の塔などという、見てくれの素晴らしいものを力のある人は喜ぶものです。一見して高価そうなものを喜ぶのです。昔の政治家や財閥たちはそんなことはなかったけれども、今は上っ面だけの人々が多いから、ものを見る目もありません。政権が交代したときのこと、新大臣が高杉晋作の書額を見てくれと持ってきました。額を見ただけでオミヤゲ・クラスとわかりました。きっと大臣室に飾るつもりだったのでしょう。その政権は長持ちしませんでしたね。

かつての帝国軍人もそうです。貰い物ばかりだから、ろくなものがありません。第二次世界大戦以前に、中国大陸の東北一帯に軍人がたくさん渡っていって、そこで高級軍人は、満州（現在の中国東北地方の旧呼称）や北京の金持ちからいろいろなものをもらっているわけです。それはもう、たいそうな箱に入っていたり、〝土肥原将軍閣下〟〝板垣閣下〟などと、当時の関東軍の将軍や要人の名前が立派な箱に書いてあったりするものです。

ところが、中身はほとんど贋物です。

だから、政治家や元軍人の蔵を売り立てするから見てもらえないだろうか、という話が来たときは、話の途中で切ってしまうか、丁重にお断わりしています。ろくなものがないと、わかっていますから。

どうにも断わりきれずに行ってみますと、玄関には熊の毛皮だとか虎の毛皮が敷いてあったりするものです。そんなものが玄関に置いてあったら、そこの家には見るべきものがないのは当たり前。「腹痛がしてきた」などと適当なことをいって、私はそのまま帰ります。だって、時間がもったいない。

やはり、貰い物はだめなのです。自分の懐を痛めて、自分の目と自分の感性で探したものでなければいいものはない、これが鉄則です。

カネがなくても情熱があれば宝物は手に入る

たとえば、美術史家で歌人であり書家でもあった会津八一は、早稲田大学の教授をやっていたときに、一生懸命に中国古代美術品と書籍を収集していました。

あるいは、橋本関雪画伯は、自分の絵の栄養とするために、中国や日本の古画を研究し、六朝の土偶など古美術を集めていました。

こういう人たちの収集品は、本当に素晴らしいものです。土偶などは墓から出たものだということで皆が嫌ったから非常に安かったけれども、そういうなかに素晴らしいものが眠っているのです。それが証拠に、この二人の遺品はそれぞれに記念館などに収蔵されていますし、今なお多くの人がそこを訪れているのです。

また、文藝評論家の小林秀雄さんも、それこそ「せめて、素うどんのなかに卵を落として食べたかった」という話を私にされましたが、それくらい赤貧の学生時代に、朝鮮半島の焼き物をせっせと収集しています。貧乏学生だから、高いものを買えるはずはありません。当時、手に入れられそうなものといえば、安い李朝の焼き物くらいです。それを骨董屋に通って一生懸命に集めていたわけです。

それが、今では非常に美術的価値が高まっているわけですから、やはり一流の人間は一流の目をもっているといえるようです。

カネさえあればいいものをもてる、ということではないのです。

カネがないから骨董を楽しむことはできない、ということでもないのです。

カネがある人はある人なりに、ない人はない人なりに、自分の資力と能力を傾けて買えばいいのです。そうして自腹を切って好きなものを追求しつづければ、いいものを見つけることができるのです。

注目すべきは海路や河川で栄えた商業地域

さて、どれほど情熱があっても、お宝の数じたいが少なくなっているのですから、そこいらじゅうをむやみに探しまわったとしても、徒労に終わることになります。

お宝の眠っている場所というのは、ある程度、決まっていますから、それをご紹介してみましょう。

まず第一は、商業的に豊かな流通社会があったところです。

たとえば、瀬戸内海航路。北前船が行き交う寄港地がいちばん可能性が高いといえます。四国であれば、多度津や丸亀など。山口県だったら、柳井などの古い町です。そういう、かつて商業航路で賑わった地域は、チェックしておくといいでしょう。

日本海側に行きますと、大きな河口が穴場となります。最上川であれば酒田です。品物を北前船から小舟に積み替えて、信濃川や最上川などの大きな川を上っていったわけです。そして、その川沿いで栄えた町で荷を下ろす。最上川であれば、新庄という町がありまして、そこは紅花の出荷で有名です。

信濃川上流の千曲川ならば、善光寺平にいろいろな文化が集積していました。さらに上流の上田地方の塩田平などは、信州の鎌倉などといわれていて、今でも当時の繁栄を象徴するかのような前山寺、大法寺、安楽寺などの素晴らしい寺や塔が残っています。

そういうふうに、昔からの海路の寄港地であるとか、大きな川に沿って発展した町や河口の商業地には、ひょっとしたら掘り出し物が眠っているかもしれません。そういう場所を当たってみるのです。

この場合、勘違いしてはいけないことは、考古学的に有名な場所に注目しても仕方ないということです。縄文土器が出た、弥生土器が出た、遺跡が発掘されたといっても、それは考古学的に重要な地ということであって、お宝が眠っている場所とはいえません。

お宝が眠るL字型ゾーン

一方、時代的な切り口から、平安後期以降、鎌倉、室町、江戸時代に栄えた町はどこかということを考えてみるといいでしょう。

それ以前の飛鳥、白鳳、奈良の時代のものは、もはやありえませんから、これは考えても無駄でしょう。絞るのは平安後期以降です。そうすると、どこがその当時栄えていたかというと、大阪を中心とした大きなL字型のゾーンです。大和の国から伊勢へ向かうのがひとつの方向、そしてもう片方が近江、越前、能登というラインです。

このL字型ゾーンは、日本文化の脂身のいちばん濃いところといえるでしょう。

そういう町に行ってみると、民家の白壁は豊かに落ち着いているし、家のたたずまいも何となく奥が深い。そして、いかにも何百年という歳月をくぐり抜けてきたような風格があります。そういうところには、過去に放出していなければ、必ず宝物があると考えていいでしょう。

昨日今日開発して栄えた町が疝《せん》気《き》筋《すじ》ということは、いうまでもありません。要は、鎮守の森がない町はダメだということです。

飛騨の高山のおもしろさ

けれども、そういうポイントにある旧家の蔵を覗いてみても、すでに多くのものが流出してしまっていることも考えられます。

特に、昭和三十九年の東京オリンピック以降はひどいものです。

それまでの日本というのは、何百年前の生活とそれほど変わった生活をしていたわけではありません。ガタガタ汽車に揺られて時間をかけて移動していたし、薪で沸かした風呂に入って、楽しみは映画を見るくらいでした。

ところが、オリンピックを境に新幹線ができ、高速道路ができ、車が急増しました。あるいはテレビが普及して、ガラリと生活が変わりました。それを境に、多くの古い貴重品が流出してしまったのです。家を新築する際に、先祖代々伝わってきた古いものを、単なるガラクタと思って焚き火で燃やしてしまったり、タダみたいな値段で古物商に売ってしまったのです。

また、骨董商も増えすぎました。だいたい、骨董商というのは人口五万人に一軒ぐらいが需要供給からみてちょうどいいといわれています。ところが、今はどこにでも骨董商がいます。

素晴らしい骨董がたくさん眠っているといわれる飛騨高山は別格で、骨董商の多いところです。飛騨の高山という地は、日本海側と太平洋側の交易の中心になっていて、非常に栄えていました。山をもっている人や鉱山主と呼ばれた旦那衆がいました。ですから、全国の名品、古美術が集まってきていたのです。

高山には、旦那衆をお客とする老舗から観光客のための店まで、骨董商がそろっていて、人口に比べて骨董商の数がズバ抜けて多いのです。これは全国でも特殊な例といえます。しかも、誰もが観光旅行を楽しみはじめるようになり、飛騨の高山では、骨董商が上一之町から始まる古い町並みにうまくマッチして、よい雰囲気を醸し出しています。

そのために、旧家の蔵から放出された民具や焼き物は、このような町に集まり、訪れる人々に提供されていくのです。旅に出た人はせめて蕎麦猪口《そばちょこ》のひとつでも買って、旅の風情を楽しむ心をもちたいものです。

大正ロマンを求めて全国行脚へ

とはいえ、お宝探しの旅に出ても、何も見つからなかったという人のために一言。めぼしいものはもう残っていないのか、と落胆することはありません。こんな方法もあるのです。

大正から昭和の初期にかけて、いわゆる大正ロマンが花開いた時代をご存知かと思います。新劇でいえば松井須磨子、文藝ですと有島武郎や志賀直哉、絵の分野なら竹久夢二など、まったく新しい生き方をする大衆文化が誕生してきた時代です。彼らの一部は、都会にとどまることなく、日本全国を旅しました。情熱の作家のなかには、その途中で浮名を流して女性を泣かせたり、藝者に入れ揚げたりしながら、素晴らしい作品を生み出していった人がいます。

そういう人たちが遍歴した場所をたどってみると、その痕跡が意外にも残っていることがあるのです。

または、江戸時代の旅の僧侶がちょっとした書画を残していたり、幕末の山岡鉄舟が宿泊代のかわりに襖に揮毫《きごう》していたりということがあります。

興味のある人物をしっかりと研究してみて、その足跡を自分の足でたどってみるというのも、おもしろい発見がある旅になると思います。

もっとも、こうしたことを逆手にとって、贋物をしかける悪い人間もいるので、注意してください。たとえば、放浪の画家として有名な山下清。彼は、戦時中に長野県諏訪湖の近くの小野町という小さな町に疎開していました。そのときに制作した作品であると称した贋作がいくつも信州で見つかる、といった騒ぎが起きたことがあります。

ですから、どこそこの宿に滞在していた、寺に居候《いそうろう》していた、そのときにこんな作品を残している、といった下調べをきちんとして、うまい話に乗せられないように自分の目を磨いておくことが必要です。そうすれば、ふらっと観光地を訪ねるのとはずいぶん違った、いい旅ができるのではないかと思います。

発展から取り残された古い町が穴場

お宝発見のポイントのもうひとつは、交通から外れた場所、現代の発展から取り残された場所で、かつて商業地として栄えた場所があげられます。そういう場所を細かく丁寧に探していると、案外、掘り出し物を見つけたりすることがあるのです。

ただし、かつて栄えた町であっても、大都市に近く車で一時間もあれば駆けつけられる交通至便な場所は考えものです。

昔、こういうことがありました。大阪の難波から南海電鉄に乗って、はっきりとは覚えていないけれども、河内あたりの駅で降りて、ある大きな屋敷に行ったのです。なんでも、室町時代から十七代もつづいた医者の家で、たしかにすごい家でした。大きな立派な長屋門の脇には人力車の車夫の家まで建っている。当時の医者というのは、たいへん高い身分でしたから、車夫の家まで建てて住まわせていたのです。

そして、さっそく蔵に入れてもらったのだけれども、これが何もない。すでに、大阪の商人たちが入ってしまっていて、めぼしいものは全部もっていってしまっていたわけです。残っていたのは、伊万里の錦手の揃いのものだけ。どうしてそれだけ残っていたのかというと、重いから動かしにくいし、それほどのカネにならなかったからです。

しようがないから、私はその伊万里の錦手の揃いを東京にもって帰りました。当時で二十五万円くらいになったでしょうか。どうやってあんな重いものをもって帰ってきたか、記憶が確かではありませんが、たいした掘り出し物ではありませんでした。

このように、大都市や大都市周辺は、もうすでに商人が入りこんでいますから、何も残っていません。枯渇しています。

ですから、そういう交通至便な大都市からは外れたような古い町を探すことです。古ければいい、どこでもいいというわけではなく、かつて近代まで商業地として栄えた町で、しかもすでに発展から取り残された町、というのがポイントになるといえるでしょう。

さらにいえば、斜陽や過疎化が徐々に進んだ場所は、そこに暮らす人々が活性化を図って、古い建物を取り壊して建て替えたり、さまざまに手を打っていますから、当然、お宝が流出して残っていません。

住んでいる方には申し訳ない言い方ですが、北前船の交易がいきなり鉄道輸送によって途絶えてしまったような町、明治か大正かの繁栄がある時期にプッツンしてしまった町が、お宝の山なのです。

それは、建物と町のたたずまいを見れば、すぐわかります。

財力があって大都市へ行き来した家は狙い目

お宝が眠っている可能性が高い地域や場所についてお話しましたが、今度は、少し視点を変えて、お宝が眠っている家はどういう家かを考えてみましょう。

これはズバリ申しあげますと、先祖がたいへんな財力をもっていて、なおかつ大阪や京都、東京などに買い物によく出かけていた家です。財力はあっても、遠出までしていいものを買おうとする習慣のない家ではいけません。地方の名士や素封家《そほうか》などで、なおかつ大都市へよく出かけていた家が理想的です。

こういう家には、先ほどお話したL字型ゾーンやその他の地域に当てはまらなくても、必ずいいものが残っています。

いいものは、やはり都会に集まります。特に東京、大阪、京都。こういうところで買い物をしていた人の家には、どんなに不便な場所にあっても、必ずいいものが残っているものです。

たとえば、山形県川西町にある掬粋巧藝館《きくすいこうげいかん》は、その代表例といえるでしょう。田んぼが淡々とつづいているのどかな風景を見ながら、山形盆地を車で走っていって、そうしてやっとたどり着くような場所にあるのですが、そこに世界各国の古美術愛好家の目が集まってくるのです。

掬粋巧藝館には、樽平という酒造家の七代目・井上庄七さんという方が集めた名品がたくさんあります。この井上庄七さんは、学生時代を東京で過ごしていて、骨董が好きだったものですから、東京の骨董屋でいいものを見つけては、故郷にもって帰っていたのです。

そのなかのひとつに、世界的に有名な元染付の飛鳳唐草文の八角瓢形大花生けがあります。あるいは、名物の茶道具の茶碗などがあります。みなどれも素晴らしいものばかりです。それらはすべて、井上さんが東京からもって帰ったものです。

長崎の末吉家の名品は大阪で買ったもの

これは私がまだ二十代の若造のころの話ですが、先代の依頼で長崎の末吉さんという、たいへんな名家に茶道具の買いつけに行ったことがあります。

長崎の末吉家といえば、戦国時代に博多から移住した、古い歴史のある名家です。場所を正確には覚えていないけれども、家はオランダ坂の近くの丘の上にありました。長崎市内を眼下に一望できる立派な家です。いろいろと話を聞いてみると、昔、オランダ船や中国船に真水を売る商売をして財を成したということでした。

その末吉家に行ったときのことは、今でもよく覚えています。当時は、新幹線などまだありませんから、東京駅から「みずほ」という寝台急行に乗っていきました。懐かしい思い出です。

さて、さっそく道具を見せていただきますと、これが実に見事なものばかり。それらの道具は、明治二十年代に、大阪の老舗として知られる春海商店から買っているわけです。春海商店といえば、明治時代にチェコのバカラに茶懐石に使えるガラス器を注文しているのですが、このハルミガラスと呼ばれるガラス器はとても高価なもので、何百万円とする代物です。菓子鉢でも五百万円くらいします。とても庶民には手の届かないものばかりです。

末吉家の代々のご主人は、わざわざ大阪まで出かけていって、そのように有名で格式のある春海商店で茶道具を買っていたわけです。それほどの大茶人だし、新しいもの、古いものに対する確かな目をもっていらしたようです。ですから、出てくる道具のすべてがいい。

それらをふろしきに包んで寝台急行の個室に乗って、私は寝ずの番をしながら東京に帰りました。個室なんて本当は予約できる身分ではなかったのですが、その一流の道具のために借りたわけです。

そして、それを東京美術クラブで売り立てをしました。その反響たるや、もう、たいへんなものだったことを、今でも鮮やかに覚えています。

都会はものの「浄化装置」の役割を果たす

もうひとり、紹介しましょう。

やはり、五十年も昔の話です。九州の熊本市に出川茂さんという、これもまたたいへんな煎茶の数寄者で名収集家の方がおられました。出川さんのお宅には、古九谷はある、中国の殷周時代の銅器はある、堆朱の盆、天龍寺青磁の大皿、砧青磁の花生けなど、名品がズラリと揃っているのです。

なんでも、川端康成がその後所有することになる「十便十宜図」という国宝の大雅と蕪村からなる二帖を当時所有していた方の家に、日参して勉強されたそうです。清白軒と号した文人趣味の方なのです。その方がものを買うときは、やはり東京か大阪へ出かけています。

あるとき、売り立てをするということになって、私と親父が呼ばれて出川家に出かけました。座敷にどんどん道具を並べていったのですが、親父は何を考えたのか、それらの道具を紅白に分けはじめたのです。そうして最後には、紅のほうのグループはすべて上等のもの、白のほうはすべて贋物ということになりました。それを見た出川さんがおっしゃいました。

「どうして、中文さんはおわかりになったんですか。白のほうは地方で買ったものばかりです。紅のほうは全部、東京と大阪で買ったものばかりなんです」

うちの親父が答えるには「道具が話してくれました」

これは名言だなと思いました。

そのくらいハッキリ、地方と都会で良し悪しが分かれてしまっていたのです。

もともと出川さんは、いい目をもっていらっしゃったのですが、地方で買ったものは、功なり財をなしたころから買いはじめたものらしい。「自分目利き」という言葉がありますが、ある種の天狗の状態になっていらっしゃったころに選んだものだったのです。

もちろん、白のほうのものだって今であれば相当の金額になるのですが、当時、東京美術クラブに売り立てにもっていって、とんでもない高い金額になったのは、すべて紅のほうでした。

つまり、都会には多くのお客がいて、多くのカネが動いていて、非常に競争が激しいから、もちろん値段は割高になりますけれども、いいものが集まるのです。

かつて私の店に香川県からお客さんがいらっしゃって、古伊万里を買っていかれたことがありました。その古伊万里は、実は香川県で私が買ってきたものだったのです。もし、そのお客さんが地元で買えばもう少し安く入手できたでしょうが、手前味噌になりますけれども、東京・南青山の私の店「からくさ」を通っていったものは、将来、飛躍的に値上がりしていくはずのものなのです。

そのように、都会というのは、ものが集まってまた出ていくという繰り返しのなかで、浄化装置の役割をする、といえるでしょう。

西太后の墓は身ぐるみすべて盗まれた

お宝のありそうな場所というと、他にどんなところがあるでしょうか。

忘れてはならないのが、墓です。

中国の漢字で印刷された新聞を読んでいると「盗掘団逮捕」などというニュースが出ていますが、中国でもかなりの盗掘が行なわれているようです。彼らは、家族をあげて、一族をあげてやるわけなんですが、それを国が嗅ぎつけて一網打尽に逮捕することがあります。

なぜ家族をあげてそんなことをするかといいますと、たとえば漢時代の墓をひとつ見つけたとすれば、数千点から二万点にも及ぶ漢の緑釉の品が出土したりするからです。

それらは昭和三十年代には、一点で三百万円も四百万円もしていました。盗掘によって、一時期この漢時代の緑釉が町にあふれたため、値段が一点十万円以下になってしまいました。たしかに、一度に二万点も出てしまうと価格は暴落するけれども、それでも莫大な金額になります。充分、一族が食べていけるわけです。だから、古い時代の貴人が眠る古墳は、はっきりいって宝の山。そんなわけで、古来、古墳荒らしが後を絶たないのです。

かなり悲惨だったのは、西太后の墓の話。袁世凱を頂点とする軍閥が力を得た時代、その軍備を補充するために、西太后の墓を暴いたのです。そして、副葬品はもちろんのこと、西太后が身につけていた服まですべてはぎ取られ、売り飛ばされてしまいました。清朝末期、血みどろの権謀術数により権力を手中におさめた西太后も、死後には身ぐるみはがされてしまったわけです。

余談ですが、彼女の墓のなかへ入っていくと、万年堂という地下宮殿があって、そこには大きな壺にたくさんの油が入っていて、明かりがこうこうと灯っていたといいます。そして、西太后は数カ月前に死んだはずなのに、その顔は眠っているようなピンク色をしていた、などという話も残っています。

日本にもいた盗掘屋

エジプトなどでは、墓泥棒を生業《なりわい》としている人たちがたくさんいます。ナイル河畔の王家の谷のすぐそばには泥棒村というのがあって、実はこれは、五千年来、先祖代々、墓泥棒を生業としてきた人たちが暮らしているところなのです。エジプト政府はなんとかして、その居住区を撤去したいわけですが、いまだに解決できないままでいます。

日本でも、過去においてそういう人たちはいました。福岡県に水城《みずき》というところがあるのですが、ここにはたくさんの古墳があります。そこには仏教関係の副葬品などが眠っていたために、それらを狙って墓泥棒が暗躍したのです。

彼らはそういうお宝を捜し出す嗅覚が天才的に優れていて、山並みをたたずんで眺めているだけで、古代人がどこに墓を作ったか、わかってしまうといいます。そして、彼らは長い鉄の棒をもって自転車に乗って、フラフラと田野を走っていって、ここだ、という場所にくると、もっている鉄棒を土のなかにズブズブと突き刺すのです。そうすると、カチッと棒の先が何かに突き当たりますから、そこを掘り返して、舎利容器だの須恵器だの銅製の経筒などを探り当てるわけです。

そういうふうにして、お宝はみんな発掘されて、仏教美術の愛好家のところにみんな流れてしまいました。今では、法律も整備され、目も行き届いていますから、こんなことを考える人はいないでしょうが、しかし百年、二百年前の話ではありません。

たとえば、列島改造論が日本国じゅうに吹き荒れた昭和四十年代に、北海道のアイヌ人の墓地が盗掘に狙われたことがあります。アイヌ人にはガラスの首飾りを副葬品として埋める習慣があったといわれ、そのガラスの首飾りを狙った盗掘です。それらはもともと江戸で作られたものであって、松前藩が北海道にもっていって、アイヌの人たちと物々交換したものなのです。それらが、盗掘にさらされたのです。

沖縄でもおなじようなことがありました。琉球には、大きな墓のなかに、初期伊万里の一輪挿しに御幣《ごへい》をさして一対入れる風習があったのですが、その初期伊万里の一輪挿しを目当てに、悪いヤツが墓荒らしをした時期があります。今から三、四十年前でしょうか。それで、ことごとく盗まれて、収集家の手に渡ってしまったわけです。

あるいは、東京の青山墓地にある志賀直哉の墓が掘り起こされて、遺骨の入っていたある名工の手になる骨壷だけが持ち去られた、などという事件が起きています。

いくら趣味人といえども、自分で他人の墓を掘り起こしてまで、いいものを手に入れようと考える人はいないでしょうが、盗掘品が流れ流れて骨董屋の店に飾られていたのも事実です。

もちろん、今では文化財保護法という法律がありますから、盗掘は処罰の対象になっています。

もっとも、墓のなかに文字どおり眠っていたお宝は、時代の荒波を受けて、北から南まで被害にあったのですが、それによってその品が有名になるなど、皮肉なものです。

いずれにしても、お宝発見の夢を追いかけるのは、なかなかたいへんな時代であることだけは、間違いありません。

第九章　時代とコレクターたち

贋物が並ぶ壮大な美術館

美術品は、優れたコレクターがいて初めて、未来へとつながっていくものです。そういう意味では、美術品とコレクターというのは切っても切れない関係にあります。そこで、ここでは美術品とコレクターの関係について少々お話しておきましょう。

あれは、大阪万博が始まる前のことでした。万博会場の近くに千里ニュータウンというのができたばかりのころ、その近くに、今はもう亡くなられたある石油会社の創立者が、たいへんな美術館を建てたのです。

大阪の箕面市の、なだらかな丘陵地帯を背にした素晴らしい環境です。遠くからそこを望むと、中国の永楽帝の墓所である長陵のような大きな屋根と土台をもった白亜の建物が、忽然と建っているように見えます。美術館には、さまざまな骨董品が並びました。

その創立者のご子息は、立派な紳士で、今でもご存命であれば八十歳くらいかと思います。その方が私に、美術館の品々を見てもらいたいといってこられました。これから万博が始まるので、父が集めた美術品を収めた美術館をオープンしたい、そしていろんな方に来ていただきたい、ついてはまず私に見てもらいたい、とおっしゃるのです。

当時、私はまだ二十四、五歳くらいでした。まだまだ若輩者だったのですが、親の名前があったことと、同業者《なかま》との関わりがあったものですから、呼ばれたのでしょう。

そして、その美術館に入ったのですが、驚きました。

まず、入口には〝豊臣秀頼公ご幼少のころご愛用の御木馬〟というのが置いてありました。子供が乗って遊ぶあの木馬です。といっても、それほど古いものではありません。

これはもう、落語の世界の話です。ドライブインなどには〝浦島太郎が置いていった釣竿〟だとか〝天女の羽衣〟といったものが陳列されていることがありますが、その木馬も似たりよったりのものです。そこで十円か百円払って見たりするもの。そういうジョークとしかいいようのないものが、大真面目に並んでいるのです。あるわあるわ、ことごとく贋物なのです。

かりにそういうものが存在していたとしても、そんなものが美術館の入口に置いてあるなどということはありえません。もしあったら、それは重要文化財とインチキのどちらに転んでもいい紙一重のものです。

もちろん、なかにはオッと思うものもあるわけで、豊臣秀吉が行なった北野の大茶会を描いた六曲一双の屏風がありました。それはなかなか見事な屏風です。たしかに、洛中洛外の屏風とおなじように茶会のようすが細密に描かれています。しかも、屏風じたいもたしかに江戸初期ぐらいのもののようです。

ところが、その屏風に描かれている人物、鳥、花などの半分くらいは、飛び込みでした。飛び込みというのは、後世になって、新たに人物や鳥や花などを描き加えること。一種の贋物といえるものです。

そうした飛び込みによって、いかにもおもしろおかしい絵柄になっているのです。まあ、おもしろおかしいのはいいのだけれども、それによってオリジナルがぶち壊しになっているのです。

その他に目を引いたものに、記憶がハッキリしていないけれども、中国の漢の鏡がありました。重要文化財に指定されているその鏡は、割れていましたが、いいものでした。展示物で唯一のいいものは割れていて、金銭的価値は低いのです。きっと、贋物を売りこんだ悪いヤツが世間をごまかすために言い訳で置いたのでしょう。

漢鏡というのは、日本全国の古墳からけっこう出てきています。出所がはっきりしていれば、考古学的な価値がありますから、重要文化財になることがあるものです。

そういう漢鏡もあったけれども、あとはことごとく贋物。まあ、見事なくらいに贋物がそろっていたのです。

物を見る目がない人は、人を見る目もない

当時の私は正義感の強い青年でしたから、こんなものをオープンして全国の人たちに紹介するのはよくないのではないかと思いまして、私をそこに連れていってくれた方に、それとなく申しあげ

ました。そして、その方がうまく美術館をオープンしないように、話をふりだしへ戻してくださったのです。

その後、その美術館がどうなったか知りませんが、やはりそのようなコレクションをしていたということが、のちにその石油会社が没落することにつながったのではないかと、私は思うのです。その会社が潰れて別の新しい企業に生まれかわったわけですが、そういう原因の根本的な要素のひとつに、ものを見る目のなさというのがあるかもしれません。

もちろん、いちばん悪いのは、騙した業者です。大金持ちの大会社の創立者に、贋作をつかませたヤツです。

その悪い業者についての話を聞いてみると、これがなかなかの策士です。毎日毎日、京都や大阪の料亭に古美術関係の学者を呼んで、藝者をあげてのドンチャン騒ぎをしていたそうです。そして、本物であるという認定をしてもらうための工作をしていたらしい。その間、うまいぐあいにその石油会社の創立者に取り入って、贋物をつかませていたようです。

その後、この業者は没落してアッというまに消えていったそうですが、まったくひどい業者がいるものです。本筋のメジャーの骨董業の世界では生きていけないけれども、裏街道というか、裏の世界では一時的に成り上がる業者です。大きな時代の変わりめに出てくる連中です。この時代は、所得倍増計画で、日本列島が沸いたころに当たります。

そういうペテン師は周期的に出てくるものですが、根っこがしっかりしていないから、結局潰れて消えていきます。大詐欺師といっていいでしょう。

けれども、贋物を買った創立者にも問題があったと思います。事業家としては優れていたかもしれないけれども、人を見る目というのが欠けていたのかもしれません。だから、一時的な風雲児の詐欺師に騙されることになって、贋物ばかりの美術館ができてしまったのではないでしょうか。それとおなじような遠因によって、事業自体も衰退していったのではないかと、私は思うのです。

やはり、ひとりの人間が収集した美術品を見ると、その人のものを見極める目や人間性というものがわかるような気がします。ものを見る目がない方は人を見る目もありませんし、逆にいいものだけを手に入れている方はいい人間関係を築いているように思います。これは、私が長年古美術に携わってきた感想として、いえることです。

一九五〇、六〇年代に大企業が集めた一流品

出光石油が開いた出光美術館は、日本を代表する素晴らしい古美術の殿堂になっています。出光石油の創立者がいかに優れていたかということは、彼が小山冨士夫さんを役員として迎え入れたことにも表われていると思います。

小山さんは立派な学者で、本当に素晴らしい古美術品や資料の収集を残しています。出光美術館で有名なものは、色絵彩磁の天才、板谷波山《いたやはざん》のコレクションです。端正な作品をいくつも残し、「波山の前に波山なく、波山の後に波山なし」と讃えられた板谷波山のいいものは、ほとんど出光にあるといっても決して過言ではありません。

そういう本当の一流の学者を迎え入れたり、優れた作家の作品に力を入れたというのが、創立者である出光佐三氏の人を見る目の凄さであり、一流の証明といえるでしょう。

石油会社というのは莫大なオカネを動かすわけですから、その金額から見れば、コレクションに費やす金額などは微々たるものといえるはずです。しかし、全体のなかでわずかのシェアを占める事業が、そのままその企業を表わしているように思います。

ここで、大企業と美術品の関係を時代ごとに若干見てみましょう。

まず、昭和前期のコレクションには素晴らしいものがあります。代表的なものは、阪急電鉄の逸翁美術館、東武鉄道の根津美術館、東急電鉄の五島美術館など、鉄道王のコレクション。これらが、ひとつの時代を作りました。

これらは、明治時代からずっと受け継がれてきた伝統的な美術品を吸収していきました。大名や名家の売り立てなどによって収集が行なわれ、豊かに満たされた本物の逸品ばかりです。鉄道王たちは、日本人のもっている茶意識とか古美術の趣好をしっかりと理解把握して、美術事業に打ちこんでいたわけです。

そういう伝統的なものを吸収して形成された美術館というのは、時代を超えて残りました。もちろん、それ以前の、たとえば岩崎弥之助、小弥太氏などの三菱財閥の創業者たちが、大正時代に設立した静嘉堂文庫美術館や、三井家の名宝を収めた三井記念美術館があります。

新時代の到来を感じさせた一九六〇年代のコレクション

つづく一九六〇年代のコレクションを代表するのは、安宅産業の安宅コレクション、リッカーミシンの平木コレクションの浮世絵、そして東洋バルブの北澤コレクションです。

これらは、昭和前期の鉄道王や大事業家が集めたものと違って、新しい美意識に目覚めたコレクションといえるでしょう。

安宅コレクションは、当時としては非常に斬新な李朝のコレクションです。

李朝のものは、いまでは誰でも素晴らしいものだとわかっているし、母国である韓国の人々も一生懸命力を入れて収集していますが、当時としてはそれほど認知されていなかったのです。

もちろん、私たち業者はその値打ちを知っていましたが、一般的ではありませんでした。特に、安宅産業が倒産した後、住友グループがカネを出してコレクションを買い取り大阪市に寄付をしてできた大阪市立東洋陶磁美術館には、世界的な高麗青磁の名品が集まっています。本当に素晴らしいものです。またさらに、一般には知られていませんが、モーツアルトの楽譜など音楽関係のコレクションも、会長の安宅英一氏の業績として、世界的に注目を集めています。

また、リッカーのコレクションは、これまでないほどの膨大な重文を含む五千点もの浮世絵のコレクションに目をみはるし、東洋バルブの美術コレクションも長野県の宝となっています。

これら三つに代表されるコレクションは、それぞれ斬新な新しい時代を感じさせる素晴らしいものだったのですが、残念なことに、母体となった事業会社がうまく時代を乗りきることができませんでした。経営もうまくいかなくなって、結局、時代に背を向けられてしまったのです。人は優れているけれども時代の波に乗れない、ということもやはりあるものです。すでに経営者が美術三昧《ざんまい》にふけるほど、世の中が甘くなくなってきたのです。

ただ、救われたのは、安宅コレクションを住友グループが押さえて大阪市に寄付したり、リッカーのコレクションにしても、リッカーは倒産したけれどもコレクションはなんとか生き残って平木浮世絵美術館として再生してくれたりしたことです。

虎は死して毛皮を残すといいますが、あのころの企業もまた、死して優れた世界的な美術品を残してくれる結果となりました。

そうしたコレクションをいま、アメリカが買うとしたら、それこそひとつの州の予算をもってこないと買えないくらいです。それほどの財産なのです。

これが、一九六〇年代から一九七〇年代にかけての動きです。

バブル時代のコレクションはカスだ

さて、どうしようもないのが、一九八〇年代後半から一九九〇年代初めにかけて起きたバブル時代です。

この時期に企業が集めたものは、いいも悪いもあったものではありません。ただただ金儲けだけのために走りまわって集めたものだから、教養も何もありません。何の知識も、ものを見る目もない連中が、何百億、何兆円というカネを注ぎこんで買ったのですが、ゴミでしかないようなものが多すぎます。

企業にかぎらず、一般の人たちも含めて、あらゆる人がバブルに乗っかって「財産として」の美術品を買いあさったのは、周知のとおりです。

しかし、美よりもカネが先走っていたから、本物を見極める目が狂ってしまったのです。せめて金の延べ棒でも買っておけば、いくら目減りしたといっても、半額くらいにはなっただろうに、美術品はもうどうしようもありません。目をつぶってドラム缶にぶちこんで、海に捨てるしかないのです。

そんなゴミのようなものが、金融会社の担保物件として倉庫に眠りつづけていました。銀行をはじめとする金融会社は、気が遠くなるような莫大なカネを美術品に注ぎこんでおきながら、倉庫に眠らせつづけていました。清算をしなければいけないわけですが、誰もそんなゴミは買いませんでした。そのツケを、政府や金融機関や投資家は、何十年にもわたって支払いつづけていかなければならなかったのです。

「カネ」に惑わされる人間の欲が悲劇を生む

ですから、バブルが終わって、悲惨な結末を迎えた画商は山ほどいたはずです。私と面識があった四十歳くらいの画商が「私には借金が五十億あるんです」と恥ずかしげもなくいうのですが、そんなカネ、親子四代にわたっても返せるものではありません。

そういう人たちを出してしまった桁外れのバブルが、日本人の心まで麻痺させてしまいました。おごり高ぶって、狂って、いい気になって、信用と資産をゴミとしかいいようのない程度の低い美術品に換えてしまいました。日本人が戦後五十年間、平和を保って、そのなかで心や美というものを省みる思慮もなく、未来に投資することをやめ、目先の金儲けだけに狂って、ただただ経済優先の路線を突っ走ってきた結果がこれです。

過去、似たようなことが十七世紀のオランダでもありました。「チューリップ投機」です。チューリップといいますと、オランダが本場と思っている人もいるでしょうが、あれはもともとトルコから輸入されたものです。それがオランダにうまく根づいて、しだいに産業として盛んになっていったのです。どんどん盛んになっていって、ついには球根ひとつがいまの値段で何百万円にもなりました。

これは一種のバブルです。

その「チューリップ投機」でオランダは沸きに沸いたのですが、しばらくするとその景気は、はかなく消えていきました。そのため、自殺するチューリップ業者が数限りなく出ることになります。いつの時代でも、どこの国でも、人間の欲望から生み出されたうまい話から、こういう悲劇が生まれます。また再び、日本でも起きる可能性がないとはいえません。人間が問題なのです。本当の目をもっていて、物事の本質を見ることができる人間が増えないかぎり、悲劇はまた繰り返されるでしょう。

バブルの時代にあっても、馬鹿げた品物やカネには目もくれず、地道に頑張ってきた美術商は、いまでも健在です。バブルで大儲けしていた企業やデパートにもち上げられた美術商、特に画商が、軍艦のようなキャデラックを乗りまわしていたころ、ささやかな国産車を運転していたような画商は、いまも生き残っていて、いいものを扱っています。

彼らは、健全な美の伝導者です。

これは、カネではなく見てくれではなく、内面的な美意識に根ざした業者は、どんな時代になっても、どういう状況になっても生き残れるということの証明です。

バブル時代のA級戦犯はいったい誰だ？

美術や骨董に関わる業界のなかで、そういうバブルの渦に巻きこまれなかったのは、なんといっても古書画・古書籍商でしょう。東京・神田の古本屋さんや全国の古書画商です。

この人たちは、古物、趣味のものを扱う業者のうちでのいちばんのジェントルマンです。金儲けよりも、本物を見る膨大な知識と目を大事にしてきた人たちです。だからこそ、これまでも優れた古書籍商が出てきたし、平安時代や鎌倉時代の経巻や和歌集などの国宝級の書籍を発見、保存して、日本文化に貢献してきたのです。

ところが、バブル時代の地上げで、神田の老舗も標的とされてしまいました。立ち退きや閉店を余儀なくされた人も、少なくなかったのです。まったく狂った時代でした。

古書籍商のつぎに位置するのが、私たち古美術商です。骨董品を在庫でもつには資本もかかります。負担の重いカネもいるけれども、知識や趣味や眼力も必要です。だから、古美術商は商人の鋭さももっているけれども、趣味人としての良識ももっています。

最悪なのは、この時代に権勢をふるった一部の画商です。彼らは、絵を株や金の延べ棒や土地とおなじように考えていたのです。絵を売っているのではなく、壁に掛かった土地を売っているようなものだったのです。縦縞の背広を着て、軍艦みたいなアメリカ車に乗って、絹のマフラーをして、札束を数えていたのです。こういう連中がバブル時代の絵画を動かしていたのです。

なぜ、バブル時代の骨董品には価値がないのか？

では、なぜ、このバブル時代に値上がりした絵画や骨董品には、その値段に見合うだけの価値がないといえるのでしょうか？

買う側について見てみると、昨日まで絵など買ったことがないような人たちが、大金を手にしたために、余っているオカネでひとつ絵でも買ってみようかと思う。あるいは、絵で金儲けをしてやろうと思う。

こういう客がどんな絵をほしがるかといいますと、一見して高価な感じのするものです。しゃれこうべの絵などは買いません。ちっとも美しくない女性の肖像画は買いません。やはり、富士山であり、美女であり、バラなどの絵です。全国の成り金たちが、バラの絵を欲しがったものです。

さらに、そうした絵の注文を受けた画商やデパートの外商部の人たちが、その絵をもって飛行機で飛びまわる必要が出てくるから、サイズとしては手で抱えられる十号くらいまでのものになります。そのくらいのサイズで売れ筋の絵を、画家にドンドン発注します。五百万円の絵を十枚、五千万円の絵を五枚というふうに。

そういう需要のもとで、画家たちもくだらない絵を量産します。弟子を十人も二十人も使って、部屋じゅうに並べられた十号のキャンパスに、流れ作業で片っ端から絵の具をのせていくのです。こんな状況でいい作品が生まれるわけがありません。しかし、成り金たちは、ありがたがって何千万円、何億円と注ぎこむわけです。

また、本当に素晴らしい絵があっても、儲けるためにとんでもない仕掛けをすることもありました。

たとえば、加山又造画伯という、現代の日本美術界を代表する、浮世絵の系譜を継ぐ素晴らしい画家がいます。この人の作品で六枚折の屛風があったのですが、それを画商たちはどういう売り方をしたかといいますと、屛風をバラバラにして、それぞれ一枚ずつを額に入れて六点にして売ったのです。しかも、一枚を何千万円という値段で——。

六枚折の屛風を手が届かない値段で売るよりは、もう少し安い金額で、しかも個別に売れればその合計額が六枚折よりずっと高額になるように売ったわけです。

そんなものは、もはや作品ではありません。骨董業界にはキズモノを呼ぶ「残念物」という言葉がありますが、まさに「残念物」。

安いと売れない、高いと売れる?

骨董の世界にも同様の事態がありました。

いかにも高そうな金地の蒔絵や硯箱、あるいは金彩銀彩を施した焼き物、宝石をあしらったものなどが、本当はくだらないものなのに高く売れたりしたのです。

あるいは、栄誉ある勲章をもらった作家です、展覧会の審査員です、有名な工藝作家の二代目です、そういった肩書をもった人たちの作品、いわゆる銘柄が決まったものが、その良し悪しに関係なく、高く売れました。

著名な作家の作品にだって、駄作はあるに決まっています。それなのに、しっかりとした鑑識眼も研鑽もなく、ただ銘柄だけで莫大なカネを注ぎこんで買うわけですから、ろくなものが残らない。

有名な話があります。

ある骨董業者が、かなりいい蒔絵の作品に二百万円という正札をつけていました。なかなか売れなくて、その業者はゼロをひとつつけ加えてみたといいます。二千万円。そうすると、即日売れてしまったのです。

それがバブル時代の価格というものです。

二千万円で買った人が、バブルが弾けてカネに困って売りに出しても、百万円が関の山。せめて買値の半値で買ってくれといったって無理な話です。

こうしたことが、何千万円、何億円という絵画の世界で繰り返されていたわけですから、バブル時代に値が上がったものがいかに価値がないか、おわかりになるでしょう。

もっとも、バブル時代の功績がなかったというわけではありません。

バブル期の好況が、美しいビルや建物をたくさん作って街を美しくしたし、あるいは文化の面でも、行き詰まっていた伝統藝能に活性剤を与えたりもしました。細々と息をつないできた楽団や芝居が一気にメジャーな存在になって息を吹き返したし、大相撲の国技館だってあんなに立派なものができました。

けれども、そういうことを差し引いても、バブルの罪は計り知れないといえるでしょう。

これまで、それぞれの時代の美術品について縷々《るる》書き留めてきましたが、これから先、どういう骨董・美術品の流れが生まれてくるかはわかりませんが、ひとつだけいえることは、本当に美術品を愛し、そして見る目をもった人間がいないかぎり、いいものは集まってこないということです。

「からくさ」開店！　大金はたいて買った初期伊万里

私が、茶道具などを捨てて、ブルー＆ホワイトだけを扱う専門店「骨董屋からくさ」をオープンしたのは、昭和五十年の四月十四日。四・一・四のかぶで大安という縁起を担いだのです。そして、開店にあたって何かしら大きな目玉商品がほしいと思って購入したのが、共蓋の初期伊万里の水指しでした。

その水指しは、いわゆるひび焼の手で、共蓋のつまみには瓜が象《かたど》られています。染付の文様は、塩屋から霊気があがっているような不思議な絵柄の水指しででした。

これを、六本木のある先輩業者から買いました。当時のカネで二百二十万円、大金です。

最初、「からくさ」ではそんな高価な品を売るつもりはなかったし、また買う人もいないだろうと思っていましたから、もっぱら染付の安いものを主力商品と考えていました。二、三千円の蕎麦猪口や角皿などを、近くにあった高級スーパー紀伊国屋へ買い物にくる上流夫人たちに売る商売を考えていたのです。

けれども、自分の勲章として名品を一点でいいから飾ろうと思ったわけです。それで、血の出るようなオカネをかき集めて、二百二十万円の水指しを買ったのです。そして、三百五十万円の正札をつけて店に置きました。

さて、開店から一カ月もしないころにお見えになった戸栗亭さんのことを、ご紹介してみたいと思います。

この方は、戸栗美術館を作った人で、私がこれまでおつきあいしてきた多くの骨董収集家、趣味人のなかでも忘れられない方のおひとりです。

大実業家が初期伊万里に目をつけた

当時、戸栗さんは建設業者の最右翼でして、まさに飛ぶ鳥を落とす勢いの凄腕の実業家でした。その方がフッと店に来られたのです。

そして、その共蓋の初期伊万里の水指しを見て、こういわれました。

「これはいくら?」

「三百五十万円です」

「いくらかまけておけ」

「じゃあ、三の並びにしておきましょう」

三百三十万円。これも縁起を担いだわけです。

そしたら「よし、もってきてくれ」と戸栗さん。

それを箱におさめて、青山通りにあった戸栗さんの会社に伺いました。

「どうもありがとうございました。お届けにまいりました」

といいますと、戸栗さんはいきなり五百万円の小切手を私に差し出したのです。そして

「百七十万円のお釣りを現金でよこせ」

いくらなんでも、これはひどい話です。若かった私は憤然としました。いくら私が若くて駆け出しだといっても、見ず知らずの方から小切手を受け取って、しかも現金でお釣りを払うような危険な取引はしたくありません。そう申しあげると、

「これは俺の、戸栗のサインをしている小切手だぞ。信用しないのか」「信用するもなにも、初めてお会いして、初めての取引に、こんなことはどんなことがあってもできません」

そうすると、戸栗さんは怒って「もういらないから持って帰れ」という。

私も「ああ、持って帰ります」といって持って帰ってしまいました。

正直なところ、そのとき私は三百三十万円のオカネがほしかった。喉から手が出そうなくらいにほしかった。銀行にもカネを返さなくてはいけないし、いろいろな仕入れもしなければいけない。まとまったカネがほしかったのです。

しかし、グッと我慢したのです。ここで負けたら、一生心に傷が残ると思ったからです。

駆け引きには一歩も引かない

それからしばらくして、秘書が飛んできて「うちの社長が、申し訳ないことをした、自分が間違えていた、もう一度きてくれないか、と申しております」という。

ああ、わかってくれたのだと思って、またその水指しを抱えて出かけていきました。

「先ほどは私も若いもので口が過ぎました。だけれども、私には私の信念がありますので」といいますと、戸栗さんは「いや、悪かった」とおっしゃって、このときは百万円の束を三つポンポンと積んだのです。

それを見て私は「アレ、また値切るのか」と、また憤慨して帰ろうとしました。すると、今度は後ろにあった大きな金庫を開けて、二十円の収入印紙で十万円分の束を三つポンポンとよこしたのです。三十万円は収入印紙で、というわけです。

郵便切手や収入印紙というのは、一回売ったら、郵便局は引き取りませんから、カネになりません。それで驚いて「収入印紙はカネになりません」と答えると、「日本国家が出したもんだぞ」という。

「国家が出したものであろうと、カネになりませんからお断わりします」

「じゃあ、もう十万円現金を出すから、二十万円は収入印紙で受け取ってくれ」と戸栗さん。まあ、そこまでおっしゃったわけだから、結局、三百十万円の現金と二十万円分の収入印紙を受け取りました。ちなみに、当時の収入印紙は一枚が二十円です。

どうして戸栗さんはそれほど収入印紙で払いたかったのか、私には判然としなかったのですが、のちになってようやくその理由がわかりました。

「どうして、あのとき戸栗さんは収入印紙をわたそうとしたのですか」

と尋ねてみると、カラカラと笑って答えられました。

「いや、あれは裁判所に経費として認めてもらうために、十億円の収入印紙を買っていたんだよ。その後、その処分に困って、君にも二十万円もってもらったんだよ」

当時、戸栗さんは脱税事件の嫌疑をかけられていて検察と争っていたのですが、十億円の収入印紙を買って、その分を経費として認めてもらったわけです。それを値切りの材料としたわけです。

一枚二十円ですから、十億円分の収入印紙なんて、とんでもない数だったでしょう。トラック一台分くらいあったのではないでしょうか。

私はといえば、第一、そんな莫大な売上げなどないのですから、収入印紙は何の役にも立ちません。

ところが、偶然にも、ある地方の知り合いの同業者《なかま》が「中島さん、その収入印紙をぜひ分けてください」といってきたのです。なんでもその人は、かなり儲けたらしくて税務署に査察に入られたのです。なんとか経費としての領収書がほしい。ところが、当時の収入印紙は最低貼付価格が五十円になっていたため、それ以前の二十円時代の領収書がほしいというのです。それで、二十円の収入印紙を探していると。

結局、何の役にも立たない収入印紙が三十万円で売れて、私はその分も儲けることができました。

頑固な骨董商とシビアな客のその後の関係

この一件があってから、私は取引先との変な妥協を決してするまいと心に誓いました。そんなことをしていたら、この「からくさ」はいつまで経っても大きくならないだろうと思ったからです。

その後も戸栗さんは店にお見えになったけれども、取引はお断りしていました。

「申し訳ございませんが、私は真面目な商売をしておりますので、今後、おつきあいはさせていただきますが、商売はできません」と。

それ以降、延々と十数年来、戸栗さんがいらっしゃっても、私も頑固ですから、品物を売ることはしませんでした。しかし、だんだんと戸栗さんは私の言い値で、正札でもって値切らずに買ってくれるようになりました。個人的にも特に親しくさせていただいて、胸襟をひらいて酒を飲んで、昔話に花を咲かせることもありました。

そういうなかで、戸栗さんの実業家として腕を磨いてきたそのシビアさ、回転のはやさを、少しずつ理解できるようになりました。また、骨董商に抱いていたある種のガード、つまり骨董商というのはちょっとでも心を許すと、すぐにつけこんできて変なものを売りつけたりするから、自分は少しでもいいものを安く買おうとしているんだ、という姿勢を理解することもできました。

戸栗さんのところに行きますと、蕎麦猪口だとか白磁の向付《むこうづけ》だとか、私のところから買っていただいたものがずいぶんあります。また、戸栗美術館の目録を見たり、展覧会を見たり、あるいはあの初期伊万里の水指しを見ると、私は当時を思い出して、なんともいえない懐かしい感慨を抱くのです。

三十年前に取引した徳利との驚きの再会

さて今度は、栗田美術館を創設した栗田さんという方について、書き留めておきたいと思います。この方はトップクラスの総会屋として財を成した方で、同時に趣味人としても非常に優れた方です。ただ、あまりにも個性が強烈な方ですので、私はつい熱風を避けてしまうのですが、特に里帰り伊万里のコレクションに関しては、右に出る者はいないでしょう。誰もその価値を認めないころから一生懸命に買い集めていらっしゃいました。伊万里や鍋島にあれだけ打ちこんだという点では、世界一といえるでしょう。栗田さんがいたからこそ、伊万里が今日の値段を確保して、多くの業者が取引できるようになったともいえるのです。

一九九〇年代の後半、テレビの『開運！なんでも鑑定団』の収録で、栃木県の足利へ出かけていって出張鑑定をする機会がありまして、その際、期せずして栗田美術館で私が登場するシーンを撮影することになりました。

そのときに、栗田さんの秘書の方が「館長が館長室でお待ちです」といわれました。土俵をお借りしているのですから、ご挨拶に行かねばなるまいと思いましてお邪魔しました。すると、栗田さんは、おもむろにひとつの桐箱を取り出してきたのです。蓋を開けて見せていただいて、私はハッとしました。それは、当時としては三十年も前、私が今の西麻布、当時の麻布霞町に中島美術店という店を出しているころに、栗田さんに買っていただいた徳利でした。

それは、薩摩平佐《ひらさ》の染付の徳利で、按摩がフンドシを外して女中を追っかけているという、非常におもしろい絵柄のものです。それを、当時、二十七万円で買っていただきました。

その徳利を取り出して、栗田さんは「どうだ？　思い出があるだろう」とおっしゃった。

三十年ぶりにお会いした栗田さんは、私が来るというので、何千点、何万点とある収蔵庫のなかから、その品を取り出して見せてくれたのです。栗田さんの、そういう人間や品物に対する限りない愛情に、私は強く心を打たれました。

いつ、どこで、誰から買ったなどということは、数千点もの品物があるのですから、なかなか覚えているものではありません。しかも、三十年も前のこと、まだ駆け出しの若造から買った品物です。それをしっかりと覚えていて、わざわざ見せてくれるという、ひとつひとつのものに対する愛着、取引に対する思い入れ、そうした収集家としての心意気に心を打たれたわけです。一種の凄味すら感じさせます。収集家としての神髄です。これがやはり、栗田氏が今日の栗田美術館を作って、伊万里の世界に君臨している、大きな要素であるはずです。

偉大な道楽の集大成、松岡美術館

骨董の収集というものは、栗田さんのように、ものに対する並々ならない情熱をもって行なう方がいる一方で、実業家の偉大なお遊びとして行なう人もいらっしゃいます。いわゆる最高の道楽です。

松岡美術館を作った松岡さんという方をご紹介しましょう。この方は、倉庫業を主体して財を成した実業家で、晩年、まさに〝偉大なお遊び〟として骨董収集を選ばれました　この方は、オークションなどでどうしてもそれを手に入れようと思うと、相手が一億でも二億でも、必ずそれ以上の金額を出して競り勝つ人です。ですから、たとえば中国の元時代の釉裏紅《ゆうりこう》の壺だとか唐三彩など、世界的に優れた名品をたくさんお持ちです。

私も一度クリスティーのオークションでお会いしたことがあるのですが、そのとき、どういうわけか松岡さんは、明治出来《でき》の京焼で藝者が踊っている人形の置き物を数百万円で競り落としました。

しかし、私の目からすれば、フジヤマ・ゲイシャ・サクラなどを図式化した明治のものなど、藝術的には程度の低いものに感じました。ところが、競りおわったあとの松岡さんは「どうだ、いいだろう」と満足げ。どうして松岡さんほどの方が、明治の京焼の藝者人形をお買いになって喜んでいるのかと、私は不思議に思いました。

今考えてみると、あの方は、骨董を収集するという趣味に自分の晩年と財産を尽くした人です。だから、ものの良し悪しが収集の基準では決してないのです。自分がおもしろいと思ったものを、その評価が低かろうが高かろうが、一生懸命に集めることが楽しいのです。評価は二のつぎ。つまり、松岡さんにとっての骨董収集は、買い物のお遊びだったといえるのではないでしょうか。

そんなひとりの実業家の偉大なるお遊びの集大成が、松岡美術館です。そのせいでしょうか。松岡美術館のコレクションには朗らかな明るさがあります。

一流の収集家になりたいなら一流の業者とつきあえ

これまで紹介してきたように、一口に美術館といっても、収集のコンセプトはさまざまあります。戸栗美術館ならば色絵鍋島と中国陶磁器。栗田美術館ならば里帰り伊万里。一流の専門家の古美術業者が、それぞれの専門を極めて、収集事業に参画しています。決して遊びという感覚はありません。

ところが、松岡美術館は偉大なお遊びです。ですから「松岡さんは、十億円を使って一億円の収集をした。常磐山文庫を作った菅原通済さんは、一億円を使って十億円の買い物をした」なんて古美術商に揶揄《やゆ》されることが多いのです。

この松岡さんの買い方の特徴のひとつに、骨董業者からは直接買わないということがあげられます。必ずオークション、競りで買っているのです。個別に売りこんでくる古美術商というものを信用されていなかったのでしょう。

ですから、日本の業者でもヨーロッパの業者でも、松岡さんに買ってもらおうと思うときは、クリスティーなどの競売会社が行なう競りに出品していました。そうして、松岡さんの顔色をこっそり見ながら、松岡さんが一万ドルといえば二万ドルといい、三万ドルといえば四万ドルといって、高く高くハメるわけです。

そんな舞台裏もあったことから、「十億円を使って一億円の収集をした」などといわれていたのです。でも、口惜しかったらやってみろ、といわれても真似はできませんが。

オークションというのは、一種の陶酔みたいなものです。競りに勝って自分の手に落とした瞬間のあの達成感、相手の上をいったという勝利感は、一度味わうと病みつきになります。私たち業者であっても無我夢中になるし、本来なら百万円程度のものを二百万円で競り落とすこともたびたびです。

けれども、私たち業者が夢中で競り落としたものは、自分にそれだけのカリスマ性や経験があれば、多少高く競り落としてしまっても、必ず賛同者が出てきて、買ってくれることになるものです。ところが、素人の場合は、裏付けが弱いですから、いざ売ろうとしたときには、購入金額の五割にも満たないことが多いのです。

そんなことからも、松岡さんのように業者とのつきあいをもたないというのは、普通の収集家には決しておすすめできません。松岡さんが骨董業者を安易に信じたくない気持ちもわからないでもないのですが、収集家が美術的に成功するかしないかは、やはり一流の古美術商とつきあいがあったかどうかにあるのです。自分ひとりの目だけで、成功するわけはまずありません。信頼できる一流の骨董商をいかにして見つけ出し、つきあうかにかかっています。

ですから、自分がまず研鑽《けんさん》を積んで、優れた信頼しうる骨董業者を見つけて、それから入札会なり競り市へ出かけ、彼らの意見も聞きながら競りに参加する、というのがいちばん望ましいスタイルでしょう。

まだまだ研鑽がたりない日本の骨董業者

もちろん、業者ももっと研鑽を積むことが必要です。専門の分野でも、人間的にも。

残念ながら、その点、日本の業者はまだまだです。他の業者がもってきたものを必ずけなす。いいものだとわかっていてもけなす。競りで落ちたものの原価を暴くヤツさえいるのです。自分たちの足のひっぱり合いをして、自分たちの業界を潰しているのです。どうにも、腹が小さい。そういう了見《りょうけん》の狭さが、この業界がお山の大将でしかない原因といえるでしょう。

その点、私が尊敬する京橋の繭山龍泉堂の二代目社長、繭山順吉さんは素晴らしかった。あるいは繭山さんに仕えた後藤さんや北山さんも素晴らしい。この一門の方たちは今では立派なご主人になっておられます。おふたりとも、よその業者が納めたものは悪くても、いっさい批評をしませんでした。自分のお客に呼ばれて行って、よその業者から買ってきたものを見せられて、評価を頼まれても「いや、仲間が納めたものですから、論評は控えさせてもらいます」といっておられました。

　こうした姿勢をもった骨董商があと五人ぐらいでもいれば、日本の骨董の業界はもっともっと伸びていけるはずなのですが。

　いま、この業界を動かしているのは、主として三代目以降です。ですが、みんな保守的。新しいものにチャレンジしていこうという気持ちが希薄です。相変わらず「いつもお世話になっています」「けっこうなものでございます」などと揉《も》み手をしています。目先の金儲けばかりを考えていて、大局的なものの見方ができません。小手先の戦術はうまいけれども、大きな戦略で負けてしまう。もっともっと大局的にものを見ることのできる筋金入りの骨董商が生まれてこなければ、日本の骨董業界は、文化を担う気概に富んだ心豊かな業界に脱皮できません。

第十章　骨董業界のヘンな人たち

騙しのテクニック「舞台を張る」

いまはありませんが、数十年もの昔はペテン師が骨董商へものを売る際に「舞台を張る」ということがよくありました。いかにもそれが素晴らしいものであるかのように状況を作って、その状況のなかで売りつけることです。

たとえば、こんなことです。

郊外の大きなお屋敷を借りきって、そこに女中さんまで雇って、玄関から何から飾りたてて、その屋敷の主人になりすまします。そして、おもむろに骨董業者に電話をして「家のなかのものを売りたいから、一度見てほしい」というわけです。

商人にしてみれば、大きな屋敷のなかにはいいものが眠っていると思いますから、願ってもないうまい話が飛びこんできたと、勇んで出掛けていくことになります。

昔は、いまのように交通機関が発達していませんから、ハイヤーなどを雇って箱根やら足利などへ出かけていきます。着いてみると、たしかにたいそうなお屋敷です。そして、なかに通されて、品物を見はじめるわけです。

まず、玄関口や玄関の脇の部屋で、ものを見せられます。大したものではない、と思いますが、渋々買う。そうして、つぎの部屋に通されます。そこには、多少いいものが置いてあります。それをまた買って、今度は茶室へ入ります。最後に、いちばん奥の部屋へ通されます。いちばん奥の部屋の床の間には、なかなか立派なものが置いてあります。もちろん、それも買い入れます。

そうして取引が終わって、自分の店に持って帰ってよくよく見てみると、奥の部屋で買った最高額の品物がとんでもない贋物だったことに気づくというわけです。

このように舞台を張られた状況でものを見ると、どうしても目が甘くなってしまいます。実際よりもよく見えてしまうことがあるのです。慌てて屋敷に車を飛ばして戻ってみると、なんと、そこはすでに空き家になっているのです。

現在の値段ですと何百万円、あるいは何千万円という取引をすでに済ませているわけですから、業者も必死です。青くなって驚いて、その屋敷のことをいろいろな方に聞いてみると、実はその屋敷は前から空き家になっていたとのこと。先日、東京から人がきて「ちょっと屋敷を借りたい」というので、四日ほど貸した、ということらしい。そうして、女中さんから調度品まで何から何までそろえて、完璧な芝居を打ったわけです。

もうその時点では後の祭。もっとも贋物といっても、素人が見てわかるような安直な品物ではありません。本物と贋物のスレスレの状態のものを扱っているのです。

こういうのを「舞台を張る」というのですが、昔はよくありました。一流の業者でも見事に騙されたりしたものです。

数寄者《すきしゃ》に多い耽美的な人種とは？

骨董業界には、このように権謀術数といいますか、人のウラをかいたりすることがたまにあります。しばらく、こういうウラの世界の話をしてみましょう。

その前に、下準備として、ホモについて少々。なぜ、突然ホモなのかといいますと、この世界にはそういう方がけっこういまして、一歩深く骨董の世界を知るためには避けて通れないことだからです。

もちろん、私はノーマルですが。

率直に申しあげますと、白色人種で一生独身で、なおかつ骨董商という三つの条件を満たした人には、ホモが多いようです。しかも、オカマとかゲイボーイではなく、筋金入りのホモ。外を歩いていても一般の人と変わりがなく、見分けがつきません。

そういう方々は非常に耽美的な人種でして、家のなかにはまず塵ひとつありません。調度品、家具、なんでもピカピカに磨いてあります。そこらに指紋のひとつでもつければ、すぐにサーッと絹のハンカチで拭き取ります。もちろん、身なりも非常にいい。見かけは普通の人とそれほど変わらないから、事実を知ったときは「へー、あの人が！」と、びっくり仰天することになるわけです。

ただ、どことなく妙な雰囲気が漂っています。そして、密着していけば密着するほど、なんともいえないナヨッとした感じで、催眠術をかけられ、そっちの世界へ引きずりこまれてしまうような妖しい雰囲気をもっています。

さらに、独自のプライドといいますか、自負心をもっていて、たとえば「この世界のことは、君たち凡人にはわからないだろう」というような一種の優越感、差別感をもっていることが多いようです。その自分たちのフィールドの枠を崩そうとしないのも、特徴のひとつにあげられるでしょう。

そういうふうに、彼らは非常に耽美的な感性をもっています。そういう人たちがなぜ骨董の世界に魅かれるのかというと、骨董の、一度壊してしまうともう二度と元には戻らないという耽美さに共鳴するのかもしれません。そういう人の心をとらえる倒錯的な何かが、骨董にはあるといえるようです。

興味深いウラの世界の調査報告

そういう人たちが意外と多くいることがわかったものですから、私もあれこれとホモの世界の研究・勉強をしたものです。もともと探究心は人一倍旺盛なのですが、単なる興味からではありません。商売の視点に立った研究心です。ホモの嗜好する骨董品は何か。ホモの秘密をつかめば商売に利益をもたらすのではないか、と思ったのです。

四十年ほど前、Mというホモ気のある同業者に頼んで、新宿の歌舞伎町の、ある秘密バーに連れていってもらいました。そこにいたのは、一見、みんな普通のサラリーマンです。スーツを着て、普通に酒を飲んでいます。そこに私が入っていくと、いっせいにジロッとこちらを見る。そして、そのMに「Mさん、この方、新しいお友達？」というのです。

バーテンダーの耳には、キラリとダイヤのピアスがついていました。いまでこそ、若い男が平気でピアスをしていますけれども、四十年前に、男でそんなことしているヤツなんて、いませんでした。

私は「なるほどね、これがホモの世界か」と思ったものです。そっちの世界を勉強してみようと思った私は、当時うちの店で骨董が好きでバイトをしていた女の子をスパイとして、それと思われる骨董店に送りこむことにしたのです。店員としていい子を紹介するから雇ってくれないか、と送りこみ、彼女には「ホモの世界のことを逐一、私に報告してくれ」と頼んだのです。

その報告によれば、見たところ、店の主人は普通の人と変わらないが、家に帰ると白人のパパがいたりします。なかなか立派な家であることが多く、ピカピカに磨かれた箪笥の引き出しには、洗濯した綺麗な下着が丁寧に置いてあります。「これがパパの下着で、これが私の下着」「これが私たちのベッドよ」というぐあいです。そしてなぜか、色鍋島が好きなのです。

また、東京の千駄ヶ谷にホモだけが行くホテルなどというのもありまして、私も泊まりではなく、一杯飲みに行ったことがあります。そのホテルで実はある歌手が自殺未遂をしたことがありました。だから、彼もホモではなかろうかと思っているのですが、なかなか興味深い世界でした。

世界を股にかけた「権謀術数」の始まり

さて、ホモの話はこのくらいにして、私が遭遇した骨董業界の権謀術数の世界、壮大な「舞台を張る」世界を紹介しましょう。

その方は、かりにNということにしておきます。彼は、大きなビルをいくつも所有している実業家で、苦みばしったたいい男でした。男としても実業家としても、たいへんな魅力の持ち主です。しかもその魅力は、善の魅力ではなく、悪の魅力といっていいでしょう。

そのNとは、ひょんなことから知り合いました。

五十数年前、私が結婚しようとしたときのことです。なにしろ、私は貧乏でオカネがなかったものですから、結婚資金を稼ぐために、親父には内緒で、ある大物の骨董業者のところへ行きました。そして、百万円で売れたら、その一割は手数料として私がいただくということで、北魏の鍍金《ときん》仏を預かったのです。

それをもって飛びこんだ先が、Nのところです。

Nは、当時としては珍しいナイトクラブを経営していましたから、そこに出かけていって、「実は私は中島の養子でこういう者ですが、北魏の鍍金仏をもってきたから買ってもらいたい」と営業したわけです。それが、最初の出会いです。

それからNは、店の裏の階段を上っていって、迷路のような廊下を通って、奥の部屋へと私を連れていきました。コンクリートで囲まれた大きな金庫がある、薄暗い部屋です。その部屋で、Nは眼鏡を取り出して、じっとその鍍金仏を見ていました。

しばらくしてから「いくら？」と聞きます。

「百万円です」と答えると、おもむろにポケットから百万円の札束を取り出します。

そして、その束のなかから三万円をスッと抜き取って、自分のポケットに入れました。つまり、三万円を値切られたわけだけれども、その値切り方がなんともしゃれています。

結局、百万円の一割の十万円が私のものになるわけで、三万円値切られたから七万円の利益です。これで結婚資金ができました。

それから十数年が経ったあるとき、すでに独立していた私のところに、そのNから電話がありました。

「中島さん、実はあなたを見こんで頼みがある。一度、私の屋敷にいらっしゃいませんか」

こういうのです。

当時の私は、独立したといっても、まだ三十代の駆け出しです。大実業家からそんな電話があって、跳び上がるほど嬉しく感じたことを覚えています。

さて、Nの麻布にある屋敷を訪ね、螺旋《らせん》階段を登って、彼の部屋に入りますと、

「やあ、中島さん、あなたと私は友達です。これから朝のコーヒーを飲もう」という。

入れてくれたコーヒーをすわって飲もうとすると、

「中島さん、コーヒーというものは歩きながら飲むものだ」といって、日当たりのいい芝生をガラス張りの部屋から眺めながら、カップとソーサーを手にもって歩いていくのです。まあ、とんでも

ないキザだけれども、それがなかなかサマになっているから不思議です。

そして、Nがいうには、

「実は今日、ニューヨークからひとりの骨董商が東京にきます。エルスという男だが、彼に売るものを私がもっているから、これをあなたの力で売ってもらえないだろうか」

青二才だった私にしてみれば、たいへんに光栄なことだから、すぐさま引き受けさせてもらったのですが、

「問題は、中島さん、あなたがどうやってエルスとジョイントをもつかということです。それを考えて、やってみてくれ」

もちろん、私はエルスがどんな人物なのか、まったく知りませんから、彼の特徴を聞いてみると
「ちょっと趣味がおかしいんだ」というだけで、ハッキリとはいいません。私も勘がいいほうですから、オカマなんだなということを察して「ああ、そうですか」と答えたわけです。

「あなたたちの世界は広いでしょうから、あとは頼みます」ということになりました。

さあ、これからなんとかコンタクトをとらなければいけません。骨董業界といってもいろんな人間がいて、ホモの業者も知っていました。その人は、以前に女子店員をスパイとして送りこんだ業者です。

その業者は、あまり遠くないところに店を構えていましたから、その業者に連絡して、何食わぬ顔をして「ニューヨークのエルスさんがお見えになるそうですが、どこにお泊まりになるか、ご存知ですか」と聞いてみました。案の定、その業者は知っていて「ああ、エルスさんですか。今日、

うちの店に来ますよ」という。これで、コンタクトがとれたわけです。

それで、その業者に「私はいま、エルスさんが好きそうな骨董をもっているので、私の店にご案内してもらえないだろうか。あなたへの謝礼はさせてもらいます」ということで、うまく連れてきてくれることになったのです。

美男子の大男と十万ドルの商談成立

こうして対面を果たせたエルスさんは、まあ、見事な体格の男でした。立派な紳士で、はちきれんばかりの美男子です。

そして、さっそく彼にNから預かっていた漢、隋、北魏の三点セットの鍍金物を見せました。彼は、それらを微に入り細に入り見ていました。こちらが希望していた取引額はおおよそ十五万ドル程度だったと記憶していますが、一ドル三百六十円の時代ですから、とんでもない金額です。見たこともない大金です。

当然、エルスさんも値切ってきます。値切って値切って「この値段でどうか？」ということになると、私は裏にまわってNに電話をして「エルスさんは八万ドルにしろ、といっていますが、どうでしょうか？」と聞きます。それに対して「いや、最低十二万ドルまでにしてください」などとやりとりをしながら交渉をつづけ、結局、最後は十万ドル程度でまとまったように思います。

もっとも、その場ですぐに契約が成立したわけではありません。

その日、いったん宿泊先の帝国ホテルに戻ることになったエルスさんは、それらの品物を一日だけ自分に預けてもらいたいといいだしました。「ホテルの部屋のなかで、もう一度じっくり調べたい」というのです。

一般的には危険なことではありますが、あいだに立ってくれたホモの業者を信頼して、正式な契約成立前に品物をエルスさんに預けました。

取引が成立したのは、翌日のことです。

契約の際に感心したのは、「私は飛行機でアメリカに帰るんだけれども、万一途中で飛行機が落ちたりしたら、この小切手は不渡りになるから、ここで保険に入っておきましょう」とエルスさんがいったことです。保険金の受取人は私です。

なるほど、欧米人というのは、取引、契約ということに関しては厳正に責任を負うものだな、と感銘を受けました。島国のなかで、ナアナアの口約束ですませてしまう日本人とは違うのです。

策略家が仕組んだ大芝居とは？

こうして、うまく契約は成立しました。私がもらえる手数料は一割ですから、一万ドル、三百六十万円です。当時、家賃が三万円でしたから、もう、跳び上がるくらいにたいへんな金額です。

実をいいますと、この話にはまだつづきがあります。後日、わかったことですが、エルスさんが品物をホテルに持って帰って調べたいといいだしたあの日の夜、実はエルスさんはNのパーティーに呼ばれていたのです。

つまり、その日の夜、エルスさんとNは会っているのです。

どういうことだか、おわかりでしょうか？

エルスをパーティーに呼び出して、「なにか日本でいいものは手に入りましたか？」とN。「ええ、ちょっと見せてもらった品があるんだが、あなたの意見をぜひ聞かせてほしい」とエルスさん。

そうやって、Nはパーティー会場に品物をもってこさせたのです。

そして、何食わぬ顔でNは「いい品ですねえ」とおだてます。私を呼び出し、エルスさんに売ってほしいとNが頼んだ品物を、まるで初めて見るかのような口ぶりで。

「こんないいものを、いったいどこで手に入れたんです？」

「いや、詳しくはいえないけれども、ある日本人の業者から預かっているんだ」

「エルスさん、あなたがもしこれを必要としないならば、ぜひ私にまわしてください。あなたが引き取った金額に、一万ドルを上乗せして買い取りましょう」とN。

そういわれて、エルスさんが喜んだのは、いうまでもありません。「それほど、これはいいものなのか！」と。

それで翌日、ポンと買うことに決めたわけです。もちろん、Nに売ろうなどとは考えていません。ニューヨークへ持って帰ってアメリカの金持ちに高く売るつもりです。

つまり、Nが芝居を仕組んだのです。私を仲介役にして。

確実にエルスさんに買わせるための芝居です。本来なら五万ドル程度の値打ちしかないものを、まんまと十万ドルで買わせたのです。私に仲介料として一万ドルを支払っても、Nは四万ドルの儲けです。

見事に、舞台を張ったというわけです。

コーヒーを片手に大金を動かす国際的実業家

そうやって、その後もNは私を通じて、つぎからつぎへとエルスさんに品物をわたして、儲けていきました。

そういうことを繰り返すなかで、やがて少しずつ贋物が混ざるようになりました。最初のころは、本物ばかりだったのですが、五点あればそのうち二点は贋物だったりするようになったのです。しかし、エルスさんはすっかりNにはめられているから、安心して買ってしまうわけです。

この話にはさらにつづきがありまして、エルスさんが手に入れた品物をニューヨークにある自分の店に並べますと、今度はNがエルスさんの店に出かけていって、いいものだけを買い戻したのです。

本物も贋物も、もともとはNが、私を通して、エルスさんに買わせたものです。そのうちのいいものだけを、また自分で買い戻したのです。そして、エルスさんのときとおなじような芝居を打って、別の人をカモにしていたことでしょう。

結局、エルスさんのところには、贋物ばかりが残ることになりました。さすがに、エルスさんも何かおかしいと思ったのでしょう、だんだん日本に来なくなりました。とはいえ、彼も立派な商人ですから、その後、噂によると五番街に立派な店を作ったといいます。

一方のNも、さらに大金持ちになって、その当時たいへんな実業家です。その後も私を呼んでは、コーヒーを片手に商談をもちかけたものです。

もっとも、私はウラを知っていましたから、私自身が騙されることはなく取引をしましたが。もし、何も知らなかったら、私も大きな負債を背負っていたかもしれません。

こういうふうなことを経験すると、何といいますか、古美術や骨董品を国際的に取引するときというのは、莫大な金額が権謀術数でもって動くということを実感します。バブル時代も、きっとこんなことは山ほどあったのではないでしょうか。まあ、もうちょっとチャラいでしょうがね。

そういう国際的な取引から見ると、日本人の取引というのは実に生ぬるいといわざるをえません。「いいお茶碗でございますね」「これをお買いになっておくとよろしゅうございますよ」などという世界では、とても世界の取引にはついていけません。お茶だの俳句だの和歌だのを喜んで、蕎麦猪口や楽茶碗を売っている感覚ではとても太刀打ちできません。

思い返してみると、Nは、やはり凄腕でした。息子もまた立派な事業家で、父の遺産を受け継いで見事に成功を果たしています。大金持ちが自分の子を見事に育てるというのは、やはり並の人物にはできないことです。成り上がりの実業家が息子にベンツを買い与えて喜んでいたりするのとは、ワケが違うのです。

Nは、たしかにとんでもない人間、なかなか信用できない策略家でしたが、世界に通用する厳しさを私に教えてくれ、大きな器をもっている魅力ある人物でした。

骨董に秘められた耽美な宿命

さて、この話はここまでですが、最後にもう一度、骨董がもつ耽美の世界について触れておきたいと思います。

一度失われたならもう二度と元へは戻らないという骨董のもつ宿命は、一種の耽美の世界につながっていきます。そして、そういう宿命をもつ骨董を愛する人間というのは、やはりその人のなかに、ある種の耽美的、倒錯的な何かが秘められていると、いえるだろうと思います。ですから、私は私なりにそうした世界について研究してきたし、思索してきたのです。

ガラスの世界でいえば、たとえば薩摩切子《きりこ》が代表するあの鋭いカットは、男性的な耽美さ、つまりゲイ的な要素を含んでいる気がします。また逆に、長崎ガラスや萩ガラスに代表されるあの流麗な淡いタッチは、脆弱な女性的な耽美さ、つまりオカマ的な要素を含んでいるような気がするのです。

もちろん、それらを愛好している人には、即、性的倒錯の傾向があるといっているわけではありませんので、誤解しないでください。ただ、骨董というものが本質的にもっている耽美さについて考えてみると、その耽美さの種類は大きく分けるとそのふたつになるのではないか、ということです。

そうした要素は、あらゆる骨董に見られます。

たとえば、柳宗悦が設立した駒場の日本民藝館に並んでいる民藝品のなかで、鋭いつくりの船箪笥や囲炉裏の上に飾られている大黒や恵比寿の自在鉤の木型というのは、非常に男性的でゲイ的な要素が強い。

一方、達磨の木型や囲炉裏の自在鉤の竹などがシミひとつなくピカピカに磨きあげられているのは、オカマ的な要素が強い。

また、これは私の『南青山骨董通り』（淡交社）というエッセイ集のなかでも書いていることですが、ある種の唐草模様の古伊万里というのは、性的倒錯者の気をそそることがあるのです。それは、私の経験からいって間違いありません。古伊万里でも、船箪笥でも、掛軸でも、ガラスでも、そのものを見れば、どのような形のものが彼らに好まれるかが、だいたいわかるようになりました。どうも、古美術には日本人の歴史のカゲの部分が隠されていたようです。

読者のなかには、昔から日本にそういう人がいたのかと驚かれる方もいらっしゃるかもしれませんが、それはもう有名な事実です。

「衆道」という言葉があります。これは、いわゆる武士社会のなかに営々として生きてきたホモの世界なのです。

武士というのは、いつ自分の命が消えてしまうか、わからない。一瞬一瞬が生と死の境目です。それはもう骨董の儚《はかな》さ、耽美さとおなじです。そのような世界で彼らは衆道というものに安らぎを求めていったのでしょう。

織田信長の相手は森蘭丸という稚児（ホモの相手）だったといわれているし、室町時代や桃山時代の春画にはそういうホモの世界がちゃんと描かれています。

ただ、日本は欧米と違って表には出てきません。いまでこそ、欧米では青空の下でキスをし、肩を組みながら男どうしが歩いており、社会的にもその認知度は高まってきましたが、日本ではいまだに隠花植物です。そのほうが、日本社会の慎み深さを維持していくのには、必要だと思われます。イヤラシイものは見たくありません。

そうした目でもって骨董というものを見ていくと、また一歩深い骨董の魅力というのが見えてくるのです。

骨董の儚い美学に魅せられて

川端康成の小説で『千羽鶴』というのがありますが、そのなかで志野の茶碗を割るシーンがあります。話の最後で、志野の茶碗を叩きつけて割ると、その破片が庭に散らばって、そこに星が輝いていた、というようなことを書いています。

川端康成は、大雅と蕪村の「十便十宜図」という国宝の紙本淡彩二帖をもっていたのですが、それは買うカネがなく、ほとんど骨董商から奪うようにして自分のものにしたものといわれています。そのように、彼は骨董に深い造詣と執着心があった人です。

『千羽鶴』に出てくる志野茶碗というのは桃山時代の茶碗で、桃山の時代から受け継がれてきた、かけがえのない名品が投げつけられてこなごなになる、その一瞬には、一度失われたら二度と元へは戻らない骨董の耽美さが、凝縮していると思います。

川端康成は最後は自殺をしたわけですが、彼のなかの美の世界には、かけがえのない茶碗を打ちくだく行為にみられるように、やはり倒錯的な部分があったのではないかと思われます。

三島由紀夫もまた、その美学のなかに、性的な倒錯の要素をもっていました。

三島由紀夫には古美術品収集の話題はありません。しかし、生活空間を西洋的な装飾美術で埋め、精神はきわめて日本的な白樺で表現したように、暮らしそのものを骨董的耽美さにおいていました。それは彼の作品のなかにも随所に見られます。

結局、自衛隊のバルコニーで隊員を前に演説し、直後に衝撃的な割腹自殺で果てたわけですが、それはもちろん国粋主義的な意味合いもあるのでしょうが、骨董商としての私はあれは性的倒錯の要素を含んでいたと見ています。介錯の青年によって首を打ち落とされた瞬間に、彼は最高のエクスタシーを感じていたのではないでしょうか。

文学者のなかには、こうした倒錯の要素をもつ人は多いようです。そうした世界をしっかりと把握しておかないと、お茶とか茶室とか茶碗などの耽美性はわかりません。骨董の本当のおもしろさはわかりません。

骨董というのは、儚《はかな》く美しい美学が息づく世界なのです。

贋物ばかりを集めてしまう人の不思議

百人の収集家がいれば、百通りの収集の傾向性があります。

なかには、どういうわけかいつも贋物ばかりをつかんでしまう人もいます。それはまるで、本物を避けてわざと贋物をつかんでいるように見えるくらいです。人生においても、なぜか裏街道ばかりを歩いてしまう人がいるように、骨董の世界でも、贋物ばかりをつかむ人がいるのです。

その方は、四十年以上前、私が独立して西麻布で中島美術店をやっているころのお客さんでした。ある地方自治体の役員で、社会的に立派な肩書をもった方で、私も親しくおつきあいしていたわけですが、その方は決して私からものを買おうとはしません。あくまで話相手というだけです。骨董商としての私を信頼していなかったということではなく、正々堂々とした骨董商から正面切ってものを買うということをしない人だったのです。

地方を旅したときに見つけた路地裏のひなびた店や露天商、あるいは人づてに聞いたマイナーな場所に出かけていって、そういうところで買い物をするのです。決して、老舗から買うようなことをしないのです。

たとえば、「自分の父親は戦前に上海で阿片窟を経営していたけれども、そこで中国人を騙して搾り取った道具が故郷の片田舎の蔵にいっぱいあるんです。よかったら、ご覧になりませんか」という、古美術の話題としてはごく程度の低い連絡があると、もう無我夢中で飛んでいって買ったりするのです。

あるいは、九州の某所に神社があって、そこの悪い神官が、近所の神社に飾ってあった奉納面をかっぱらってきてたくさん所持しているなどといった、いかがわしい情報を入手すると、もう、いても立ってもいられなくなって、血湧き肉躍ってしまって、それらを買いに出かけるのです。

「一流品にはいっさい興味がない」

その自治体の役員の方は、都心の高級住宅街に瀟洒《しょうしゃ》な家を構えていました。けれども、家のなかには見事なほどに贋物ばかり。海のものとも山のものともわからない代物が、ワンサとあるのです。例の奉納面もありまして、それには味をつけるために柿渋を塗ってありました。

皆さん、ご存知でしょうか、柿渋というのは大便の匂いがするのです。非常に臭い。だから、その部屋も臭いわけで、そういうところで不健康な暮らしをしていらっしゃるのです。

もちろん、そのお面だってロクなものではありません。海辺の流木なんかを彫ったコシラエ物です。しかも、旅行費はだいたいが出張手当て。出張にかこつけては地方に行って、骨董を漁っているわけです。そのあたりは、自治体の役員ですから、なんとでもなります。黒塗りの送迎車があるくらいですから。

さらに、骨董品を収める箱を作るときは、その役場で使っている馴染みの大工さんに依頼していました。それも、また公費で落とします。自分の財布はいためません。けれども、専門の職人ではありませんから、骨董の箱とは呼べない代物です。まるで、折り詰めの弁当箱。骨董の箱というのは、やはり指物師がピシッと中身に合わせて作るわけで、中身を彷彿とさせる風格をもつものなのです。それが、とんでもない薄っぺらのブッツケ箱です。

そしてまた、自分の家の一部にコンクリートの倉庫を作って、そこに買ってきたものを入れていました。たとえば、中国人から巻き上げてきたというふれこみの万暦の壺。清朝の官窯。大清乾隆年製の花生け、神社の神官が盗んできた奉納面。ろくなものがありません。本人はそれらに囲まれて悦に入っているけれども、みんな贋物です。

頭脳もいいし、腕利きの事務官で、人柄がいいからおつきあいをさせてもらってましたが、私は決してその人の収集品には立ち入りませんでした。

全部、贋物。全部、裏街道。もうすでに亡くなられたけれども、あの方のコレクションを思い出すたびに、なんともいえない人間の儚さを感じざるをえません。

まるで、本物を避けているかのような収集でした。京橋や青山の一流店の玄関をまたいだことがないし、また正々堂々としたものを見せられても「そういうものは、いっさい魅力がない」といって見向きもしない。

そういう方もいるのです。偉大なるマイナーといえるでしょう。

名品の数々が核シェルターのなかに

逆に、非常にいいものばかりを買っていく人もいます。

これは人から聞いた話だけれども、東京の郊外にある大金持ちの実業家の話です。この方はたいへんな目利きで、しかも近藤悠三の作品しか買わない。近藤悠三というのは有名な陶藝家で、その作品はバブル時代もいまもなかなか高価。ファンも多い。

その近藤悠三が窯を開けるとなると、この実業家は前の晩から近くに宿を取って、泊まりこむほどの熱の入れよう。窯出しをするときにじっくりと作品を見て、そのなかからいちばん優れたものだけを買ったそうです。

そういうことを繰り返して、その結果、近藤悠三の作品で優れた作品はすべてその人のもとに集まってしまったといいます。

ここまでは優れた一収集家の話ですが、その実業家は、なんと自宅の庭に深く、海外から取り寄せた核シェルターを作って、そのなかに近藤悠三の作品をみんな入れてしまっていたのです。

その人はそれで満足かもしれませんが、日本の文化にとっては大きな損失です。近藤悠三自身やそのファンにとっても、たまりません。

やはり、優れた作品というのは、人の目に触れて初めて評価されるものだし、時代のなかで生きてこそ初めて藝術品なのです。自分のものにするのはいいけれども、それを核シェルターにしまいこんで、誰の目にも触れさせないというのは困りものです。核戦争が起きて人類が滅亡して、猿の惑星ではないけれども猿が掘り出して「これは何だ？」ということになっても、何も意味がないわけです。

いいものを見つけ出す目は凄いけれども、所有欲ばかりが強すぎて、人類の財産といえる美術品を、タンスのこやしならぬ、核シェルターのこやしにする、こういう収集家もまた困りものです。

茶道具屋ですごした少年時代

この章の最後に、私自身のことも少々書き留めさせていただきたいと思います。

私は「どうして古美術商になったんですか」とよく聞かれます。

私は幼いころに両親をなくしまして、それで私の伯父のところに養子に入りました。伯父は東京の水戸幸という大きな茶道具商で番頭にまでなった人でして、たいへんな目利きで知られた人です。そういう環境で育ったものですから、毛穴から自然と骨董の世界が入りこんでいたようで、気づいてみたら、いつの間にかこういう仕事をしていた、というのが正直なところです。

だいたい、茶道具商というのは、基本的に店舗と呼べるようなものをもっておりません。親父が水戸幸から独立して初めて東京・芝に構えた店も、ショーウインドウがあるわけではありません。那智黒の石をはめこんだたたきがあって、店のなかには小さなショーケースがひとつあるだけ。そのなかに、袱紗《ふくさ》の上にのった茶碗があります。そして、脇には床の間があって、上がっていくと、炉が切ってあって茶室になっているのです。とても、店と呼べるものではありません。もちろん、人がぞろぞろ入ってこられたら困るわけですから、むしろそういう構造になっているのが大事なのです。もっとも、いまと違って関係のない人は店へ入ってきません。

ですから、外部の人には、いったいうちは何の商売をやっているのか、わからなかったに違いありません。近所の人も「いったい、中島さんの家は何の商売をしていらっしゃるのですか」といっていました。それでも、二階の小窓から山本五十六元帥の国葬を見た思い出があります。

そうしたワケのわからない店のなかで、これまたワケのわからない商売の仕方があるわけです。

朝になると、地元の信用金庫が差しまわしてきた人力車が店の前にとまります。その人力車に、和服を着た父がふろしき包みをひとつもって乗りこんで「じゃあ、出かけてくるよ」と出かけていきます。

夕方になると「いいお茶会だった」などといいながら、酔っぱらって帰ってきます。そして、仁清の茶碗だとか、乾山だとか、伊賀の花生けをふろしきから取り出して、それを悦に入りながら眺めています。カミサンを相手に晩酌して、いいご機嫌なわけです。

特に、古伊賀の花生けが父は大好きで、暇があれば花を生けたり眺めたりしておりました。

正月を迎えるときには、商売道具のふろしきを新しくおろしてきて、神棚にそれを飾ります。柏手を打って、お屠蘇《とそ》を飲んで、こうして新年を迎えていました。

つまり、道具屋というのは、ふろしきが一枚あれば、それで飯を食っていけるんだ、他には何も要らない、ということです。

ふろしきは大中小ありますが、無地の茶色のふろしきでした。

経済的には、それこそ学校の先生の給料が数百円のときに、何万円もする茶入れとか花生けを売り買いしているわけですから、かなり儲けていたようです。店とは別に、赤坂に大きな家がありまして、そこに今の「さわやか信用金庫」の前身の偉い方たちがよく来ていました。「中島さん、うちをぜひ支店に昇格させていただけませんか」なんていっていたようです。

そのように、世間一般からすれば、ずいぶん違った不思議な環境ですごしてきましたが、私にとってはそういう世界が当たり前になっていたから、知らず知らずのうちに、意識しないでも、道具屋の生活や考え方が毛穴からしみこんでいったようです。

そのせいでしょうか、子供のころの自分を振り返ってみると、ちょっと変わった感覚があったようです。

テレビの『開運！なんでも鑑定団』でもそうですが、私は着物を着るのが好きです。店にいるときは背広ですが、テレビでも自宅でも着物です。これは、子供のころからそうでした。

なにしろ好きだったみたいで、駄々をこねて泣いているときも、着物を着せると泣きやんだといいます。たしかに、着物を着て写っている写真は、どれも機嫌がいい顔をしています。

また、周囲の友達が切手収集などをしているときに、私は古銭の寛永通宝を集めていました。私はエノケンなどの映画を見るのも好きだったのですが、それをグッと我慢して、当時盛んだった銀座の露店で古銭を買いこむわけです。皇朝十二文銭や乾元大宝、あるいは江戸品川五十文などという台場通宝の贋金ですが、そういうものを一生懸命集めていました。

中学時代になると朝鮮戦争が勃発して、鉄屑が非常に高く売れるようになりましたから、私たちもまた磁石をもって、学校帰りにそこいらの地面をひっかきまわして、鉄屑を集めました。それを屑屋さんに売ったカネで、寛永通宝をまた買ったりするのです。

もちろん、これが古美術商になる最初のきっかけなどというものではありません。子供が一度は通り抜ける、収集をするという習性のひとつです。それが、ある人は切手であったり、蝶であったりするわけで、私はそれが古銭だったというだけです。

ただ、収集家としての素養はあったのでしょう、いまだにひとつのことに熱中すると、夢中になって、損得を度外視して、他人が何といおうと集めてしまいます。

私のなかに眠るひとつの情景

さて、そういう環境ですごしたわけですが、骨董商としての私のなかに深く刻まれているひとつの情景、思い出があります。

終戦を迎え、赤坂の家に戻ったときのことです。そこは、すでに丸焼けです。いまでこそ赤坂といえば、東京のド真ん中で大小のビルがひしめき合っていますが、当時は畑もありました。

父の家は四百坪もあるかなり大きな家で、庭には畑があってトマトやキュウリを作っていました。アヒルや鶏も飼っていました。自給自足の生活です。

まだ周りは焼け野原で、防空壕で暮らしている人もいましたから、自給自足で家族が暮らせるというのは恵まれていたといえるでしょう。

そのころの私は小学生。明治元年生まれの祖母もまだ元気で、庭に実ったキュウリを塩漬けにしてくれて、それがわが家の大事な食料品のひとつでした。

毎朝、そのキュウリをザクザクザクッと三角形に切ったものが、食卓に出てくるわけですが、その瑞々しいキュウリをのせた器が、実は真っ黒に焼けただれた鉢だったのです。

これは後日、聞いたことですが、この真っ黒に焼けただれた鉢は、父が戦前大事にしてきた尾形乾山の鉢だったのです。

芝にあった店が昭和二十年三月十日の東京大空襲で焼けてしまったときに、父はすぐにその焼け跡に出かけていって、いちばん最初にその乾山の鉢を、焼け野原から拾い上げたのです。まだブスブスと煙が立ちのぼっているときに、表面が焼けただれて真っ黒になった乾山の鉢を「ああ、焼けちゃった」と拾い上げたといいます。それをそのまま赤坂の家に持って帰ってきたわけですが、まだ熱かったそうです。

そして、父はその名品だった乾山の鉢の菩提を弔うように、食卓の上に置いているわけです。真っ黒になった乾山を。

そして、その乾山の鉢に毎朝、毎朝、瑞々しいキュウリの浅漬けの角切りが盛られ、それをみんなで食べていたのです。父は「乾山がこんなになっちゃって、もったいない」と毎朝呟きながら、食べていました。

そのときのキュウリの瑞々しい青さと、真っ黒に焼けただれた乾山が、なんともいえず、鮮烈なイメージとして私のなかに残っているのです。

「どうして骨董商になったのですか」と聞かれると「いや、別に自分がなりたくてなったんじゃないですよ」と答えるのが常ですが、やはり、骨董商としての私の原点には、あのときの情景が深く関わっているような気がしています。

焼けただれた尾形乾山の鉢と、そこに山積みされた瑞々しいキュウリ、それが私にこの道を歩ませた起爆剤のような気がするのです。

大女優の高峰秀子さんが突然来店

さて、そんな私を支えてくれた恩人はたくさんいますが、その筆頭に、女優の高峰秀子さんがいらっしゃいます。

私は中島美術店を三十歳のころに開いて、その後裸一貫でこの道を歩んできたわけですが、最初から、高峰さんは一貫して私を支えてくださいました。

店を開いたばかりのころ、ある知り合いの業者の紹介で高峰さんが店にいらっしゃったのですが、当時は映画全盛期で『二十四の瞳』や『浮雲』などの名作に出演されていた国際的な大女優です。その方が店にいらしたものだから、若輩者の私としては、地に足が着かない感じだったことを覚えています。

「骨董が好きなんです。若いころから日本橋の壺中居などにも行って買い物をしていたんですが、今度自分で買い集めたものを、丸の内に店を開いて、そこに並べてみたい」というのです。それで「あなたにひとつ力になってもらいたい」と。

紹介してくれた業者の方はもうすでに亡くなってしまわれましたが、駆け出しの私に、よくぞ高峰さんを紹介してくださったものです。ありがたいことでした。高峰さんなんて、私にとっては雲の上の存在だし、「店を開くのに、力になってもらいたい」といってもらえるなんてもう胸の震えるような感激だったのです。

そして、高峰さんの車に乗せてもらって、自宅へお邪魔させていただきました。車はジャガーです。当時、ジャガーといえばたいへんな高級車で、いまみたいに若造が乗れるような車ではありません。車内は、フワーと音が吸いこまれるようで、外界の音がほとんどしません。

それに乗って自宅にお邪魔しますと、ここでもまた、非常に感銘を受けました。というのは、家のなかに散りばめられた感性が実に素晴らしかったのです。

玄関にはセピア色の板ガラスがはめられていて、玄関のなかはセピア一色。そして、そこの窓の棚の上に、桃山時代の蒔絵の阿古陀《あこだ》の香炉がひとつポツンと置いてあります。その反対側には、梅原龍三郎の絵が一枚掛かっています。

素晴らしい演出です。「ああ、この人の感性はすごいものだ」と震えたものです。

私が大事にしている本に『瓶の中』というのがあります。これは高峰さんが所持して身辺においていたかわいい小物を、カメラマンの大倉舜二氏が撮った本です。梅原龍三郎氏が表紙を描いています。これが実に素晴らしい。すでに絶版になっているのですが、私にとっては珠玉の一冊。たとえば、ポピーの花をアールヌーボーの硝子瓶にふっと生けた写真など、高峰さんの素晴らしい感性が、カメラマンの素晴らしい腕で見事に再現されているのです。私はもうマネをして、ポピーばかり生けていました。

「誠ちゃん、修業が足りないね」

さて、高峰さんが丸の内に開いたのは「ピッコロモンド」という店です。私もこの店をずいぶんお手伝いさせてもらいました。

私は高峰さんのことを「アネさん」と呼ばせてもらっていますが、あるとき、いつものようにアネさんとふたりで店番をしていると、そこへ中年の紳士が入ってきました。

その方が手に取ったのは、ベロ藍と呼ばれる明治時代のコバルトブルーが鮮やかな印判手のお皿でした。ひとつ二百円程度の手ごろな値段のものでして、それを数個買っていただきました。その品物を包んでお渡しするとき、私はこんなふうにいいました。

「これはすき焼きなんかの取り皿に使うといいですね」と。

そうするとその紳士は、

「私がこれを買ったんだから、これは私のものだろう。何に使おうが勝手じゃないか」

私がどうしたことかと狐につままれたような顔をしていますと、

「教えてやるよ。君はこれをなんだと思う」という。

「これは明治のベロ藍で印判手のなます鉢とか三平皿というものです。値段は安いですが、重宝なものです」

そう、私は答えました。すると、

「そう思うだろう。ところがこれはね、今評判の元染付というものなんだよ。私は大掘り出しをしたわけだ」

私は、何をふざけたことをいう客だ、と内心で思いました。人を馬鹿にするのもいい加減にしろ、おちょくるなよ、と。

たしかに、元染付といえば、当時、脚光を浴びはじめていて、クリスティーのオークションでは一千万円、二千万円とする代物です。そんなものがゴロゴロ転がっているわけがありません。その紳士が買ったものは、地方へ行けばいくらだって山のように積んで売っている雑器なのです。私は憤然として横を向きました。

それから、お客が出ていった後、アネさんがこういわれたのです。

「誠ちゃん、あんたは修業が足らないね」と。

「いまのお客さんが、ああいったとき、あんたは顔がスーッと青くなったじゃないか。そんなときは、いいことを教えていただきましてありがとうございました、勉強になりました、って嘘でもいうものだよ」と。

このときの「誠ちゃん、あんたは修業が足らないね」という一言が、今でも胸に突き刺さっているのです。

「感性は毎日磨きなさい」

そのほかにも、アネさんには本当にいろんなことを教えていただきました。

働くことしか知らなかった私に「食べ物というのは、一生のうちに食べる量が決まっているんだから、一回一回楽しんで美味しいものをお食べ」とか「着るものはちゃんと自分のセンスを生かして着なくちゃいけない」と教えていただきました。人生のゆとりを教わったのです。

なにしろ私はせっかちで、お忙氏《いそがし》ですから、食い物は立ち食い蕎麦でも何でもいい。腹に入ればいい。着るものだって、背広であれば何でもいい。そんな私に「誠ちゃん、人間というのは感性を磨かなきゃいけないよ」と教えてくれたのです。

「贅沢をしろとはいわないけれども、自分に合った靴、自分に合ったネクタイ、自分に合った趣味にしなさい。食べ物は一食一食楽しんで、いいものを食べなさい。そうすることが感性を磨くことにつながって、いつかあなたの商売に跳ね返ってくるんだよ」

私は、たしかに茶道具商の家に生まれて、メリハリの利いた寸法とか、兼ね合いとか、清潔感というものを大事にしてきたのですが、それはあくまでも仕事のうえでのこと。自分のライフスタイルのことにまではまだまだ考えが及ばなかった私に、ハッと気づかせてくれたのです。とりわけ骨董屋というのは、趣味の分野、感性の世界で勝負しているわけですから、常日頃から自分を磨いていなければならないわけです。それに艶をつけてくれたのが、高峰さんだったのです。

その後、いろんな方を紹介していただきました。人間国宝の四世竹本越路大夫さんご夫妻、梅原龍三郎画伯、澤田美喜さん、安野光雅さん、むろん、アネさんのご主人の松山善三さん、そういった一流の方々を高峰さんから紹介していただきまして、勉強になるおつきあいをさせてもらったのです。名のある人の謦咳《けいがい》に接することは、人生最大のお宝です。

第十一章　客と主人の駆け引き

骨董業者は泥棒とおなじか？

これまで紹介してきたように、この世界にはいろいろな骨董商、いろいろな客がいます。そして、いろいろな主人と客の関係があります。

お客にしてみれば、少しでも信頼できる骨董商といい関係を保ちたいと思うでしょうし、骨董商の側にしてもそれはおなじです。しかし、現実を見てみると、そういういい関係というのはごく少数です。ほとんどは騙し騙されるいやな関係だったり、ただの売り買いの相手だったりします。

では、どうすればいい骨董商といいつきあいができるかということを、ここでは考えることにしましょう。

その前に、紹介しておきたい話があります。

ずいぶん以前のこと、ある結婚披露宴に出席しました。金石古陶器の名門業者、新美三壺堂の息子さんの結婚式です。

帝国ホテルでのその披露宴には、ある有名な金属関係の会社のS社長が列席されていました。

この方は、趣味人としてはけっこう知られていた方で、古染付《こそめつけ》の本なども出版されています。その方が主賓ということで挨拶をしたのですが、これがなかなか凄いスピーチでした。要約すると、「骨董商と泥棒はおなじようなものだ。泥棒もそこそこいいものを見つけてみんな盗んでいくけれども、骨董商もまた人の家にこそこそ入っていいものばかりをもっていく」

というようなことをおっしゃったのです。

列席者のほとんどは、古美術商、画商関係です。みんな我が耳を疑ってハッとしたのはいうまでもありません。「このめでたい席でいったい何をいうのか」と。

そして、つぎに柊美術店の杉田敏一さんという方が挨拶に立ちました。この方は業界きっての大物です。たいへんな目利きです。その方が、つぎのようにおっしゃいました。

「そういう泥棒のような骨董商としかつきあえなかった人間こそ、可哀相な人間です。その程度の方は、この業界の一流の方ばかりが列席しているこの席には、ふさわしくないのではないでしょうか」

これは素晴らしかった。私もまだ若くて、しかも気の強い男でしたから、S社長が主賓の挨拶をしたときは、思わず席を蹴って帰ろうとしました。きっと、他の同業者もおなじような気持ちだったのではないでしょうか。けれども、そのとき、杉田さんがそういう挨拶をしてくれて、一同、溜飲が下がったというわけです。杉田さん、ありがとう。

おめでたい業界の婚礼の席で、こういうことを思わずいってしまうというのは、つまりは骨董業者を低く見ているということです。札束で骨董業者の頬をひっぱたくようなお客がたくさんいる、ということです。一方、骨董業者もまた悪い。少しでも多くのオカネを出してくれる客には、揉み手をしてシッポを振ってついていくような卑しい根性をもっている者がいる、ということだと思うのです。お互いにもっと毅然とした態度で、誇りをもって、尊敬しあえるような関係にならなければ、いつまでたっても業界は向上しないでしょう。

「あなたにご覧にいれる品はございません」

その点、たいへんに優れた見識をおもちだった業者の方を紹介します。金沢の有名な茶道具商で、谷庄さんという老舗のご先代です。

これは業界では有名な話でして、谷庄さんの店に、ある有力な財界の社長が「茶釜を買いたいので、いついつお店にお伺いしたい」といってきました。

そこで、谷庄さんは、約束の当日、朝暗いうちに起きて、炉に火をおこし、釜に湯をたぎらせて、打ち水をして香を焚きこみ、万全の態勢でお客を待ちました。ところが、お客はその日、来なかったのです。なんでも会社に出かける前に立ち寄るということだったのですが、会議が入って行けなかった、というのです。後日、電話をよこして「いや、すまないことをした。実は会議が急に入ったものだから。今度はちゃんと行くから、あの釜を見せてくれ」という。谷庄さんは答えたそうです。「あなたにご覧にいれる釜はございません」と。

客を迎え入れる一流の茶道具屋は真剣です。最高の環境で最高のものを見せたい。当然、客も真剣な態度で接するべきではないか。こういうことだと思うのです。そんな方だったからこそ、谷庄さんは日本を代表する古美術商の看板を構えることができたのでしょう。

客と業者のいい関係に必要なもの

くだらない業界を作ってしまう責任は、お客と業者の両方にあります。

お客も悪ければ業者も悪い。カネさえあれば何でも手に入るというふうに思っているお客に対しては、その日メシを食うカネがなくても憤然として断わる気骨が業者にはなければいけないと思います。「武士は食わねど」的な気概が、商人には必要なのです。自分がいいものだと信念をもったものは、信念をもって売らなければいけない、それを値切られるままにヘイヘイと売ってしまうような性根ではしようがない、とそう思います。

もちろん、お客と業者というのは、そういう戦いのような関係ではいけません。譲るべきところは譲るけれども、お互いの信頼の上で通すべき筋はしっかり通すことが大事なのです。

かつて、ある高額なものを買ってくれたお客がいまして、私がお礼をいおうとすると、その方は「いや、とんでもございません。授けていただいて、ありがとうございます」と。

「授けていただいた」――。たしかに向こうにしてみれば、授けてもらったという感覚かもしれないが、なにも口に出していうことはないと思います。そんなにへりくだる必要はありませんし、それもまた気持ちの悪いものです。「ゴマするんじゃない」という感じです。「いいものを分けてくれてありがとう」で充分なのです。

商人というのはいろいろな経験をしていますから、口に出さなくても態度でわかるのです。「ああ、感じ入ってくれたんだな」と、以心伝心でわかってしまう。それで充分。そうしてまたつぎに来てくれたときに、いいものを出す。そういうことです。

数少ない、生産のきかない趣味のものを扱うというのは、なかなか難しいものです。

駆け引きでは、いい品物は手にできない

さて、本題に戻りましょう。

世間には「客と店の主人との駆け引きはどうすればいいのですか」と尋ねる人がよくいるけれども、これは実は非常にナンセンスといわざるをえません。

つまり、何かマニュアルみたいなもので、たとえば揉み手をしろとか、オベンチャラをいえとか、そんなことばかり考えているから本質がわからなくなって、ろくなつきあいが生まれないのです。

そんなものはまことに馬鹿馬鹿しく、おへそで茶を沸かすようなものなのです。

駆け引きなんか、するものではありません。必要ありません。本性丸出しでいいのです。駆け引きをしたければやってもいいけれど、そんなことをしたって、ろくなものが手に入らないでしょう。

駆け引きが好きな者どうしでつきあって、たとえば十万円程度の価値しかないものをお互いに持ち寄って、「私のものは二百万円の値打ちがあるんですが、あなたのはいくらぐらいですか?」「ええ、

これも二百万円でございます」「じゃあ、取りかえっこしましょうよ」なんていいながら、実質十万円程度のものを取りかえて、お互いに大儲けをしたと喜んでいる。そういう程度のことしかできなくなるのです。

結局、おなじ程度の者どうしがオベンチャラをいい合いながらつきあって、そしてひとつも進歩しないどころか、どんどんくだらない人間になっていくのがオチなのです。

駆け引きしようと思って店に行ったところ、「冗談じゃない。二度とうちの店には来るな」といわれたら、二度とその店に行かなければいいのです。駆け引きしようとした客が悪いのですから、客が自分のことを棚に上げて「二度とおまえの店なんか行くものか」と怒ってくれたほうが、逆に商人はホッとするのです。ちゃんとした店はそんな客は相手にしないけれども、そういう客をうまいこといって相手にしてくれる店なら、大歓迎されます。

だいたい、駆け引きをするようなお客はすぐわかります。あるいは逆に、駆け引きをするような商人もすぐわかります。また、そういうことがわからないようだと、いつまでたっても、いいものを手にすることはできません。オベンチャラに乗って喜んでいるようでは、扱うものも程度が低い、そう考えて間違いありません。

オカネがなければ「ない」といえばいい

私はだいたい店の入口ドアに鍵をかけていました。誰でもかれでも店に入れるわけではありません。信頼できる客しか入れません。観光気分で来る客や冷やかし半分で来る客を入れていたら、時間と労力がもったいなくて仕方がない。そういう客はだいたい、騒ぐだけ騒いで、値段だけ聞いて、何も買わないで帰るのが普通《オチ》なのです。

また、お客が見えすいたオベンチャラをいうようだったら、二度と売りません。うまいことといって何か見せてもらおうとしているな、と勘が働くだけです。

ただし、本当にものがわかる人だ、筋が通っている人だと思ったら、極端な話、タダでもいいのです。オカネなんか、いりません。そのかわり、儲けるときは儲けさせてもらいます。それが、本当の商人の駆け引きではないでしょうか。

もしオカネがなければ、ないといえばいいのです。財布にはたっぷりあるのに、予算がないと嘆いたり、値切ったりするのは、すぐわかります。そんなことをするから「じゃあ、オカネができたらいらっしゃい」と、やんわりお引き取りを願うのです。それで、つぎに来たときは「うちはあなたに売るものはありません」と追っ払うことになるのです。

もちろん、私だって、お客さんに買ってもらって、利益を得て、それで生活していたわけだから、お客さんがいちばん大事なのです。決して威張っていたわけではありません。しかし、そのくらいの気概をもっていなかったら、競争の激しい東京のド真ん中、骨董に関する一等地の南青山骨董通りに店を構えてはいられなかったのです。

そういう気概をもっていてこそ、一時的な目で見れば損をするような関係になったとしても、長い目で見たら本当のいいお客と信頼関係を結べるし、本当にいい商売ができるようになると思っています。

初対面の若者と取引した不思議な出来事

不思議なことに、初対面なのにピタッとくるお客がたまにいます。初対面であるにもかかわらず、高価でいいものを売ってしまうことがあるのです。いいものは高価です。安価ではありません。

たとえば、こんな人がおりました。

その方は、杉並区にある酒屋の息子さんで、年齢は三十歳ぐらいでしょうか、まだ若くて、恰好もそれほど綺麗じゃない。

その方があるとき、店の外にずっと立っていたのです。うちの店はいつも鍵をかけていましたから、自由に出入りすることができません。それなのに、そうやって外から店のなかの商品をじっと見ていたのです。

少しくたびれたジーンズをはいていて、肩からカバンをさげていて、決して骨董品を買うようには見えない、普段だったらお帰り願うところですが、なんだか知らないけれどもピピッときたのです。

それで「どうぞお入りください」と招き入れて、いろいろと話をしてみると、これがなかなかおもしろい。その趣味の豊かさに驚かされました。

たとえばナイフのコレクション。たいへんな数のナイフを収集していて、その見識ぶりは素晴らしかった。お見合いのたびに「趣味は何ですか」と聞かれるらしくて「ナイフを集めています」と答えると、だいたい破談になってしまうんです、と笑っておられた。

また、ある時期は、自転車に凝ったことがあるらしい。単なるその辺にある自転車ではありません。日本の自転車というのは、だいたいが大手の自転車メーカーの規格品。ちょっと変わっているといっても、大手の規格品に小売店が多少のアレンジを加えただけのものです。

ところが自転車というのは本来、個人の足の長さとか手の長さ、お尻の大きさなどに合わせて作るべきものでしょう。洋服とおなじように、個人個人の体に合わせて作るべきものなのです。そういうことをやっているのが、フランスです。自転車競技が国技になっているくらいの国ですから、自転車といえばフランスにかなう国はありません。

それで、その方は、フランスに行ったといいます。手作りの店を訪ねて、そこの親父に頼みこんで、オリジナルの自転車を仕立ててもらったのです。

そんなふうに趣味が豊かで深いのです。なかなか変わっています。その彼が、店の外にボーッと突っ立っているから店のなかに入れたところ、どうしてもほしい品が店にあるというのです。それは古伊万里のちょっと変わった大鉢で、なかなかいいものです。六十万円。それを買いたい、というのです。

六十万円という大金をもっているようには見えなかったものですから「無理なさらないほうがいい」と私はいったのです。

それでも買うというので「じゃあ、売りましょう。オカネはいつでもいいです」と答えたところ、

「じゃあ、オカネができてから取りにきます」ということになりました。

それで、数カ月たってから取りにみえたのですが、いま考えても、どうして彼のようなタイプの、それも初対面の人を店に入れたのか、まったくわかりません。普通だったら追い払ってしまう風情だったのですが、何かがピピッと通じたのでしょう。

結局、いまでもその方とはおつきあいがあります。趣味の話に花を咲かせたり、美味しいお店を教えてもらったりしています。酒屋の休みの月曜日しか会えないのですが、私の手があいているときは、二時間、三時間と話しこむこともあります。

要は、本当にうちの店に置いてあった古伊万里の大鉢がほしいと思っていたからこそ、通じ合ったのではないでしょうか。金額なんか関係ない、有名無名も関係ない、純粋にその大鉢にひかれたからこその出来事だったと思います。

実は私もその大鉢が大好きで、本当は惜しくて、売りたくなかったのです。

客と骨董との不思議な結びつき

これは宮城県のある女性のお客さん。

この方が突然、お店にいらっしゃった。

私は、初対面の女性のお客さんは店に入れないことがほとんどでした。ドアの前に立ってノックされても「いま、ダメです」といって、多くの場合、断わってしまいます。あるいは「何をお探しですか」と聞いて「そういうものはうちにはありせん」と答える。「ちょっとでもいいから見せて」といわれても「ダメです」と断わる。遠くから来ていてもおなじです。ですから、たいていの人は怒って憤然として帰ってしまいます。おそらく、うちの店には二度と来ません。

ところが宮城の方が来られたとき、これまた何かフーッと感性が合って、店に招き入れたのです。その方は「花唐草のいいものがほしい」とおっしゃるので、しまってあったピカイチを差し上げました。それからというもの、その方に見合う花唐草のいいものが入ると、その方に見せるために店の奥にしまっておくことにしていました。他の人には絶対に見せません。

本当であれば、不景気のときでもあったし、ほしいという人がいれば即座に売りたかったのですが、その人のための花唐草は絶対に売りませんでした。

すると、これまた不思議なのですが、いい花唐草を入手してしまっていると、その人が来るのです。「入りましたので、いらしてください」とこちらから連絡するわけではないのです。向こうが突然フーッと来られるのです。そのタイミングのよさ。

そんなお客さんが数人いらしゃいました。

触りもせず値段も聞かず「とっておいてください」

この方は東京に住んでいらっしゃる女性社長です。

この人も初めて私の店にいらしたときにスパッと気が合って、「どうぞ」ということになりました。

しかも、店に入れただけでなく、いきなり店の奥にしまっているものを取り出して見せたのです。だいたい、初対面の人に店の奥のものを見せたりすることは、絶対にしません。それが、何というか、その方の粋というか、メリハリのよさというか、洗練された感覚がスーッとわかったのでしょう、見せたのです。「この人にはぜひあれを見せておかなきゃ」という使命感のようなものがフツフツと胸のなかに湧いてきたのです。

そして、私が家内に「あれを見せてあげなさい」というと、家内も三十年もいっしょにいるものですから阿吽《あうん》の呼吸で「わかりました」と、何十点とある在庫のなかから、私が見せたいと思った品をもってくるのです。そして、すぐに気に入ってもらって買っていただきました。

その後もおつきあいしておりますが、これがかなり風変わりな取引なのです。

その女性社長のことを私は「鶴さん」という愛称で呼ばせてもらっています。正直いって、お名前はいまだに存じあげておりません。忙しい方ですから、しょっちゅう来店することは無理でして、まして昼間の明るいうちにお越しいただくことは難しい。それで、あるサインを考えました。

いいものが入ったときには、ガラス越しの棚に、その品物といっしょに鶴の置物を置くことにしたのです。盆栽などに使う小さな鶴の置物。それらを夜でもスタンドの明かりが当たるところに置くのです。サインはこうです。

「鶴の置物をそこに置いておりますから、青山に仕事でいらしたときは、夜でもちょっとガラス越しに見てください」

もちろん、他の人が「あれはいくらですか」と聞いても「売約済です」と断わりました。

そして、何日か経つと電話がかかってきて「夕べ見ました。とっておいてください」「はい、わかりました」ということになります。もちろん、手にとって見るわけではありません。しかも値段も聞かない。それで「いただきます」です——。

凄いことです。

そのかわり、私が勧めるのは無傷の逸品ばかりでした。最高のものだけを差しあげていたのです。

店の鍵を閉めている理由

私は、好きで店の鍵を閉めていたわけではありません。店を開けっ放しにしていると、とんでもないトラブルが発生してしまうからです。

特に、女性四、五人のグループ。こういうグループで来る方々は、たいていの場合、ひとりがリーダー的な実権をもっていることが多いようです。「私は古美術を知っているんだ。古伊万里に造詣が深くて、実家にはたくさんの古伊万里があるんだ」と、うそぶいている人が必ずひとりはいるものです。

それが本当かどうかは知りませんが、そうなると他の人も対抗意識を燃やしてしまって「私も知っている」というような感じで、ドアの前でガタガタやるわけです。それで、ドアが閉まっているとメンツが潰されたと思うのでしょうか、どうしても入る、といって頑としている。やがて、目尻がピクピクしはじめて喧嘩を売るようになってくるのです。そうなると、仕方がないから、まあ五分くらいなら、と思って店に入れると、これがまたたいへんなことになるのです。「私はこういうものを探しているんだ」「ああいうものを探しているんだ」さらに「これは五客揃いなの？　一客だったらほしい」だの「これは一客なの？　五客だったら買ってもいい」などといいはじめて、もうグチャグチャです。

何も買いはしないのに、先に店を出たら仲間から自分に知識がないと思われるものだから、誰も先に出ようとしない。最後には、ついに私のほうが「忙しいから出ていってください」と一喝することになる。そして、憤然として「二度と来ないわ」といって出ていくわけです。私も「二度と来るな」という。そして、その後いやな気分にガックリ落ちこむのです。

もう、こういうことになるのは最初からわかっているのだから、最初から入らなきゃいい、入れなきゃいい。けれども、こういう人にかぎって、ガラスが割れるほどガンガンとノックしてくるものなのです。

こういう人たちは怖いもの知らずというか、道を歩いていても前からくる人を避けるなんてことはしないようです。あるいは、デパートに出かけていって、バッグを見るようなときも、「ちょっと、そこのバッグ見せて」といって、カルチェのハンドバッグをいじくりまわしながら、さんざん見たかと思うと「ホラ、これ、このあいだ、私がパリに行って買ったのとおなじよ」などとのたまって、そしてポーンと投げて戻したりする。店員も眉間に皺を寄せている。もう、想像がつきます。

そのテの人たちは絶対に店に入れませんでした。特に、徒党を組んできた人は入れません。そんなことをすれば、私も気分が悪いし、その人たちにとっても何の意味もなさないということがわかっていたからです。

「どちらから?」「大蔵省です」

それから、役人というのも、どうも虫が好かない人が多い。職業差別しているわけではありませんが、職業柄、役人は他人に頼まれごとをいわれることが非常に多いわけで、そうするとどうしてもふんぞりかえって生活することになる。もちろん教養、感性を磨いておられる素晴らしい方もいらっしゃいますが、残念ながらそういった方は稀だというのが私の実感です。

昔のことですが、ある夫婦が店の前に立っていたことがありました。歳にすれば五十歳くらいでしょうか。ドアをノックするので、ちょっと見てみると「ああ、この人たちはちょっとムズカシイな」と思いましたから「今は忙しいし、休日だからダメです」とお断わりしたのです。けれども「ちょっと」とおっしゃるので、ドアをほんの少し開けて「何でしょうか」と聞きますと「私たちは土曜日しか時間がとれないので入れてくれ」という。

その日は土曜日だったのですが、土曜日、日曜日はうちの店は休みなのです。しかも、私は土曜と日曜はテレビの仕事や原稿書きの仕事をしていますので、非常に忙しいわけです。

「今日は土曜日で休みなんですが」

「私たち、土曜日しか動けないんです」

「でも、土曜日は私も非常に忙しいので」

「じゃあ、私たちのような人間はどうするのよ」

そんな会話が交わされて、仕方なくドアを開けました。

おもしろかったのは、私が「どちらからですか」とお尋ねすると、その夫婦は「大蔵省です」（いまなら「財務省」ですが）と答えたこと。

私は、「土曜日しか時間がとれない」とおっしゃるから、わざわざ遠くからご足労いただいたのだなと思って聞いたのであって、どういうご職業の方ですかなどと尋ねたわけではありません。初対面の方に対して、いきなりそんな立ち入ったことをおうかがいするような、品性下劣なことはいたしません。

しかし、その人は初対面の私に対して「自分は大蔵省の人間だ」ということをいいたかったわけです。

似たような話で、こんな話もあります。ある商社マンがニューヨークへ転勤になって、その奥さんがニューヨークの高層ビルのエレベーターに乗りこんだときのことです。同乗した人がその奥さんに「どちらですか」と尋ねました。

当然、上か下か何階に行きたいのかを聞いたわけです。が、その奥さんが答えたのは「白百合です」。

笑い話のようですが、つまり、その奥さんは白百合女学校を出ているということのみで、自分の人生を保っているわけです。「大蔵省です」と答えた人とおなじ感性。

そんな人を私は相手にしたくありません。

損得しか頭のなかにない人たちの値切り合戦

その大蔵省の夫婦は、すったもんだのあげく、結局、何も買いませんでした。「いくらですか」と聞くから「十五万円です」と答えれば「十万円にしてちょうだい」。「百万円」と答えれば「五十万円にしてちょうだい」

値段しか頭にない、損得だけしか頭にないわけです。損をしたくないという思いが、馬の鼻先にぶらさがった人参みたいに、おでこにぶらさがっているのです。そういう人は、あっちこっちの店を見て、それぞれの店で値切り合戦をやっているのでしょう。「それをとっておいてちょうだい」というけれども、結局、買いません。どこの業者も相手にしなくなりました。

だいたいそんなものです。値段を聞いたって買いはしないのだから、こっちだってろくに相手にしません。どうせ、大蔵省の官舎にただ同然で住んで、役所でふんぞりかえって、人に頭を下げたことなどないのでしょう。大蔵省が日本一、世界一だと思っている、狭い了見の人たちですから、相手にしてもしようがありません。

また、東南アジア、たとえばタイやインドネシアの駐在員の奥さんが日本に帰ってきた場合も、あまりいい感じはしませんでした。強い円の力でもって、安いメードを何人も使って威張りくさって暮らしてきたから、謙虚さを失っていたのです。下着一枚自分で洗ったことのないような人を、私は相手にしたくないのです。

もちろん、素晴らしい方もいらっしゃいました。事実、私が親しくさせていただいている駐在員の奥さんがふたりほどいます。その奥さん方は、英語は堪能だし教養もあるし、趣味の世界でもいい感性をおもちで、いいおつきあいをさせていただいていると思っています。

私は頑固ですが、昔の中国人とおなじで、一度胸襟を開けば徹底的に信用するし、親しくなります。そういう方にはモノを売って大儲けしようなどと思いません。本当にいいものだけを売るし、またお互いにそれぞれの世界を広めようと思って、おつきあいしているわけです。

「いちばん高いものはどれ?」という客の品性

私がいちばん嫌いな言葉、それは「このなかでいちばん高いものはどれですか」。

そんなことを聞かれたら即座に「出ていってくれ」というか、「さあ、知らないね」と答えつつ、やはり出ていってもらいます。

だって、私が店に置いていたものは、値段の安い高いはもちろんありますが、いやなものなんてひとつもないのですから。十万円のものであろうと二百万円のものであろうと、全部私にとっては気合が入ったものばかりでした。

それを「いちばん高いものはどれですか」とは、どういうことでしょう。

つまり、そういう人は、ものを値段でしか見ていないということです。値段でしか、ものの良し悪しを判断できない。高いからいいものだと思ってしまう。安いから価値の低いものだと思ってしまう。あるいは、値段だけが買うか買わないかの判断基準になっているのです。

そうではないはずです。値段よりも、ものの良し悪し、好き嫌いで判断すべきでしょう。そのうえで、購入できる金額かどうか、という問題になるはずです。

まあ、うっかりそんなことをいった人でも、ちょっと話をしてみて、わかっていただけそうな人であれば「あなた、そういう質問をしてはいけません。商人にとって、並んでいる商品はすべて宝なんです。あとは、あなたの感性で選ぶべきことでしょう。買えるか買えないかは、あなたのポケットのなかに入っているオカネの量だけの問題なんです」といって聞かせます。

けれども、「いちばん高いものはどれですか」などと聞く人にそんなことをいっても、わかっていただけないことが多いようです。そういうわけで、ほとんどの方に、すみやかにお帰り願うことになったのです。

正札で買う、信頼を売る

また、値段も聞かないでいきなり「これ、いくらまけてもらえるの?」という失礼な客もいました。こういう方もまた即座にお帰り願うことになります。

「いくらまけてもらえるの」――。こんな人を馬鹿にした話はないでしょう。

まけるつもりで、本当の値段に上乗せして売るなんて、そんないい加減な商売はしていません。こんなお客さんには「あなたには正札の倍でしか売りません」「うちの前は通らないでくれ。道路の向こう側を通ってくれ」そのくらいのことを私はいいます。そのくらいにしないと、「からくさ」

という店の看板が泣くのです。骨董商としての神通力も失ってしまうのです。

大事なことは、自分はどの古伊万里に心をひかれたのか、どの品をほしいのか、という自分自身の感性の問題、趣味の問題なのです。

ですから、この品をこのくらいの金額で買いたい、というのが本筋でしょう。もし、十万円で買いたいと思った品が三十万円するのであれば、三十万円稼いでから出直すべきではないでしょうか。

私はよく同業者から「中島は甘いな」といわれます。なぜなら、私は、同業者から言い値でものを買うからです。

「これいくら？」

「五十万円です」

「いただきましょう」というぐあいに。

そんな私を見た同業者は「なんで、中島さん、あのとき、値切らなかったんですか」といいます。けれども、考えてみてください。たとえば「これは、いくらまけてもらえますか？」と尋ねる人は、すでに提示されたその金額で買えるからこそ、絶対安全圏の値段に立って、さらに値切ろうと交渉に入っているのです。五十万円を出して買える人間が「いくらになる？」と聞くのです。

つまり、自分のなかの買う気持ちの起爆剤として、まけてもらうことを期待しているだけなのです。まけてもらうことで、自分の背中をドーンと突き飛ばして買うわけです。

そういう起爆剤は私には必要ないし、必要としたくもありません。五十万円で買えるのであればスパーンと買います。それだけのこと。五十万円で買えないものは最初から相手にしません。まけてもらって買おうなんて思いません。だから言い値でそのまま「いただきましょう」ということになるのです。

そういう私のやり方を見て、馬鹿だな、甘いなという人もいますが、私はそうは思いません。かりに、そこで値切ってまけてもらうことができたとしても、たいした額ではありません。もっと大事なのは信頼です。中島は、いいものを見せれば高くても買ってくれる、ということになれば、二度めに行ったときにもまたいいものを見せてくれるようになるのです。値切らなければ、まっとうな金額で売ってくれるようになるのです。

それを、値切ったうえに消費税まで値切って「会社のツケにしてくれ」などといって、さらに「領収書は備品で五枚に分けて送ってくれ」そんなケチ臭いことするから「申し訳ありませんが、うちはそういう商売をしておりませんので、お買いあげいただかなくてけっこうです」ということになるわけです。

都内のある業者の話です。その店にひとりの客がやってきて、二百万円と値のついている品を指さして、こういいました。

「これ、半値にしたまえ、君」

「ええ、けっこうでございます。ただ、もう五万円だけつけさせてくだい」とその業者。

結局、百五万円で商談成立。買った客も大儲けしたと思ったでしょう。

けれども、半額の百万円になるものは、もともと五十万円くらいの価値しかないものです。ですから、その業者も大儲けしたと思っているでしょう。ですが、信用を売り飛ばしたのですから大損です。

このように、ケチ臭い駆け引きをするような客は、おなじようなケチ臭い商売をする業者としかつきあえないということです。

ただし、私のいっているこれらの方程式は、日本人どうしの日本国内での話ですよ。外国人、とくに中国人を相手にしたときは、この方程式は通じません。彼らはカケヒキが伝統であり文化ですから。異文化に対して日本人は十二歳の少年だということを忘れないでください。

第十二章 目利きが伝授する鑑賞の鉄則

五章で「鑑定の鉄則　十カ条」をあげましたので、ここでは「鑑賞の鉄則　十カ条」をつけておきます。

「鑑定の鉄則」は、そのものがはたして買っていいものなのか、贋作ではないのか、あるいは自分がもっているものがどれほどの価値のあるものなのか、そうしたことを見極める際の重要なキーポイントを紹介しました。

それに対して「鑑賞の鉄則」では、ものの価値を推し量るというのではなく、骨董をどうやって純粋に楽しむか、というところに力点を置いています。買わないけれども、鑑賞はしたい、少しでもいいものを楽しく鑑賞したい、という人のためのものです。

具体的な話に入る前に、五章で紹介した「鑑定の鉄則　第1条」について補足させていただきます。そこでは「ファースト・インスピレーションで勝負しろ」と書いたのですが、これは多少の誤解を与えるかもしれません。ファースト・インスピレーションで勝負するのは、もちろん、骨董に対する基礎知識があってのことです。何も知らないのに、インスピレーションだけで勝負しても話になりません。骨董の世界は、そんないい加減なものではありません。経験と勉強と知性を重ねて、骨董の知識を身につけて、その上に立って最後はインスピレーションを大事にしろ、ということです。

さて、それでは始めましょう。

第1条　作品が生きているかどうかを感じろ

作品の前に立ってまず最初にすることは、その作品が生きているか死んでいるかを見極めることです。

これまた抽象的ないい方で申し訳ないのですが、生きている作品というのは、絵を描いた人、彫刻を彫った人、作陶をした人、などその品物のなかに、作者の血が流れているような印象を受けるものです。精神が脈打っているのです。

その精神や血潮が、見ている自分の胸を打つ作品というのが、生きている作品です。贋作や大量生産されたものは、作品が生きていません。

たとえば、バブル時代。大量の絵画が生産されました。バラの絵が売れるということになると、二十枚もキャンバスを並べてダーッと描いていく。赤い絵の具をとって花びらをパッパッパッと描いて、緑の絵の具をとって葉っぱをパッパッパッと描いていく。大きさは持ち運びがしやすいように八号、あるいはどの部屋にも掛けられるような十号ばかり。

こういう作品には力がありません。どんなに綺麗な絵であっても、作者の血を感じられない作品は、生きていません。

逆に、その作家の出世作、あるいは生存中は評価されなかった作家であっても、一流の藝術家の作品というのは、やはり血潮がたぎっています。躍動感がある、生きているのです。

そういう作品を目の前にしたときに、生きていると感じることのできる力を養うことが、一流の鑑賞者、趣味人になる条件だと思います。

そのためには、やはり本物をたくさん見るしかありません。買わなくてもいいのです。展覧会や美術館へ出かけてみるという方法もあるのですから。とにかく、一流品を見ることです。そうすれば、おのずと生きた作品というのがわかってきます。

第2条　ブランドに惑わされるな

日本人は非常にブランドに弱い。これは、見方を変えれば、権威に弱いという日本人の特質を見事に反映していると思います。お上《かみ》がこうだ、大多数がこうだ、といえば、自分では何も考えないでそうだと思ってしまう。これでは、本物の目筋は磨けません。

誰が何といおうとも、自分の目で見て、自分の感性で判断しなければ、成長はありません。骨董に関しても同様です。これは院展の出品作だ、何々という画壇に所属している、あるいは文化勲章を受章した人のものだ、何々工房の作品だ、などということで、当然いいものだと勘違いしてしまう。

または、○○美術全集に載っています、世界陶磁全集に載っています、それもカラーで載っています、だから間違いない、などと思ってしまう。

そんなことはありません。色鍋島であっても、古九谷であっても、駄作はあります。北大路魯山人でも駄作はあるのです。全集に載っていたって、誰が載せたかは知らないけれども、くだらないものを載せていることもあるのです。

魯山人、古九谷である前に、全集を信用する前に、まず作品そのものを自分の目で見るようにしていかないと本当の目筋は磨けません。駄作、贋物にコロリと騙されることになるのです。

もちろん、ブランドというのは優れているから形成されたものです。それは評価できます。ただ、多くのものは優れているのだけど、なかにはどうしようもないものもある、と肝に銘じておいてください。ブランドだからということで安心感に包まれていると、ものを見るときにシビアさが失われますから、どうしようもないものに手を出して喜んでいる場合だってあるわけです。

ブランドというのは権威です。ブランド側にすれば、これほど便利で有益なものはありません。家元がこれを使えという、流派の創立者がこれを使いなさいといったから、他のものを使わないですむし、加えて、付加価値を生じるから値段がどうしても高くなります。これほど便利なことはありません。

ところが、それは買う側にとってはまったく無益です。付加価値に対する値段の高さなどは迷惑千万。喜ぶのは、権威が好きで、権威を手に入れて安心している人たちだけでしょう。見る目がないから、ブランド品を手に入れることで、かろうじてくだらないものを手にする可能性が低くなっている、それだけです。

これでは本当の鑑賞はできません。ものにまつわるブランドをはぎ取って、裸のものを見ることです。そういうなかで初めて本物の感性が養われるのです。そうすれば、くだらないと周囲がいうもののなかからでも素晴らしい掘り出し物を見つけられるし、素晴らしいと周囲が騒ぐもののなかに隠れ込んだ駄作を避けることもできるのです。

第3条　年代にこだわるな

年代の古さだけにこだわりつづけると、もはや本当にいいものを見つけることができなくなっています。

これは、これまでの骨董商がおかしてきた間違いでもありまして、それぞれのものがいちばん優れていた時代を非常に限定しすぎてきたという部分があります。

たとえば、志野は桃山時代のものでなければいけない、古瀬戸は鎌倉時代のものでなければいけない、というふうに。

他にも、乾山は初代でなければならない、備前の水指しは室町時代の末期から桃山時代にかけてのものでなければいけない、といわれてきました。

たしかに、そういう定義づけは正しいと思いますし、その時代のものは優れているものが多い。けれども、いまの時代のように、骨董が収まるべき美術館に収まって、収まるべき収集家のところに収まってしまうと、もはやその時代の品を探すことさえ至難の業です。

そうした状況は、贋物師が目の色変えてその当時の贋物を作る状況を助長することになります。そして、その時代のものだけを探していると、そういう贋物をつかんでしまう可能性が出てくるのです。

そこで、発想をもっと柔軟にしてみる必要が出てきます。たとえば、志野は桃山時代の作以外はつまらないのでしょうか。決してそうではありません。江戸時代でも優れた志野が作られているかもしれませんし、明治時代でもあるかもしれない。もちろん、桃山時代のものが最高ではあるけれども、それ以外のものを排除する必要はまったくないわけです。鑑賞の対象として、どんどん取り上げていくべきだと思います

初期伊万里でも、最盛期の伊万里でも、優れたものがある反面、駄作もあります。そういうふうに年代にこだわらずに見ていくと、古美術の世界がもっと広く自由になっていくはずです。それを見抜くのは、まさにひとりひとりの目なのです。

さらに、もうひとついうと、年代だけにこだわっていくと、非常に爺臭い趣味になってしまうことがあるのです。学研肌になって審美眼を失うのです。

古いからいいんだと、そのものの良し悪しよりも古さにこだわりつづけていると、極端な話、たとえば「これは神武天皇が吹いていた石笛です」などといわれて舞いあがって買ってしまったりするかもしれない。そんなもの、あるわけがないのです。日本書紀、古事記の時代ですから、かりに本当であったとすれば国の財産、売り買いできるわけがありません。

あるいは、天女が美保の松原に置き忘れていった羽衣なんていうのが、事実、ある美術館にありましたし、あるいは浦島太郎が木曽の寝覚めの床に忘れていった釣竿なんてものも、ある文化館で見つけました。ワケのわからないものばかりです。まあ、ロマンではありますが。

これと同様に、古さだけにこだわっていると、たしかに古いけれどもくだらない、何の価値もないようなものに目がいってしまうことになるのです。

これは覚えておいてほしいのですが、年代の古いものでも本当にいいものというのは、その当時にすれば非常に斬新なものが多いのです。たとえば、唐三彩の女俑立像が着ている広い襟のドレスなんていうのは、非常に斬新。つまり、当時、それをつくった作家の感性が非常に新しいものであったといえるのです。

ですから、古くなくても、ハッとするような斬新な感性の作品を見つけたら、どんどん注目するべきだと思います。

第4条　たくさんのものを、時間をかけて見なさい

世の中には実にさまざまなものがあります。それらを、とにかく時間をかけて、そしてたくさん見ることです。

具体的には、いろいろな骨董店、骨董市、露店市場を見て歩くことです。いろいろな展覧会、博物館、美術館に出かけてみることです。部屋に閉じこもって世界美術全集ばかりを見ていては、知

識は身につくでしょうが、鑑識眼は養えません。じかにものを見ることが大事です。

まず、さまざまなジャンルのものを、好き嫌いにかかわらず、何でも見ること。専門外だからわからないから見ないというのではなく、とにかく一流のものは何でも見るようにすることです。

論語百遍、意おのずから通ず、という言葉があります。論語なんて最初はチンプンカンプンだけれども百回も読んでいるとなんとなくその意味がわかってくる、ということです。おなじように骨董に関しても、最初は何が何だかわからなくても、何度も何度も、いくつもいくつも見ているうちに、自然とものの本質が見えてくるようになるのです。

私の店では古伊万里のブルー&ホワイトだけを扱っていたわけですが、焼き物はもちろん他のありとあらゆるものを見ています。高浜虚子の俳句も見るし、与謝野晶子の歌の掛軸も見るし、狩野探幽も見るし、お寺の屋根も見る。そうして培った見識がすべていまの私を作ってくれているわけです。

いろいろなものを見るうちに、しだいに原点というものが見えてくるのです。焼き物であれば、やはり中国の焼き物が原点ですから、それは見なければいけない。中国の焼き物を見てさらに目を養い、またもう一度日本の焼き物に戻ってくる。そういう繰り返しのなかで、焼き物の世界の全体像がわかってくるのです。

仏教美術が好きならば、中国の石仏を見て、さらに日本の奈良時代の仏像を見るべきです。そして、また中国の石仏に戻る。そうして初めて仏教美術の全体像が見えてくるのです。

そうしたなかで、自分の専門をやればいいのです。もし私が、伊万里しかわからなくて伊万里を商っていたならば、「からくさ」という店はなかったでしょう。いろいろ知っているからこそ、奥が深いのです。すべてはその原理です。

そして、たっぷりと時間をかけて、自分が納得できるようになるまで眺めつづけることです。そのもののなかに秘められている意味を吸収することです。

私もなかなか時間がなくてたいへんですが、時間をこじ開けるようにして見ています。今度暇なときに見ようなどと考えていると、人間アホですから忘れてしまいます。植木に水をやるのに「後にしよう」と思ったら、植木は枯れてしまいます。水をやろうと思ったときに水をやらなくてはいけません。それは一種の努力と考えてもいい。忍耐強く、時間を割いて、努力して、見ることです。そのなかで、趣味人の命ともいえる探究心が培われるのです。

第5条　本物をできるだけ見なさい

本物を見る、これがいちばん大事なことです。本物を見つづけてこそ、本物の目が養えます。具体的にいえば、国宝や重要文化財などを見る機会があったならば、飛んで行って見るべきです。本物というのは、長い歴史のなかで、その時代時代のなかで生まれてきています。たとえ、いま流行《はや》っていないものでも、本物というのはやはり素晴らしい。江戸時代、明治時代、あるいは戦前の昭和に流行ったけれども、いまは注目されなくなったという分野のものであっても、本物はあります。そうしたものにもアンテナを張っておくべきでしょう。

私が店で扱っていた古伊万里のブルー&ホワイトなどは、いまでこそ注目されていますが、それまではまったく相手にされなかったものなのです。時代の評価というのは時代ごとに変わってしまう部分もあるわけで、注目されなくなったからといって無視するようでは、本物の目は磨けません。絵画でも、掛軸でも、音楽でも、あらゆるジャンルでおなじことがいえるのではないでしょうか。

逆に、贋物ばかりを見ていると、感性はどんどん落ちていきます。

出版物の仕事で贋物ばかりを集めていた時期があって、私の家のなかにはさまざまな贋物が並んでいました。それらの贋物を目の前にしていると、不思議なことに、なんともいえない気持ち悪さを感じたものです。精神衛生上、非常によくない。感性や目が汚されるような気がしてくるのです。

本物を見る――これは実に重要なことなのです。

第6条　本物のあとに自分が気に入ったものを見る

本物を充分に見つづけたあとにすることとは、自分が気に入ったものを見ることです。

順番が大事ですから、前後を間違えないようにしてください。本物を見つづけて、本物の匂い、感性がなんとなくわかってきたあとに、好きなものを見るのです。そこで初めて自分の感性に合うものを見ることです。

第一条から五条までは、勉強と考えていただいてかまいません。本物も贋物も何もわからない状態でいきなり自分が好きなものだけ見ていては、井のなかの蛙です。ある程度の鑑識眼を培った段階で、自分のテリトリーへ進んでください。

もし第一条から五条までだけで終わってしまえば、趣味人としての個性は何も生まれないし、また深い趣味に到達することができません。受験勉強ばかりして一流大学に入れても、本当に好きな学問や趣味の分野を見つけられなければ、ヒューマニズムに溢れた豊かな人生を送れないのとおなじで、第六条から先は入学後のクラブ活動、あなたの個性を育てます。

他人がなんといっても「俺はこれが好きなんだ」というものをもつことが、自分の感性を磨くことになるのです。

第7条　人の話に惑わされるな

第一条から六条までが身についてきたら、つぎのステップでは、ものを買う際にいちいち他人の話に惑わされてはいけない、ということを覚えてください。

自分では気に入って素晴らしいものだと思っているのに「これは贋物ですよ」といわれて、その話に惑わされると、急にそのもののよさが影を潜めてしまうものです。

「これは最近値下がりしたんですよ」といわれて「なーんだ、つまらない」と思ってしまう。あるいは逆に「これは、このごろ高くなりまして、もう買えないかもしれません」などといわれると、いきなりそれが美しく見えたりするものです。

人間なんて、実に情ない動物ですから、いちいち人の話に惑わされやすいという傾向があります。

しかし、それでは話になりません。自分がいいと思ったものに関しては、それが安くなろうと高くなろうとそんなことは屁の河童、どうでもいいことです。

ただ、他人の話に心が動く人間にかぎって騙されるものです。

たとえば、父親がある骨董業者から一千万円で買ったもので、非常に大事にしていた品がある。それを息子が二百万円で売りたいといってきた。「父親には内緒でオカネがほしいから黙っておいてほしい」という。それで、シメシメということで「いいですとも」などといいながら買ってみたら贋物だった、という話は、もう聞き飽きるくらいある話です。

外国の市場で見つけた掘り出し物です、みんなが欲しがるんですが、あなただけに売りましょう、なんていうオイシイ話がいまどきあるわけない。きっと、それは何年も売れないで残っていたものです。

人の話なんか、どうだっていいのです。自分がいいと思ったら買えばいい。自分がいやだと思ったら買わなければいい。

人の「話」ではなく、自分の「目」を判断基準にすることです。

自分の「目」を判断基準にして、もし贋物をつかんだとしても、それは勉強になるわけです。自分の目は甘かった、二度と騙されないゾ、と発奮できます。

それを人の「話」を判断基準にして、贋物をつかんだとしたら、勉強になるどころか、人間不信になるのがオチでしょう。

第8条　業者と仲良くしなさい

いま、骨董に関するさまざまな本が出ています。本のなかには、どうすればいいものを見つけることができるか、いい品を手にすることができるか、ということが必ず書いてあります。そのためには、まず第一に業者と仲良くしなさい、とほとんどの本に書いてあります。とんでもないことです。私にいわせればチャンチャラおかしい。

もちろん素晴らしい業者もたくさんいるけれども、一部の業者は素人の目を欺いてくだらないものを少しでも高く売ろうとしているのです。そんな人種と仲良くすれば、ネギカモです。どうぞ私の首を切ってください、洗ってまいりました、というようなものです。首を差し出す人間など、誰もいません。

まずは、第七条までのことをきちんと習得すること。業者と仲良くするのは、それからです。そうして初めて、いい業者も悪い業者も、程度の低い業者も高い業者も、目筋のいい業者も悪い業者も、まとめて見えてくるのです。業者のもっている美点を捜しなさい。

そして、それぞれ共通の話題をもつことができるようになるのです。売り買いを別にしてのつきあいができるようになるのです。

そうすると、新たな知識も増えるし、勉強にもなる。あるいは、何らかの指針を得ることもできるようになります。

それをいきなり、業者と仲良くしようとするから無理が生じるのです。何の知識もノウハウもないから、仲良くするには、売り買い、つまりカネが必要になって、そしてカネの切れ目が縁の切れ目、カネがなくなればつきあいもそれで終わりです。

そうではなくて、売り買いだけの関係ではない、人間としてのつきあいができるような、趣味人としての下地を磨くことが大事なのです。前章で紹介したお客さんで、大蔵省の夫婦と酒屋の息子の違いはそこにあります。ちゃんとした目をもったお客であれば、私も「お入りください」というまでもなく、店の品を見ていただきたいと思うわけです。

逆に、いつまでたっても、業者とのつきあいをしない人もいます。業者のいうことをいっさい信じないで我が道を行く。こういう人は、裏街道を常に歩いているようなものであって、結果として怪しげな贋物ばかりをつかむことになります。むしろ、そういう陽の当たらないモノが良く見えるようになるのです。ケチだから、業者に利を取られたくないのです。結局、それで損をするのです。

いいものというのは、ちゃんとした骨董業者の手に集まるようにシステムができていますから、やはり正々堂々と骨董業者とつきあうべきでしょう。

第9条　モノに直接触れなさい

ここまでくれば、もう立派な趣味家といっていいでしょう。

骨董業者と仲良くなったならば、つぎはものに直接触れることです。

国宝級の品に触りたいのなら、大金を支払って一流のお茶会の会員券を手に入れるという方法があります。そして、有数の財界人や数寄者が行なっているお茶会に出かけて、名物の茶器を手にもってみるといいでしょう。

あるいは、公立や私立の博物館の特別会員になる方法もあります。そして、研修会に出かけて、国宝級の茶碗を手にしてみるといいでしょう。あるいは、業者の店に行って、奥にしまっているような秘蔵の名品をもたせてもらうといいでしょう。

ガラス越しに眺めていては、その品の良し悪しは半分くらいしかわからないものです。残りの半分を会得するには、実際に自分の手でもってみるしかないのです。手のひらで触れてみる、指先で触れてみる、頬にくっつけてみる、茶碗だったら唇にあててみることです。

私たちプロは、目をつぶっていても、ものをもてば、その天龍寺青磁の花生けが本物かどうか一発でわかってしまいます。ものには、それ相応の重さと触感があるのです。冷たいか温かいか、重いか軽いか、ツルンとしているのかザラザラしているのか、どういう感じがするのか、そういう感触で、九割くらいがわかってしまいます。

若いときの話です。池内さんという茶道具を扱う親しい先輩の店を訪ねたときのことです。池内さんは所用があって奥で仕事をしていらした。

それで「誠ちゃん、時間潰しにこれでも見ててくれ」といって、箱に入った茶碗を私に差し出しました。

その箱を手にもった瞬間、私は「これは乾山かい？」といいました。

「どうしてわかった？」

「いや、重さです」

「いや、たいしたもんだね。乾山だよ」と池内さんがニッコリ笑いました。

私は嬉しかった。つまり、そこまでいって初めて目利きになれるのです。

また、ちょっとズルイ店の主人のところに出かけていったときのことです。私が店先に現われた瞬間、その店の主人は、そこに置いてあった箱をささささっと奥に隠したのです。私には見られたくなかったのでしょう。そこで、私はこういいました。

「さっきの高麗青磁、どうして隠されたんですか」

相手はびっくりです。

「中島さん、どうして高麗青磁ってわかりました？」

「いや、箱を見てわかりました」

つまり、常日頃から触っているから、箱を見ただけで、その量感が空気を伝わってフッと私のなかに入りこんでくるのです。手品でも何でもありません。箱はなかのものを入れるのにふさわしい作り方をしてありますから、常日頃、触っていると、そのものが放つ霊気が伝わってくるようになるのです。

その方はもうすでに亡くなってしまいましたが、それ以来、いいものはみんな私に見せてくれるようになりました。

私たち骨董業者は、一回のオークションで少なくとも千点ぐらいの品物を触ります。一年間に何十回とオークションに出かけていますから、何万点もの品物に触れているのです。ですから、贋作なんていうのは、もはや遠目で見るだけでわかってしまうものなのです。

「ああ、これは贋物だ。肌が違う、重さが違う」

触らなくてもいい。目隠しをしてものを持ち上げただけでわかります。

そのくらい、触るというのは大事な要素なのです。

第10条　自分の好みのジャンルを極めろ

第九条まで身につけば、もういうことはありません。そのうえで最後に自分がやることは、自分の好みのジャンルを極める、ということです。自分の世界を作るのです。何でもかんでも好きなどという人は、結局何もわかっていません。これだけは絶対に人に負けない、というジャンルを作ることです。

ひとつの世界を極めれば、不思議なことに他の世界もわかるようになるものです。本物の本質というのは共通しているのでしょう。私は古伊万里を専門にしていますが、その他の骨董の良し悪しもわかるというのはそのためです。私は専門分野では絶対ひとに負けません。

もっとも、九条までくれば、自ずと自分の世界ができあがっているはずですから、あとはその道をさらに深め、鑑賞の世界を広げていけばいいのです。

第三部

焼き物の目利き

気に入った品物を手に入れて、それを毎日の生活のなかで大切に使いながら、自分も焼物もともに育っていく、これがやはり焼物を愛する原点だろうと思います。もちろん、これは焼物にかぎらず骨董というもの全般に通じることだと思います。

そして、失敗というのは、この原点を忘れたときに起こるものです。ちょっと古そうな品がある、これを見せびらかしてやろう、ひと儲けしてやろう、などといった欲が生まれたときに、騙《だま》されたり、結果として損をしたりするわけです。

そうではなく、もっと素直にものに対峙《たいじ》し、好きなものを身近に置いて楽しむ心をぜひとも大切にしてください。

第三部では、「焼物」を大きなテーマに語ってみました。北大路魯山人《きたおおじろさんじん》や野々村仁清《ののむらにんせい》といった有名な作家たちはどのように焼物に取り組んでいたのか、そもそも中国や日本において焼物はどのような歴史を歩んできたのか、焼物の本当の魅力とはいったい何なのか、こうした話を今回はふんだんに盛りこんでいます。

実物を見たり買ったりして、本物のよさや美しさを知ることの重要性は、これまでの私の著書のなかで折にふれて述べてきましたが、それと同時に焼物が生まれ育ってきた歴史、陶工や職人たちの思いというものも知っておくことが欠かせません。

そうした知識をしっかり身につけていないと、ありうるはずのない話に踊らされたり、いかにも立派な故事来歴に目を奪われたり、約束どおりの贋物にまんまと騙されてしまったりするのです。あるいは「萩の七化け」を知らないために、せっかくのいい味わいの萩焼を洗剤のなかにぶちこんで、きれいさっぱり洗ってしまう人がいたりします。

骨董の世界は、古いもののなかにある美しさを愛《め》で慈《いつく》しむ趣味の世界です。合理性や完全性といったものとはおよそ掛け離れているのですが、私たち日本人は非合理的で不完全なものに美を見いだす傾向が強いようです。自然のなかにすっぽりとくるまって、いっしょに育っていこうという心の豊かさに恵まれているのだと思います。

その心を大切にして、知識も増やし、そして「あ、いいな」と自然に生じる感動にしたがってみれば、おのずといいものが見つかることになるはずです。焼物を育てる、自分も育てる、そういう意識があるところにこそ、本当に価値あるものが集まってくるのですから。

第十三章　焼物をめぐる冒険

いいえて妙の「目利き儲からず」

骨董屋としての儲け話は、皆さんが思っているほど大儲けをするというようなことは、ほとんどありません。読者のなかには、それこそ拾ってきたものが何百万円にもなった、などということがありうると思っている人もいるようですが、そんなことはまず絶対にありえないのです。

「目利き儲からず」という言葉があるように、目利きというのは儲からないようにできているものです。なぜなら、ものの良し悪しがわかるようになると、メチャクチャなことはしない、できないようになるからです。百万円のものは、やはり百万円前後で買ってきて、一割か二割程度の利益をつけて売るわけですから、普通の商売より利は悪い。

ところが、目利きでない場合、本当は非常に価値のあるものなのに「どうせ大したものではないだろう」と思って適当な安い値段で買ってきて、それが思わぬ高値で売れるということがなくもないのです。ですから、目利きではない人のほうが、儲かることがあります。

それなら、一生懸命に勉強して鑑定眼を養う必要はないかというと、決してそうではありません。

長い目でみれば、そうした人は大儲けをする可能性があるのとおなじように、当然、大損する可能性も高いのです。そして、信頼というものが得られませんから、いつまでたってもろくでもないものばかりつかむことになって、結局、何も残らないのが実情です。

また、目利きというのは、大きな儲けがないかわりに、やはり心の勲章が残るわけで、骨董商として身を立てる者としては、それこそがなによりの大きな財産になるのです。

いただいた李朝の瓶をオカネにかえてしまった苦い思い出

ここでは、骨董商としての私の経験のなかから、焼物をめぐるいくつかのエピソードを紹介していきましょう。

これは、たいへんに苦い思い出です。

私がまだずいぶんと若いころのことですが、東京の郊外に住んでいらした非常に学識のある方のところに、月に二回ほど通いまして、いろいろと教えていただいたことがありました。工藝品や古美術の話をうかがったり、あるいは中国の歴史が記された『十八史略』の講義をしていただいたりしました。

優れた学者ですから、非常にためになり、また実に興味深いお話ばかりだったことを記憶しています。そんなふうにして、いろいろな話を聞いてメモして勉強することが約半年ほどつづきました。

そのご主人は、戦前、中国大陸にいらっしゃいまして、なおかつ骨董がお好きでしたから、宋磁や李朝の焼物をいくつか所持しておられました。

家は今ではもう建て替えられてなくなっていると思いますが、その家のトイレをお借りしたときに、トイレの出窓に李朝の面取りの瓶が置いてありました。その李朝の瓶には季節の花が一輪飾られていて、私がトイレをお借りするときにはいつも「ああ、いい李朝の作品だな」とほれぼれと見ていたものです。

ある日、『十八史略』の講義が終わってトイレをお借りしたときに、その李朝の瓶を見ると、なんと瓶の口が欠けてしまっています。

「トイレの李朝の瓶の口が欠けていましたけど、どうしたんですか」

と驚いて聞くと、

「いや、うちで飼っている猫があそこから出入りするものですから、そのときに猫が倒したんですよ」

と、おっしゃる。

それまで私は、その李朝の瓶がどれほど素晴らしいものか説明することは避けて黙っていたのですが、その話にびっくりしまして、つい語気を強めて、つぎのようなことをいってしまったのです。

「あれはたいへんに素晴らしい品物なんですよ。そんな猫が出入りするようなところに置いておくべきものではありません。いくら安く買ったとしても、あれだけのものをそういうところに置いておく、その心構えがよくありません。しかも、猫が割ってしまったと、事もなげにおっしゃるなんて、納得できません」

私もずいぶん若かったものですから、分をわきまえずに語気を強めてしまったのです。

それからしばらくして、最後の講義の日を迎えました。これまでの御礼にと思い、心ばかりの菓子折りなどを持参して「ありがとうございました」とご挨拶したときのことです。

「これはあなたに差し上げましょう」

ご主人はそういって、李朝の瓶をくださったのです。

どういうことかと首をかしげておりますと、瓶の口が欠けたときに私が非常に憤慨した、その気概が非常に気に入ったとおっしゃるのです。

「なるほど、あのとき、猫が出入りするようなところに置いていたのは私自身が悪いのですが、なにしろ自分にとってはトイレの花生けにすぎなかったものだから、そういう意味では、それほどの瓶を大事に思ってくれる人に差し上げたほうがいいと思った」

と、おっしゃるのです。

「どうか大事にしてください」といって、くださったのです。

今、値段をつけるなら、それこそ一千万円以上する李朝の瓶です。当時でも、やはり五十万円くらいはしていたはずです。そんないいものを私の気概だけで譲っていただいて、本当に嬉しく思いました。

その後も大切にしていたのですが、あるとき、美術雑誌の編集部の方に随筆を依頼されて、その件を少しばかり書いたのです。そして、同時にその李朝の写真も掲載したいということになり、撮影して雑誌に掲載されることになりました。

その雑誌が出版されて一カ月ほど経ったころでしょうか。知り合いの骨董業者がうちを訪ねてきて、その李朝の瓶を売ってくれというのです。しかも、私が書いた随筆は読んでいないらしく、写真だけ見て私のところに飛んできたようです。

私は、そういうことのために美術雑誌に随筆を書き写真を掲載したのではありませんでしたし、その瓶を売ろうという気は毛頭ありませんでしたから、丁重にお断わりしました。が、なんともその骨董業者がしつこい。なかなか諦めない。毎日のようにうちにやってくるのです。もっとも、それがオークションに出品されたらかなり高く売れるはずですから、骨董業者であれば買い入れたいというのは当然ですが。

結局、日参されて、百万円の札束を目の前に置かれて、奪われるようにして私の手元から去っていってしまいました。

私の心のなかには、それを売ってしまった、いただいたものを売ってしまった、オカネにかえてしまった、という虚しさや悔しさがずいぶんと長く残ったものです。

私にそれをくださった方を裏切ってしまったような気持ち。私の文章も読まずにそれを譲ってくれと強談判《こわだんぱん》しにきた同業者に、お札でほっぺたを叩かれるようにして売ってしまったことの後味の悪さ。そういうことがあって、たしかに儲かったのだけれども、決していい思い出ではありません。

普通であれば、商人として非常にラッキーなことでありますから、両手をあげて喜ぶべきところですが、やはり私のなかには商人の部分があると同時に、趣味人としての部分が色濃くあるのでしょう。儲かったとはいえ、決して嬉しくはありませんでした。

趣味人というのは、やはり頑《かたくな》なこだわりというものをもっていますから、利益をあげたことを喜ぶ気持ちより、どうしても「奪われてしまった」という思いが強くなってしまうのです。結局、そのオカネはどこかに消えてしまいました。オカネも消えてしまって品物も消えてしまった。そういう苦い思い出があります。

杉の根元に埋められた壺の謎

つぎに紹介するのは、世の中のためにもなったし、私自身もずいぶんと儲けさせてもらった話です。

やはり、私がまだ若かったころのことです。ある日、いつも行く古美術品のオークションに出かけました。さまざまなものが出品されていましたが、そのなかに箱に入った古瀬戸の四耳壺《しじこ》がありました。

遠目に見ただけでも、非常に形がいい。これはきっと鎌倉時代、あるいは南北朝時代の古瀬戸に違いないと、私はふみました。その時代の古瀬戸は、肩が張っていて、堂々としており、またふっくらとした味わいがあります。その壺は、まさにそのような壺だったのです。

これはなんとしても欲しいと思った私は、競《せ》りに加わりました。五十万円くらいまでは出してもいいと思っていたところ、意外にも二十二万円の安値で手に入れることができました。今でもそのときのことはよく覚えています。

本当に嬉しくて、さっさとそれを箱にしまって、いそいそと自宅へ持って帰りました。それからしばらくは、毎日、飽きずに眺めたものです。

その壺が入っていた箱のなかには、戦前の昭和十五年ごろに発行された焼物に関する雑誌が入っていました。たぶん、その壺に関する記事が掲載されている雑誌ということで、いっしょに入れられていたのでしょう。その雑誌をめくってみますと、やはりその壺の写真が掲載されていました。

ところが、それが非常に不思議な写真だったのです。

群馬県の世良田《せらだ》というところに、長楽寺という寺があります。新田義貞の菩提《ぼだい》寺で、たいへんな名刹《めいさつ》です。その長楽寺の大きな杉の木の根っこに、その壺が抱えられるようにして泥のなかから顔を出しているようすが、写真にうつっていたのです。

どういうことかといいますと、昭和十年代のころ、長楽寺にそびえる杉の木に落雷があって、その落雷によって杉のてっぺんに火がついて燃えだしてしまった。遠くから見ると、その杉が燃える光景は蠟燭《ろうそく》が燃えるようだったということです。それで、火を消すために村の青年団が駆けつけたけれども、水が届くような高さではない。このままでは飛び火して大火事になる可能性もある。けれども、火の消しようがないものですから、仕方なくその杉の木を切り倒したわけです。そうして火を消しました。

切り倒されたあとには杉の大きな根っこが残されており、そのまま放置しておくわけにもいかず、結局、根っこも掘り返して除去することになりました。そうやって掘り進めていくと、その根っこに抱きかかえられるように古瀬戸の四耳壺が出てきたというわけです。それが、あのとき私がオークションで競り落とした四耳壺だったのです。

その四耳壺が埋められていたあたりには、石の蓋《ふた》があったそうです。つまり、その壺は骨壺として使われていて、四耳壺のなかにお骨を入れて石の蓋をしておいたのです。さらに、碑文が添えられていて、それによると、京都の東福寺から世良田の長楽寺に招かれた名僧で、有名な月船和尚という人の分骨が壺に入っていたというのです。

壺が掘り出された「故郷」に返そうと思ったけれども……

その後、神田の古本屋街で、昭和二十四年ごろに出版された焼物に関する薄い本を見つけまして、その本『茶わん』を買って家で読んでいたときのことです。なんと、その古本のなかに四耳壺の話が書かれていました。

記事は、世良田の有名な郷土史家の金子規矩雄氏が書いたものです。内容は、世良田の長楽寺で行なわれた展覧会と、長楽寺に伝わる寺宝の秋の虫干しの会を見たときの紀行文でした。展覧会というのは、長楽寺から出土したさまざまな遺物の展覧会です。

その記事によると、数ある展示品のなかでもっとも印象深かったのは、土間に無造作に並べられていた月船和尚他いくつかの骨壺だというのです。その壺は、間違いなく鎌倉時代あたりの古瀬戸の四耳壺であったと記されていました。そして、あんなふうに粗雑な扱いをしていたならば、いつかきっとどこかへ流れていってしまうのではないかと危惧《きぐ》しながら、秋の気配が深い長楽寺をあとにした、というような随筆でした。

その方が危惧したとおり、その四耳壺は、誰かのもとに売りに出されて、それから世間を転々として、十数年後にオークションという場で私が入手することになったのです。その壺が私の手元にあるという、なんともいえない因縁と不思議ないとおしさを感じながら、壺を改めて鑑賞したものです。

けれども、その郷土史家がたいへんに危惧されていたということ、大事な文化財の保護に心を痛めているというその文章が、やはり非常に気になります。

当時の私はオカネが充分にあったとはいえませんでしたけれども、郷土史家の想いに応えて、その壺を一番最初にあった長楽寺に無償で返してあげようと思いたったのです。

それで、壺を車に乗せて、地図を頼りに利根川沿いを走り、群馬県の世良田にある長楽寺を訪ねました。寺では、幼稚園を経営していました。台風に襲われたのでしょうか、本堂には穴があいたようで、青色のビニールシートを被せてありました。

現在の長楽寺にはたいへん申し訳ないことなのですが、何と申しましょうか、当時の若い私の目に、愛玩《あいがん》している品をお渡しするような雰囲気には見えなかったのです。

その寺は地つづきに東照宮があります。つまり、家康の遺骨を今の日光東照宮に収める際、東照宮を建築しているあいだに、仮にこの長楽寺に収めていたというのです。ですから、東照宮などの宝物なども飾ってあったのですが、どうにも私の気持ちを納得させるような雰囲気ではありません。

私はそういう状況に非常にがっかりしました。古びた由緒ある寺なのですが、今ここであの壺を返したら、また再び世の中に流出してしまうのではないかという気がしたのです。

それで結局、壺はやはり私が大切に持ちつづけていようと思い、そのまま東京に帰ることにしました。なんだか自分の気持ちが裏切られたように感じて、上州の山並みを見つめながら帰ってきました。

群馬県立歴史博物館にわたった壺

そうした経緯を、ある出版社から原稿依頼があったので、書くことになりました。出版部数が五千部にも満たないような、それこそパンフレットのような小冊子でしたが、文章を書くのはそのころから好きでしたし、たとえささやかな出版物でも原稿を頼まれたことがとても嬉しく、引き受けたのです。それで、その古瀬戸の四耳壺を入手した経緯と壺にまつわる話を少しばかり書いたわけです。

やはり、出版物というのは凄《すご》いものです。私が書いたその文章を、あの世良田の郷土史家の方が読んだようで、うちに電話がかかってきたのです。戦後まもなくの執筆者の方がご存命だったとは思わなかったものですから、非常に驚きました。

「あの壺は、実は戦後のどさくさのなかでいろんな経緯がありまして、寺が処分してしまって行方不明になっていたのです。ぜひ見せていただきたいので、もしよろしければお邪魔させていただきたい」

そうおっしゃる。

私は「どうぞお出でください」と答え、まだ創業したばかりの青山の店「からくさ」にお招きしました。

すると、郷土史家の方のほかにも文化財保護委員会の関係者など、大勢の方が訪ねてきました。当時は五坪ほどの狭い店だったので、とても私の店には入りきれません。近所の喫茶店にご案内して、そこで壺を披露しました。

その後も何度か来店して、結局「なんとか、その壺を譲ってくれないか」とおっしゃるのです。しかし、私はあのときの印象を忘れることができず、もう二度と壺を手元から放す気にはなれませんでした。自分がせっかくオークションで二十二万円で競り落とし、なおかつ長楽寺に返そうと思って車で出かけたのに、一人よがりとはいえ、みじめな気持ちになったものですから、何かしらこの壺は自分の手元に置いておくのがいちばんいいのだと思うようになっていたのです。

それでもやはり再三いらして、「戻してもらえないだろうか」とおっしゃる。あるとき、そのグループのなかのお一人がまたやって来られて、「群馬県に返してもらえないでしょうか」と頭を下げられました。実は、今度、高崎市に群馬県立歴史博物館が新しくできるので、そこに「長楽寺出土月船和尚の骨壺」として壺を展示したい、とおっしゃるのです。

筋道をピシリと通してお話しになるし、その誠実な姿勢に私も心が動きまして、お渡ししてもいいかなという心が湧きあがってきたのです。

「わかりました。本当は返そうと思ってお寺までわざわざ行ったのですが、なんともがっかりしたような気持ちになりまして、それ以来、手放すつもりは毛頭ありませんでしたが、そこまでおっしゃるのなら、自分の気持ちを新たに納得させるために、金額で解決しましょう。二百万で買ってくださるなら結構です」

そういったところ、承諾されました。

その後、歴史博物館の関係者から「いただいた壺を展示しましたので、ぜひいらしてください」という丁寧な手紙が届きましたが、私は結局まだ一度もその壺を見に行っていません。

というのは、やはりその壺には愛着をもっていましたので、手放してしまった未練というか、その壺に対して申し訳ないような気がして仕方がなかったのです。

歴史博物館から送られてきたパンフレットを拝見すると、なるほど、たしかに私が持っていたその壺が展示されています。しかし、なんと申しましょうか、その壺を見にわざわざ出かけて行くというのは、嫁に出した娘をそーっと見に行くような気がして、どうも実行できないでいるのです。

たしかにずいぶんと儲けたし、群馬県に対しても貢献でき、長楽寺もきっと喜んでくださっただろうと思います。自分にとっても群馬県にとってもいいことなわけで、なんら悔いることはないのですが、でもやはり淋しさとか後ろめたさがあるのです。

手放しで喜べばいいものを、喜べない複雑な心境は、やはりものが好きな習性ゆえのものなのでしょう。

あまりにも意外なものに目筋が曇る

儲かることがあれば損することも当然あります。今度は、目が曇ってしまって損した話をしてみましょう。

目筋が曇るときというのは、品物が約束事にあまりにかないすぎている場合も当然ありますが、逆にとんでもなく場違いな、見当違いな品物の現われ方というものに対しても、目が曇ることがあるのです。

それは四十年ほど前、まだ若かった私が、里帰り伊万里を探しながらしきりにヨーロッパを歩きまわっていたころの話です。ロンドンのケンジントン・チャーチストリートに、何軒もの非常に有名な骨董屋がありました。そこには十七世紀に日本から輸出された古伊万里がたくさんありまして、そこに立ち寄って買い付けをしました。そのとき、そのなかの主人が、なんと道光年製の菱馬《ひしうま》の水指しを出してきたのです。

道光年製の菱馬の水指しというのは、今から約百八十年くらい前の江戸時代、清朝の道光という年号のときに作られたもので、日本の茶人が中国にわざわざ注文をして輸入した、こだわりの品です。日本の素晴らしい茶道具として連綿と伝わってきているもので、茶の世界に精通している人なら黙っていることはできないでしょう。

それがロンドンで見つかることは、普通ならばありえません。日本独自の、日本でしか使われないようなものが、イギリスに渡ったというのは何かの間違いか、何かよくよくの事情があってのことです。ですから、非常に珍しい。

値段を聞いてみると、当時のオカネで六十万円ということです。古伊万里の沈香壺《じんこう》がだいたいひとつ二十万円という時代ですから、相当の金額です。若かった私にとって、六十万円は大金でした。しかし、菱馬の水指しが目の前にある。ロンドンの骨董屋に、あの伝統的な茶道具がある。私は買ってしまいました。

そして、おもしろいものを手に入れたとワクワクしながら日本に帰り、その水指しのために結構な桐箱、当時で三万五千円もする桐箱を作り、さらに五万円かけて古裂《こぎ》れの包みと塗り蓋を用意して、合計十万円くらいをかけて、茶道具としてすっかり綺麗に整えました。

さあこれでドンと売ってやろうと思っていたのですが、誰に見せてもなかなか買わない。菱馬の水指しはたいへん有名なものだし、おまけにロンドンから帰ってきたという珍しさも加わって、普通であれば売れないはずがないものです。ところが、友達や茶人の数寄者《すきしゃ》に見せても欲しがらない。

いつまでも手元に置いていても仕方がありませんし、性分として売り物をいつまでも置いておくのはいやでしたから、結局、オークションに出すことにしました。

さて、どのくらいまでいくだろうと思っていたら、なんと六万円でした。六十万円で買ったのに六万円です。箱代にもなりません。しかし、もはやその額で売るしかありませんでした。

結局、それは何だったのかと申しますと、やはり、菱馬の水指しの精巧な写し物をどこかで作って、それがロンドンまで流れていったというわけだったのです。我ながらそんなこともわからなかったことが、情けなくも腹立たしい。

つまり、とんでもないところにとんでもないものがあったりすると、つい目がくらんでしまうことがあるのです。里帰り伊万里のなかに思いがけず有名な水指しが埋もれていたので、江戸時代に何かの事情で向こうへ渡ったものだと思いこみ、新旧をよく確認もせずに買ってしまったというわけです。

いやな思い出ですが、このようにあまりにも約束にかなっていないもの、意外性にあふれているものにも落とし穴があるということです。

「約束事」は贋物をつかむ落とし穴

しかし、もっとも騙されやすいのは、約束どおりの品物が出てきたときでしょう。何から何まで寸分違わず約束どおりだと、ついつい話の筋に踊らされて、目筋が落ちることがあるのです。「約束事」に関しては、いままでもずいぶんと触れてきましたので、ほとんどの方はご存知だろうと思いますが、再度確認の意味もこめて説明しておきましょう。

約束事というのは、その道具に関して必ずこうでなければいけないという決まり事を指しています。形や色はこうでなければいけない、外箱はあんなふうになっているはずだ、というものがあるのです。そうした約束事がピタリと守られていることが、その道具が本物であることのひとつの目安となるわけです。

私たち骨董商の世界では、道具を拝見したあと、よく「約束どおりでございますね」ということがあります。

しかし、腕のいい贋物師は、本物に備わっているべき約束事や伝来のあるべき次第《しだい》（箱や包みなどの仕立）に大変に精通していますから、一流の目利きでもあるわけです。ですから、腕のいい狡猾《こうかつ》な贋作師は、約束事を逆手にとって、いとも簡単に素人を騙すことができるわけです。いわば、腕のいい仕事師は、両刃の剣です。使いようで、悪にもなるし善にもなるのです。

とはいえ、いかに巧妙に作られたものでも、日ごろ本物に接しているプロが見れば、その不自然さは一目瞭然。贋物は、やはりどこかに人の目を欺くための細工がしてありますから、不自然な点が必ずあるものです。

もっとも、そうした贋物をプロが見抜いたとしても、多くは相手の立場や世間への影響を考えて当たり障りのないことをいうことが多いようです。案外、はっきりとした態度を示すことは少ないのです。

ですから、結局、ものを見分けるには、品物を見る目と人を見抜く目の両方を磨かなくてはいけないことになります。そのためには、いいものをたくさん見ることです。美しいものを見る機会が少ない人は、本当の美しさを知るのに苦労します。醜いものさえ美しいと思ってしまうのは、それは己の無知に気がついていないだけの話です。

忽然《こつぜん》と消えた秀吉愛好の茶碗が出てきた？

つぎに紹介する話は、三十年ほど前のことです。収集家のあいだでささやかれていたのですが、豊臣秀吉が茶会で何度も使ったという非常に有名な井戸茶碗が発見された、という噂《うわさ》がありました。その噂は、その当時、非常に高い関心を集め、一部の人は発見の事実を信用していたようですが、どうも私はおかしいと思いました。

ここでは、もののたとえとして話を展開しますので、小説風に話を進めてみます。話の流れは本当ですが、地名やその他のことはある程度ボカしてありますので、ご了承ください。

さて、その大発見をしたというのは、出雲地方に住む古美術研究家としましょう。彼は、地元の旧家の名士という立場でもあります。この人がたいへんな名品の入手をしました。その名品とはいったいどういうものかというと、室町時代の出雲の豪族で尼子という大名がかつて所持していた高麗茶碗の一種である井戸茶碗です。

その地方は銀などを産出したために財政的に豊かでして、その財力を背景に政治の中枢であった京都とも密接に結びついていて、文化的にも京都の影響を受けていました。たとえば茶道具なども、非常にいい道具が伝わっていたのです。尼子家はその後滅んでしまうのですが、そういった文化的背景がありますから、尼子家に伝わった茶道具などは、後の時代（江戸時代）に非常に喜ばれ、貴重品となりました。

さて、その尼子家にまつわる井戸茶碗の話に戻ります。

織田信長が全国制覇を破竹の勢いで進めていたころのことです。尼子家は、そのころ、近隣の大名毛利家に滅ぼされ、尼子勝久が再興をめざしていました。そういう状況下で、尼子十勇士の山中鹿介が、ちょうどそのころ軍勢を進めてきていた織田軍の秀吉陣中を訪ねました。尼子家に伝わる名品である井戸茶碗を持参して、尼子家を毛利家から守り助力してくれるように嘆願したのです。秀吉は、たしかにその茶碗を受け取りました。しかし、結局、嘆願虚しく尼子家は滅んでしまいました。

そののちに信長軍勢の秀吉は、尼子家を滅ぼした毛利を攻めることになります。その直前、秀吉は姫路城中において戦を起こす前の茶会を開いています。その茶会で使った茶碗が、なんと尼子家から献上された井戸茶碗だったのです。つまり、尼子家の恨みや仇を討つという意味合いをこめて、出陣の儀式としたというわけです。

さて、秀吉の戦は、本能寺の変で信長が自害し、毛利と和睦します。その後、秀吉はさまざまな戦を勝ちつづけ、天下の統一に近づいていくわけですが、たびたびの戦のあいだも、尼子家の井戸茶碗を非常に気に入って、ことあるごとにその茶碗で茶会を開きました。

やがて、天下人となった豊臣秀吉も、ついに世を去ることになります。死後、尼子家の井戸茶碗は京都のあるお寺に寄贈されています。寄贈されたはずなのですが、このあとの消息がまったく不明で、いわば忽然とこの世から姿を消してしまっているのです。

以上が、尼子家の井戸茶碗にまつわる話です。そして、その井戸茶碗を出雲地方在住の古美術研究家が発見して入手したというのです。

幻の名品の正体は……

もし本当でしたら、凄いことです。数千万円の値打ちはあるでしょう。

しかし、話を聞いたとたん、私はその茶碗を見る前に、贋物だと直感しました。あまりにも話の筋が通りすぎているのです。

尼子家の井戸茶碗が、大阪や東京で発見されたというのであれば、「ああ、流れ流れて中央の金持ちの家に伝わっていたのだな」と思えるのですが、それが尼子家の発祥地である出雲地方から出たというのでは、あまりにも話が合いすぎています。話が綺麗すぎます。お芝居の筋書きのように仕組まれている感じがします。そこはかとなく、嘘が見え隠れしているような気がしてなりません。

その後、実際にその茶碗を見せてもらいました。

まずは、茶碗が入っている箱から見ました。なるほど、立派な蠟色《ろいろ》の塗り箱です。江戸中期の箱であることには間違いありません。

ところが、その塗り箱の右端のほうに、褐色の古い漆文字で「山桜」と小さく書いてあります。山桜というのは茶碗の銘と考えられます。さらに、箱の真ん中には大きな新しい金漆文字で「尼子井戸」と書いてあります。これもいわゆる茶碗の銘です。このあたりがどうもおかしい。

「山桜という古い漆文字はどういうことなんでしょうか」

私が聞いてみると、その方は、

「あまりにもこの茶碗がいいものだったので、後世の人が、肌の赤みにちなんで山桜という名前を追名としてつけたのではないでしょうか」

と苦しい説明をなさった。

しかし、「山桜」という文字は後世に書かれた文字ではなくて、箱が作られたときに最初から書かれたものと考えたほうが、褐色の時代がかった漆の色から見ても自然だと思われました。

さらにまた、左の肩には茶碗銘の「尼子井戸」に使われたものとおなじ金漆文字で「豊臣秀吉公和歌短冊添」と書いてあります。

「秀吉の短冊が添えてあるということですが、その短冊はどうなさいましたか」

そう私が尋ねると、

「いや、それは私の手元に入る前にもうなくなってしまったらしいのです」

と、もっともらしいことをおっしゃる。

なんだか怪しい。やっぱり臭い。

私が推測するには、それはやはり江戸時代中期に作られた「山桜」という茶碗なのでしょう。たしかに「山桜」という茶碗が出てきたのだけれど、誰かがうまく時代を古く似せた金漆を使って塗り箱の真ん中に「尼子井戸」と書きこんで、「尼子家伝来の茶碗」に仕立てあげたのだと思いました。

しかも、華々しく秀吉の和歌の短冊が添えられていたという文字まで書きこんで、もっともらしくしているわけです。昔から、茶碗の外箱には茶碗の銘や種類は書いても、短冊や消息（手紙）が付属していることなど、あまり書かないものです。

箱のつぎに、なかの茶碗を見せてもらいました。たしかに井戸茶碗です。しかも重厚な、かなりいい作りです。しかし、引っ繰り返して土を見てみると、高麗系ではなく、出雲系の井戸茶碗ではありませんか。

箱と中身を総合して考えてみると、結論として、これはきっと江戸中期に山陰地方で作られた出雲系の井戸茶碗で、銘が「山桜」という茶碗だったのです。

江戸中期に作られた出雲系の井戸茶碗というだけでも、かなり価値はあります。素直に世に出ていれば、少なくとも数十万円の値打ちはあるでしょう。それを、「尼子井戸」であるとか「秀吉云々」ということを書き加えてしまうから、贋物になってしまったわけです。

それで、もう値打ちが半分以下。よけいな欲を起こさなければ、結構な品であったはずなのです。

綺麗すぎる話にただよう嘘の匂い

話を戻しましょう。

結局、悪辣《あくらつ》な贋物師が、出雲地方の金持ちをターゲットにして、「山桜」という銘の茶碗を幻の名品「尼子井戸」に仕立てあげて、出雲地方に住んでいらっしゃる古美術研究家にはめこんだというのが真実でしょう。大阪の人に売るつもりでも東京の人に売るつもりでもなく、幻の名品の故郷、出雲地方のお金持ちに売るつもりで仕組んだ芝居だったのでしょう。

この茶碗を仕組んだ人は、よっぽど、お茶道具や茶人の気持ちに精通している人間です。それが出雲地方の茶人たちにとって垂涎《すいぜん》の品であるということを見こんで、尼子井戸をでっちあげて、出雲地方の名士のもとへ持ちこんだというわけです。

この「大発見」に関して、当時、私もコメントを求められたのですが、明言は避けてきました。「本物だ」ともいわないし、「贋物だ」ともいいませんでした。「まあ、ロマンですね」なんて、いい加減なことをいっておきました。

骨董業者というのは、みんなそんなものです。贋物を本物だと大騒ぎしている世間を横目で見ながら、「しょうがねえなあ」と苦笑いしているものなのです。資料をそろえている人と学術論争を交えても、資料の真贋から言い争わなければならず、一銭の得にもならないし、結局は一流業者のオークションに出品してみれば、いいものは予想以上に高値がつき、悪いものは全然相手にされないことで、はっきりと結論が出るだけのことなのです。

いずれにしても、我々プロにしてみれば、話が合いすぎているものは、現物を見なくても贋物ではないかと、まず疑うことから始まるわけです。

こうした話は、いままでもずいぶん紹介していますが、いつになっても出てくるものです。

骨董というものが、再生の利かない、この世にひとつしかないものという性格をもっている以上、仕方のないことですが、ある意味では、そうしたことがやはり骨董のおもしろさをさらに深くしているといえなくもありません。

なんとも矛盾に満ちた世界ですが、いずれにしても自分の目を磨くことがもっとも大事です。そして、金銭欲にとらわれないで、本当にいいものを追い求めること、本物を追い求めることが、骨董と付き合う最上の方法ではないでしょうか。

第十四章　名工たちの誕生秘話

――藝術家たちの知られざる素顔――

魯山人《ろさんじん》

昭和の風雲児はクセのある人間

この章では、いわゆる名工と呼ばれる、一流の陶藝家の話をしていきます。
まずは北大路魯山人。この人はご存知のとおり、単なる陶藝家ではありません。もちろん陶藝もしますが、篆刻《てんこく》家でもあり、美食家でもあり、書家でもあり、蒐集家でもありました。あらゆる方面に尋常ではない素晴らしい藝術性を発揮した、時代の風雲児といえる人物でしょう。名人を通り越して、昭和という時代のなかに大きな藝術の峰を築いた人なのです。

その鬼才ぶりは本当に目を見張るものがあるのですが、天才と呼ばれる人にありがちな、ある意味でいうと傲慢《ごうまん》さも合わせもっていたようです。その傲慢さも尋常ではなく、やはり凡人の枠にはとうていおさまりきれない人物だったようです。

私が焼物の道に目覚めたのは、魯山人が亡くなったころの時代でした。ですから、私は魯山人の人柄に触れることはなく、ただ純粋にその作品だけに触れることができたわけですから、逆にいえば非常に幸運だったのかもしれません。というのは、直接、彼の人となりに触れている人には、その傲慢さに辟易《へきえき》して、人間としては付き合いたくはない人物であったという人が多く見られるのです。

有名なひとつの話があります。ある著名な茶陶を焼く陶藝家が、都心のデパートで展覧会を開きました。かなり名の知られた陶藝家です。そこへ魯山人が忽然と現われて、ステッキをつきながら展覧会を見てまわるのです。

そのとき、なんと手にしたステッキで会場に展示してあるその陶藝家の作品をひとつひとつコツコツと叩きながら見てまわったのです。

呆気《あっけ》にとられて見ている主催者を尻目に、一通り見てまわった魯山人は「ろくなものはないいな」といって、会場をあとにしたというのです。

作品をステッキで叩いてまわるのも凄い話ですが、「ろくなものはないいな」といい放って去っていくとは、いったいどういう神経なのか、本当に理解に苦しみます。

いずれにしても、藝術家としての魯山人のなかには、とてつもない自信と傲慢な誇りがあったのでしょう。

作品製作に隠された「天才」ぶり

魯山人には、多くの弟子といいますか、魯山人のもとで働く職人たちがいました。工藝や陶藝の作家として後に名を馳せるようになる人たちが魯山人のもとで働いていたのですが、彼らがろくろをひねったり、生地を削ったりして作品の完成が間近になったころに、魯山人がようやく登場します。

そして、最後のここぞというところで、ほんのちょっとした段階で、魯山人がちょいと手を加えるのです。そうすると、即座にその作品は職人たちの作品ではなく、魯山人の作品になってしまうのです。

もちろん、最初から最後の仕上げまで魯山人が一貫して製作したものも多数あるのですが、下職の仕事にわずかな手を加えることで、すべてが魯山人の作品になってしまいました。そういうふうに、魯山人の藝術というのは真似のできない不思議な力をもっています。

ですから、今残っている器でもお碗でも、あるいは鉄と紙で作った灯籠《とうろう》のようなものでも、すべてが最初から最後まで魯山人が手がけた作品というわけではないのです。最後の肝心要のポイントだけを魯山人が手がけることで、百パーセント魯山人の作品、藝風、作風に変質してしまうわけです。このあたりに魯山人の天才性というものがあるように思います。

「食」は「総合藝術」だ

また、魯山人は星岡茶寮という有名な料理屋を経営していました。たいへんな美食家であったとともに、「食」で人をもてなすということにおいても一流の人でした。

これは私が、実際に魯山人と接していた人から聞いた話です。

あるとき、郡上八幡の鮎《あゆ》が魯山人のもとに届きました。魯山人は、その素晴らしい鮎を客人にどのように供するか考えていたのですが、なかなかそれにふさわしい器がない。そこで、魯山人は、貴金属屋に店の者を走らせます。そして、何を考えたのか、銀の大きな板を買ってこさせたのです。

そして、その純銀の板を木槌でとんとん叩きはじめた。うまく凹凸をつけたかと思うと、今度はそれをテーブルの上にドンと置いた。その上に鮎の塩焼きを踊らせて、さらに笹の葉っぱをその銀板の上に散らせたのです。

そう、それは、まるで新緑のなかに流れる渓流を若鮎が上っていくような姿に映ったのです。招かれて部屋に入ってきた客人たちは、その光景に思わず見入り、視覚や雰囲気、すべてにおいて満足したことでしょう。

つまり、料理というのは、最高の味覚であることはもちろん、最高の環境のなかで、最高の視覚や最高の雰囲気を提供しながら、客人をもてなす技が大事であるということを、しっかりと心得ていた人だったのです。

また、こんな話もあります。

夏の暑い日にお客を招いてパーティーを開きました。ところが、今と違ってクーラーなどありませんから、暑くてたまらない。そこで魯山人は工夫をこらします。

玄関の入口に、一抱えもあるような大きな大明万暦年製の大甕を置きました。当時も高かったでしょうが、今だってそれこそ何百万円、品物によっては何千万円の値がつくたいへんなものです。それほどの品を無造作に玄関のところに置いたのです。

そして、氷を注文しました。昔の氷屋の氷というのは、三貫目とか四貫目という大きな四角な筒のままの氷です。その大きな氷を、大明万暦年製の大甕のなかにドカンと突き立てておいたのです。大きな氷の柱が、大明万暦年製の甕のなかに立っているのです。

訪れた客人は、その光景を玄関先で見るだけで、涼味が体じゅうに染みわたったことでしょう。納涼の宴というものはまず玄関でもって供される、というわけです。そういうアイディアをふんだんにもっていたのが魯山人です。

篆刻家としての魯山人

今度は、篆刻《てんこく》家としての魯山人の話です。

魯山人がこれほどまでに有名になる前は、篆刻という、いわゆる看板を彫る仕事をしていました。そのころはまだ北大路魯山人ではなく、福田大観と名乗っていました。このネーミングは、当時、日本画家としてメキメキと頭角を現わしてきた横山大観を意識したのではないかといわれています。

そのころの彼が残した篆刻は、近江の長浜というところにいくつか残っています。なんでも長浜の実力者が福田大観を招いて、土地の酒屋などの篆刻の看板を彫らせたということです。今となっては非常に貴重な作品です。

その後、北陸の山代温泉に移ってさらに篆刻をつづけています。そのときに彼の仕事に立ち会った人や小僧として使い走りをしていた人たちの話を聞くことがあったのですが、ともかく、そのやり方が風変わりだった。

どういうやり方をしていたかというと、魯山人は弟子にまず小豆を買ってこさせるらしいのです。大量に買ってきた小豆をこれから彫る板の上に置いて、長い竹の物差しで小豆の形を整えていきます。そうすると、いつの間にか、これから彫るべき文字の形が小豆の粒でできあがっていたといいます。

普通の篆刻のやり方は、筆で別の紙に文字を書いてみて、それを板の上に起こしていくのですが、魯山人はいきなり直接、板の上に小豆を散りばめて文字を作り、文字の形が見えたところで、いよいよノミをふるっていたというのです。なんとも奇想天外なやり方ですが、文字が立体感を帯びて板の上に再現されたのでしょうか、ある意味で非常に合理的なやり方だったのかもしれません。

いずれにしても、魯山人という人はズバ抜けて優れた感覚をもった人で、それゆえに「数世紀にひとりの天分豊かな大藝術家」といわれるのでしょう。

近頃は、どういうわけか、美食家としての魯山人が非常に注目されていて、漫画などにも登場しています。

人間的には先ほども書いたように、傲慢な面があったり、多くの女性を泣かせたりして、とても善人とはいいがたい部分があったようですが、それは名人や天才と呼ばれる人たちがもっていた風変わりな特性のひとつというべきものかもしれません。やさしい人だったと懐かしむ人もむろんいるのです。

今の時代は、何もかもが平均的で、人間の個性という面でも非常に均一化されています。変人と呼ばれる人が少なくなってきていますから、このような時代にはもう二度と出てきそうにない人物であるといえるかもしれません。

唯一無二の特殊な鬼才

このように、魯山人というのは単なる藝術家ではなく、なんというべきか適当な言葉を探すのが難しいのですが、風狂な人間だったといえるでしょう。風狂な人間が篆刻家として出発し、才覚を早々に現わし、その後さまざまな文化人や風流人と出会うなかでさまざまな文化を吸収し、そして才能を開花していったということができると思います。多くの一流人との出会いが幸いして、魯山人藝術というただひとつのものを作り上げていったといえるのではないかと私は思います。

魯山人はどの流派にも属さない、ひとつの独立した藝術を残しました。ですから、これからも魯山人のような作風をもった藝術家は出てこないだろうし、またそれを伝承していくこともできないだろうと私は思います。

ですから、魯山人の贋物が出てきても、風合いなどにおいて、およそ似ても似つかないものが多いです。最近は魯山人の作品は非常に高価となりましたから、当然、贋物が出まわることになってきているのですが、なるほど形や色は似せて作ってあっても、魯山人の作品だけがもつ、なんともいえない風合いは、まったくありません。忠実なコピーというのはなかなか難しいと思います。それほど、魯山人は特殊な天才だったのではないかと思います。

また、魯山人の作品は展覧会などで展示されていますが、魯山人の藝術の質からいえば、その鑑賞の仕方は非常に偏っているといわざるをえません。彼の作品は、ケースのなかにあるものを鑑賞するのではなく、たとえば日本家屋のなかで、もてなしの工夫、器の選び方、季節感の演出方法などすべてのものを含めないと、本当の味わいはわからないと思うのです。「器は料理のきものである」といった魯山人の言葉をかみしめて鑑賞するという方法こそが、魯山人の作品における一番理想的な鑑賞方法なのです。単なる陶藝家、書家、篆刻家、画家ではなく、すべてがつながり、魯山人というひとつの藝術を形作っていたからです。

なるほど、今は多くの人が美術館で素晴らしい美術品を鑑賞できるようになりました。これまで美の世界とは疎遠だった、あるいはそういうチャンスに恵まれなかった人たちにとって、こういう方法で美に触れられるようになったことは本当に素晴らしいことだと思います。しかし、ケースのなかのものを鑑賞するというのは、魯山人作品にとって、決して優れた鑑賞方法ではないのです。

やはり、そのものが使われていた状態、環境のなかに置いてみて鑑賞しなければ、それを百パーセント理解することはできないでしょう。

もし、魯山人が今、自分の作品がケースのなかに展示されて、多くの人に鑑賞されている光景を見たならば、やはり自分のステッキで自分の作品をコツコツと叩きながら、「たいしたもんじゃないな」といいかねないと思うのです。

浜田庄司《はまだしょうじ》

藝術家のカンは物差しでは計れない

つぎは、文化勲章受章者の浜田庄司さんです。有名な陶藝家で、私も若いころにお会いしたことがあるのですが、なにしろ非常に話がおもしろい人です。一度、口を開いたらつぎからつぎへといろいろな話が飛び出してきて、しかもそれは非常に示唆に富んだ深い話で、実に興味深かったことを記憶しております。

こんなエピソードがあります。浜田さんがアメリカのある大学に焼物の講師として招かれたときの話です。浜田さんはアメリカの陶藝科の学生を前にして、作陶の実演を行ないました。そのときのテーマは、灰釉《かいゆう》を作るときにはどうしたらいいのか、ということだったそうです。草木の灰を浜田さんが一つかみして水のなかに投げこみ、グルグルとかきまわして灰釉を作るのですが、ある学生は、浜田さんがつかんだ草木の灰を見て、「ちょっと待ってください。その手のなかの灰が何グラムなのか計りにかけて調べさせてください」といったのです。

そうして、手のなかに握られている灰をそっくり計りにかけて調べ、その灰を分析して、おなじ量のおなじ灰をこしらえて、作陶したらしい。しかし、浜田さんがそのときに作った作品とは似ても似つかぬ作品になったというのです。

なるほど、アメリカらしい、合理的なものの考え方だと思います。計量器で計ってやればおなじものができるだろうというのは、一見正しいように思えますが、そうではなかった。

やはり、その瞬間、その瞬間、温度とか土質などの微妙な違いによって、自分の精神のおもむくままに灰をつかんで投げこんで焼物はできるのであって、決して計量器で計った灰の分量だけで決まるのではないのです。まさにその微妙な違いというものこそが、焼物の不思議さであり、魅力でもあります。そのことを知っている浜田さんは、だからこそ計量器などを使うはずもありません。そこに、アメリカ人のその若い学生が考えた数量的な方法と、浜田さんの流れるような直感のなかで作る方法との決定的な違いがあるのだと思います。

少し余談になりますが、先年亡くなられたある有名なお料理の先生が開発された計量カップや計量スプーンは、今では各家庭にしっかりと根づいています。これが、栄養学や、等しくおいしい料理を作るということに大きな貢献をしたことは間違いないでしょう。たいへんに優れた功績ですが、では、その先生は計量によってのみ調理をしていたのかというと、決してそうではなかったはずです。やはり、その場その場の直感や感性で最高の味わいを作り出していたのではないかと思います。

スプーン一杯のお砂糖に、カップ三分の一のお酢というような料理の仕方は、なるほど栄養のバランスがとれたメニューを考えるには便利だろうし、ある程度の基準に達した味つけもできるでしょう。しかし、その季節の、その場所にある、それぞれ違う素材をもとに料理をするわけですから、毎回、味つけが変わって当然です。微妙な違いを察知し、微妙な味つけをしたはずなのです。それでこそ、まさに一期一会の最高の料理が誕生するのだと思います。

そうした熟練した腕をもったうえで、なおかつ一般の家庭でも美味しい料理を作れるように開発したのが、計量カップや計量スプーンだったのだと思います。

このように、微妙な味わいやニュアンスを出す藝術作品は、数や量を計って作れるものではありません。その瞬間瞬間の微妙な違いを感じ取って総合的に判断する力こそ、藝術家のもつ素晴らしい感性だと思うし、不思議さであり、また難しさだと思うのです。

官窯《かんよう》の素晴らしさ、個人藝術の素晴らしさ

個人作家の作品というのは、やはり際立ったオリジナリティーをもっているわけですが、そうしたオリジナリティーのみが素晴らしいということではありません。

たとえば、中国の明清時代の焼物でいわゆる官窯、皇帝が設置した公の窯で作った作品などは、いってみれば規格品なのですが、非常に優れた作品を生み出しています。中国だけではなく、日本でも佐賀藩が作った鍋島焼などは本当に素晴らしいものです。

こうした規格品で優れたものばかりが残っているのはどうしてかといいますと、実は不完全な品

はすべて廃棄処分にされていたのです。一分の隙もない完璧な品だけが世に送り出されていたのです。ですから、今残っている作品は、本当に素晴らしいものばかりです。

鍋島でいえば、色鍋島という素晴らしいものが残され、中国官窯では多数がありますが、たとえば明朝成化時代の豆彩《とうさい》と呼ばれる小さな杯も非常に優れています。

近年、景徳鎮窯の発掘が進められるなかで、おびただしい数の豆彩の杯が割られているのが見つかりました。景徳鎮を研究している人たちがそれらをひとつひとつ継ぎ合わせて復元し、研究しているのですが、その捨てられたおびただしい数の豆彩の杯は、それこそほんのわずかなミスが認められるものばかりです。

わずかなミスでも見つかればことごとく捨て去る、叩き割る、そのこだわり。完璧なものしか完成品として世に出さないこの姿勢こそが、豆彩の質の素晴らしさの秘密なのです。

だからこそ、明の成化の豆彩というものは、ある意味でいうと世界で十数点しかないといわれるほどの貴重品です。一客が売りに出されると数千万円もする、華僑の人たちのあいだでは数億円の値段で取引されるものもあります。

このように、官窯もまた、個人藝術家に負けないくらいに質の高いものを生み出しましたが、個人藝術家の作品に比べると、写しが作りやすいという難点があります。規格がはっきりとあるわけですから、その規格に沿って作ってしまうと、かなりそっくりのものができる可能性があるのです。もちろん、後世のコピーというのはハリがないし、力がありませんので、プロが見れば写しだということはわかるのですが、どうしても写しの数は多くなってしまいます。

それに対して、魯山人や浜田庄司などのようにひとりの藝術家の作品をコピーするということは、藝術家の精神にまでも迫らないとなかなかそっくりのものはできませんから、至難の業なのです。だから、必然的に写しが下手になっています。

尾形乾山《おがたけんざん》

魯山人と並ぶ総合藝術家

尾形乾山は、江戸時代初期の陶藝家です。名前は深省。京都の西北すなわち乾《いぬい》の方向にあたる鳴滝に住んでいたために乾山と称しました。魯山人とおなじく、陶藝家であったとともに、画家でもあり、書家でもあり、要するに優れた総合藝術家だったのです。

尾形乾山の焼物は、どちらかというと、そこに描かれている絵や文字を鑑賞することが約束になっています。焼物じたいは、楽焼のように非常に柔らかい軟陶が多いものですから、それを鑑賞するというよりは、やはりそこに尾形乾山が筆をふるった文字や絵こそが、彼の世界を非常によく表わしているのです。

総合藝術家ということでは魯山人に似ているのですが、仮に日本陶磁山脈という山並みがあるとすれば、乾山と魯山人という山並みは日本陶磁山脈からずっと離れたところに位置した独立峰といっていいでしょう。

魯山人の峰は、たとえていうなら、田畑から突如盛り上がった昭和新山です。予期せぬまったく独創的な、そして熱く人の目を引く新しい山です。乾山の峰は、大叔父の光悦や兄の光琳の藝術感覚と、呉服商として格段の繁栄を築いた雁金屋の財力を背景に突出した、加賀の白山のようなものでありましょう。

乾山は元禄、享保、寛保と江戸時代の黄金時代に生き、魯山人は第二次世界大戦をはさんで大正、昭和と生きた藝術家です。このように時代は大きく異なる二人ですが、藝術家としての資質は近いものがあったと私は思っています。

魯山人の鎌倉山も乾山の鳴滝窯も、もし覗くことができたなら、そこにはおなじような風景を見ることができると思われます。制約のない自由な作陶の世界がそこにはあります。官窯が完結した最高の規格品とすれば、彼らの作品はそうしたものに縛られない、自由な発想と技巧で、それぞれ独自の世界を展開しているのです。そうした自由な世界こそが、この二人の天才に共通する点だと思われます。

野《の》々《の》村《むら》仁《にん》清《せい》

純日本様式を完成させたロクロの名手

色絵陶器の創始者でもあり京焼の祖と仰がれる野々村仁清は、十七世紀半ばに活躍したことがわかっているだけで、生没ともに明らかではありません。

名前の由来ですが、本名は清右衛門。丹波の野々村の出身である清右衛門が、京都の仁和寺の門前に窯を築いて、仁和寺の宮の保護のもとに創作活動をしたのですが、そうした背景から、仁和寺の「仁」と本名の清右衛門の「清」をとって「仁清」としたといわれています。

仁清の藝術性で特筆すべきことは、彼の作品が中国や朝鮮の陶器の影響をあまり受けていないということです。あくまでオリジナルであり、そしてそれは非常に純日本的なのです。純日本様式というのを彼が完成したのです。仁清の作品に国宝・重文が多いのはそのためです。

そうした彼の才能として最初にあげられるのは、非常に優れたロクロの名手だということです。彼が引き上げた胎土は、それこそ紙のように薄く、何ともいえない柔らかいまろやかな曲線を作りだしています。こうしたふっくらとした薄作りがひとつの特徴です。

そして、なんといっても色絵陶器の創始者であり京焼の祖といわれた、その色絵は「きらびやかななかにも渋味がある」のがその特徴です。これらの作品の背景には、やはり仁和寺を中心とする宮廷サロンのかぐわしい京都の文化があるといえるでしょう。きらびやかさのなかに渋味をたたえた京都の文化に、仁清のもっている天才的なロクロの技術が合致して、仁清の作品は完成されたのです。

また、そうした代表的な仁清の作風以外にも、一方ではうのふ釉といわれる白濁釉をかぶせた、地味ながらも柔らかい感じの器があります。また、色絵の赤は、多少、黒みを帯びていて、派手さをグッと引き締めています。仁清の作品には、無印仁清と呼ばれる一群の作品を除いて、いずれも裏面に仁清の窯印が押されています。かなり几帳面な人のようで、必ず窯印があります。また、その位置はそれぞれ決まりがあるようです。

どの作品も素晴らしいものですから、全部が代表作として伝世されていますが、そのなかでもあえてひとつをあげるとするならば、吉野山の茶壺（静嘉堂文庫美術館）をあげようかと思います。

いずれにしても日本陶磁史上、不世出の天才と呼んでいいでしょう。

それほどの天才ですから、その後、乾山の作品のコピーと並んで、仁清の作品のコピーは多く出てきています。それらは、仁清写し、乾山写しとして、ブランド化し、ひとつの流派のようにして今日まで伝わってきているのです。そして、どれも京都の文化というもの、つまり雅びというものを吸収しています。ですから、贋物として作られた仁清と乾山には、この雅びという感覚が表現されず、優れた写し物に比べて美しさという点では格段に落ちるのです。

時代背景、京都の雅び、あるいは当時の書や絵を鑑賞する水準の高さがわからないと、本当の作風は伝わってきません。そういう作風が伝わらなければ、それは本物に近いという以前に、単なる贋物という位置にランクされてしまいます。

板谷波山《いたやはざん》

「波山の後に波山なし」といわれた色絵彩磁器の天才

個人作家というのは、その独創性の素晴らしさにおいては飛び抜けていますが、精密さの点でいえば中国の官窯、日本でいえば鍋島藩窯などが上だというのが一般的な考え方です。しかし、個人作家で、こうした鍋島藩窯などに比すべき精密な作陶をした人がおりまして、それが板谷波山です。

筑波山のふもとの下館市の出身で、石川県工業高校で陶磁科の先生をやりながら、アールヌーボー様式の意匠研究を始めます。三十一歳のときに東京の田端に窯を築いて創作活動に打ちこみ、昭和三十八年に九十一歳の生涯を閉じています。板谷波山という名前は、関東平野にそびえる故郷の筑波山のように自分もなりたいという思いからつけた、ということです。

波山の作品の緻密さは、わずかなズレさえも許さずに、何十点という作品を金槌で割っては捨て、そうして残った完璧な最後の一点を世に送り出してきたという、厳しさのなかにあったのではないかと思います。それゆえに個人作家の作品とは思えない、非常に精密で規格化されつくした凄さが生まれてきているのでしょう。

彼は「波山の前に波山なく、波山の後に波山なし」と讃《たた》えられた色絵彩磁器の天才です。作品に見られる端正な姿と流れるような豊かな図案は、まことに素晴らしく、年々人気が高まっております。それは中国陶器の最高峰、北宋時代の陶磁器と比べても、いささかの遜色もありません。まさしく日本の窯藝作品界の至宝といえるでしょう。

彼の作品でもっとも有名なものとして、葆光彩磁《ほうこうさいじ》をあげることができます。素焼きした素地を彫刻刀で薄肉彫に彫りあげ、釉下絵具を薄く塗り分け、その上に白濁釉をかけて仕上げられています。上絵物に見られる直接の色彩感覚と異なり、白濁釉を通してのそれは、柔らかな深みのある色調を呈しています。まるで、薄い絹のベールをかぶせたような落ち着いた彩磁に、彫られた文様の構図的に一分の隙のない描き方は、実に見事です。

いわば、鍋島藩窯の精密さと、仁清の雅味というもの、そしてアールヌーボー様式を吸収してきた作家の特徴がそこに出ているように私は思います。そういう意味においては、「波山の前に波山なく、波山の後に波山なし」といわれるように、波山を凌ぐ人というのは出てこないだろうと思います。

さまざまなタイプの天才たちがいます。しかし、波山ほど美術工藝の世界のなかで陶藝だけをひたすら追求した人はいないのではないかと思います。魯山人は総合藝術家という面が強かったし、尾形乾山にしても京都の文化人という一面をもっていたし、浜田庄司も民藝運動に求道があった人でしたから、そういう意味では、焼物がすべてであり、純粋に焼物だけを生涯追い求めた人は、波山のほかにいないのではないでしょうか。

手もとにある波山展のカタログのなかの自宅で撮影した八十三歳のころの写真を見ると、その風貌のなかにいかにも端正で背筋の通った品格と人柄の純真さを見いだすことができます。つまり、彼の作風は、まさしく彼の人柄と一致しているような気がするのです。

昭和前期は日本の焼物の黄金時代

こうやって名だたる陶藝家たちを見てくると、昭和の前半期というのは、日本に連綿としてつづいてきた焼物の歴史のなかで、これまで紹介してきたような「独立峰」がいくつも誕生してきた黄金時代だったということができます。

波山、魯山人、そしてここでは割愛させてもらいましたが、河井寛次郎、富本憲吉などという、いろいろな傑出した「独立峰」は、すべて昭和の前半に出てきています。富本憲吉という人は、大正から昭和にかけて、色絵磁器、あるいは白磁金彩というような、彼でなければ表わせない作品を生み出した陶藝家です。昭和は明治生まれの人たちが築いたということです。

もちろん、連綿としてつづいてきている大きな山脈というのは、今なお厳然としてあるのですが、山脈ではない独立峰を生んだ時代という意味では、やはり素晴らしい総合的な力のある時代だったと思います。焼物のさまざまな流れが昭和の前期にうまく結集したような気がするのです。

多種多様な焼物の流れが完成し、そしてそれらがお互いに触発しあって、非常にオリジナリティーに富んだ作品が生まれてきました。今のように情報至上主義ではなく、人間がものを慈しみ、ものにこめられた藝を身近に感じられて、なおかつ、さまざまな藝術や技術が自由にダイナミックに交流できた、そういう時代であるような気がするのです。

今の平成という時代も、なかなか素晴らしい作品が生まれてきていると思います。特になにかしら賞をもらおうなどという欲に惑わされないで、生活に密着した環境のなかで己の作品に淡々と向かっている人たちや、あるいは連綿としてつづいた伝統的な家に生まれながら、古典的な焼物の姿にとらわれないで新しい前衛的な作品に挑戦している人たちのなかに、素晴らしい作品が生まれてきているような気がします。

しかも、今という時代は昔と違って、なかなか趣味としての唯我独尊的な焼物が売れませんから、ある意味でいえば非常にしっかりとした仕事をせざるをえない、またそうした売れる仕事ができる時代だと思います。

なお、これからは、やはり伝統的な優れた窯、たとえば有田とか瀬戸などの文化をしっかりと受け継いだ陶工のなかで、優れた個人作家を育てていく時代に来ていると思います。単なる経済的な目的や生産する量、あるいは伝統だけではない、個性あふれた優れた焼物を生み出していく時代が来ていると思うのです。

先日、有田を訪ねたら、李参平《りさんぺい》の子孫の方が、金ケ江参平と名乗って白磁を焼いておられました。非常に優れた白磁です。肥前地方では今でも柿右衛門や今右衛門をはじめ多くの方々が優れた作陶をしておられます。私たちもそれなりに、個人作家を育てていくことが大事だと思います。

余談ですが、日本の焼物が非常に地方色豊かであるというのは、大名たちのお庭焼の特色に加え、その地域の殖産興業の観点からして、封建時代にそこに伝わる技術の流出を防いできたことがあげられると思います。有田焼でも、やはり他の諸藩はなんとかして有田の技術を盗みたいと思っていたわけですが、それはなかなか困難でした。

日本の官窯とも称される鍋島焼を生産した佐賀藩は、関所を設けて厳しくチェックをしています。鍋島焼の窯跡に立つと、なるほど周囲は峨峨《がが》たる山々が取り巻いていて、窯業に携わる人たちが簡単には他所へ出て行けないようになっています。藩の存亡をかけて陶工、あるいは窯業技術というものを守っていたわけです。今のように、簡単に伝えることはできなかったのです。

しかし、そうしたなかでも、やはり必死の思いでさまざまな焼物の技術が流れ出し、そして各地に広まり、そこでまた新しい焼物の歴史が生まれていったわけです。

謎の巨人、千利休にとっての茶

これまで何人かの特筆すべき陶藝家を見てきましたが、優れた作品というものは名工だけの力で生まれてきたわけではありません。優れた名工をバックアップし、育て、あるいは優れた作品を作るように要請した人たちの存在も、名品を生んだ背景としては大事な要素です。

そこで忘れてならないのは、千利休です。近世における日本の陶磁器がお茶という日本独自の文化から大きな影響を受けていることはいうまでもありません。そのお茶という文化を語るときに、千利休は決して忘れてはならない人物でしょう。

ただし私の目から見ると、千利休は単に茶人ではなく総合藝術家のように思えてしまうのです。こんなことをいうと「何をバカなことを」といわれる人がいるかもしれませんが、私の人物観からいわせると、千利休は安土桃山時代という黄金文化に戦いを挑んだ武士といったほうが、よりわかりやすいと思うのです。刀槍をもつ武士ではなく、そのかわりに茶杓《ちゃしゃく》をもって乱世を切り開いた武士なのです。

現代を含めて、後世に伝えられた千利休の姿は、茶禅一味を唱えて草庵にこもり、侘《わ》び寂びを実践した、研《と》ぎ澄ました姿の宗匠です。また、茶の湯の体系化を完成させ、それ以降の茶道の源となった茶聖ともされています。しかし、実は侘び茶というものは、千利休が基礎を作り、その孫の宗旦の時期に完成されたといえるのではないでしょうか。

不慮の死によって利休を慕う〝時代の声〟が大きく、また革命家としての利休の姿があまりにも大きいために、歴史に残る茶聖としての名がしだいにできあがったというのが真実ではないかと思うのです。

利休が仕えた織田信長、豊臣秀吉は、全国の荒大名を手なずける際に、戦略はもちろんですが、経済という点も非常に重視しています。こうした信長、秀吉の意向を充分にくみとって、利休は自分の出身地である商人の町、堺の経済力を上手に動かしています。また、大名に与えるべき恩賞としての領地のかわりに、茶道具を目利きして、それを信長や秀吉に献上したりもしています。

また、戦陣にあっても茶禅一味をもって和の部分で貢献しています。武将たちの心の掌握に非常に長《た》けておりましたから、そういった部分で秀吉の側近として残ったのです。そして、戦場で直接、刀槍をふるうかわりに、茶杓でもって秀吉の武略に参加したのです。

このように、静かに侘び寂びだけを追求した茶人というよりも、むしろ権力闘争のなかでその手腕を大きく発揮していった哲人だったのではないでしょうか。

利休が切腹を申しつけられたその理由というのは、大徳寺に自分の木像を祀って秀吉をくぐらせるという不遜《ふそん》行為や、茶道具を不正に売買したということなどが普通あげられていますが、本当のところは、秀吉が大陸への野望をもちはじめた豊臣政権の維持のためには、利休の存在は煩わしく、目の上のたん瘤である利休を生かしておくことができないと判断したからなのです。なぜなら、あまりにも秀吉政権の中枢機密に関与しており、秀吉個人の精神的な弱点を握っていたからです。

そうしたことは、たとえば自刃の日に、利休屋敷をなんと三千人の武士で取り囲み、いっさい他人を近づかせなかったという、異常な警備状況からもうかがえます。秀吉は利休をそれほどまでに恐れていたのです。そして利休を慕う自分に勝とうとしたのです。

自刃のそのとき、利休が詠んだ辞世の句「提ぐる我得具足の一つ太刀、今此の時ぞ天に抛《なげう》つ」は、利休の本質を見事に表わしていると思います。残心の一つ太刀を天に向かって抛ち、己に向かう森羅万象をなで斬りにした歌であり、それは豪胆無双の荒武者の最期の歌でなくてなんでありましょうか。

そして、釜の湯がたぎる茶室で、脇指《わきさし》を突き立て引き抜いて、ようやくのことで介錯人《かいしやくにん》に首を切るように命じています。この壮絶な最期は、茶人ではありません。まさしく武士です。いや、武士以上の哲人でなければならないと私は思うのです。

こうした戦国の武士ともいえる茶道の哲人が、己のあまりにも烈しい内面を抑え、包み隠すために好んだのが「和敬清寂」という一言なのではないでしょうか。この一言が末永く茶聖の行動原理として後世に伝わったのは、歴史上の多くの宗教家とおなじように、一道の創始者としての偉大さを人々が語り伝えたからに他ありません。

利休が育てた名工、長次郎

利休は、焼物の名工を育てています。もっとも有名なのは、楽焼を生み出した長次郎という名工を育てたことです。茶で使うさまざまな茶碗を長次郎に焼かせたわけで、その流れが今に残る楽家代々となったのです。

楽焼について少し触れておきましょう。昔から「一楽二萩三唐津」とか「一井戸二楽三唐津」などといわれて、楽茶碗は昔から茶人たちに愛されてきました。楽茶碗は、茶の湯とともに生まれ育った日本独自の焼物なのです。

厳密には、初代長次郎から京都の楽家代々の焼物を本窯とし、大樋《おおひ》焼などの脇窯と呼ぶものだけを楽焼というべきなのですが、現在ではそれと同手の手づくねの軟陶を総称して楽焼と呼んでいます。

楽焼の名称は、初代長次郎が秀吉の命令で、そして利休の助言で、聚楽第《じゅらくてい》で焼いたものを聚楽焼と呼んだことに起因するといわれていますが、楽焼の本流を伝える楽家は、二代常慶、三代道入、四代一入と代々つづき、当代は十五代吉左衛門が継承しています。

また、利休は「長次郎七種の茶碗」などといって、さまざまな楽茶碗を長次郎に焼かせています。

たとえば、長次郎が焼いたものを利休が早船で取り寄せたから「早船」という名前がついた茶碗。

あるいは、長次郎の作品をさまざまな人に差し上げていったら、そのなかで最後に残った茶碗があった。誰ももらいてがなかったけれども、それがちょうど晩秋のころに柿の木にひとつだけ柿の実が残っている風情に似ており、それゆえに「木守」という名前がつけられた茶碗などがあります。

優れた陶工を育てる権力者の存在

また、有能な陶工を大名が保護し、そのなかで歴史に残る焼物が生まれてきたというものもたくさんあります。

焼物の本場である中国からの亡命者の陳元贇《ちんげんぴん》は、そのなかでも特に有名です。明の国難を避けて亡命してきたのですが、徳川幕府は当時の国際情勢もからみ、このきわめて優れた人材を当初は冷淡に扱っています。

十八歳にして進士にあげられたこの秀才は、文武百般に通じており、日本では浪人たちに中国拳法を教えたり、菓子の製造法を一般民衆に伝えたりしています。焼きボーロなどは特に有名で、宮中御用になったりもしています。また、文人に交わり、著作物も非常に多く、書画にも優れた才能を発揮しています。

これほどの功績を残した人材を徳川幕府は当初、三田台町の国昌寺に放置したままにしていました。元贇は明が滅亡するころになってようやく尾州藩に預けられ、初代徳川義直に仕え、なおかつ殿の焼物好きが幸いして城内に窯を作り、作陶を始めるようになるのです。

これが御深井《おふけ》焼の開窯と伝えられ、瀬戸の土に染付で安南絵付を施し、手造茶碗百個を名古屋本願寺に寄進したりしています。いわゆる後の元贇焼の始まりです。後に、瀬戸の職人がこれを引き継ぎ、各種の染付を製作し、世に元贇焼として伝えられていくようになります。

近世において、財閥や有力者がこうした陶工を育てた例としては、益田孝が有名です。益田孝は、三井物産の大立者、「大茶人　益田鈍翁」としてよく知られています。この方が、品川御殿山にある自分の屋敷の碧雲台の邸内に、大野準一という焼物師に窯を築かせています。そして、あれこれと作陶を指示、指導しながら、鈍翁は自分の名から一字取り「どんなもんじゃ」と大野に「鈍阿《どんな》」と命名し、有名な鈍阿焼の茶陶というのを生み出させています。

このように、有力者が名工を育て、陶藝家を生み出したというのは、日本ではかなり多いのです。

第十五章　中国の焼物の秘密

中国陶磁器を知らずして焼物は語れない

今は、古伊万里がたいへんな人気です。焼物ファンならたくさんの古伊万里を集めているでしょうし、それほど焼物に関心のない人でも古伊万里のひとつやふたつは持っていることがあります。それはそれで結構なことですが、やはり古伊万里だけしか知らないで古伊万里を語るというのは無理があると思うのです。

焼物にかぎらず、美術品とか工藝品というのは、その源流、人類が作り出したその一番最初の源まで探っていかなければ、本質には到達しないでしょう。

古伊万里が属している部門というのは、いうまでもなく焼物ですから、古伊万里を知りたいと思うならばやはり焼物の源流を知っておかないと、本当の意味での古伊万里は語れないと思います。また、そうなってもらいたいというのが私の願いでもあります。

焼物の源流を知るためには、なんといっても中国です。焼物のことを英語ではチャイナといいます。国の名前が焼物という意味をもっているくらい、中国と焼物の関係は密接にして深い歴史をもっているのです。つまり、焼物の源流に触れるには、中国の焼物に触れる必要があるというわけです。

中国の焼物は古くから日本に入ってきていたし、また日本人が憧れてきました。奈良時代であれば、遣唐使が唐に渡り唐三彩《とうさんさい》を日本に持ち帰りました。その唐三彩の影響を受けて奈良時代に日本で焼成し、奈良三彩という焼物を作り出しています。

平安時代には、中国の越州窯《えつしゅうよう》などの有名な窯で焼いた青磁などを、貴族たちが多く輸入していました。貴人の骨壺などにも使われていたようですが、この青磁の出現は平安貴族たちをして焼物に強い目を向けさせました。

室町時代から戦国時代・桃山時代にかけては、明王朝の焼物が広く輸入され、江戸時代には、天啓古染付や祥瑞《しょんずい》が好まれ、特に茶陶として使用する焼物の注文をかなり出していました。

そして現代に至っても、多くの人が中国の景徳鎮《けいとくちん》に行ったり、北京や上海の文物商店や古玩店などで焼物を買ってきて、楽しんだりしています。

このように、日本人は昔から中国の焼物にかぎりない憧れをもっていたのです。それはちょうど現代の日本の女性が、フランスやイタリアのファッションを求めるのとおなじような、進んだ中国文化に対しての憧れだったのではないでしょうか。

新石器時代の彩色土器「ヤンシャオ土器」

そうした中国の焼物の歴史をこれからしばらく探っていきましょう。まずは、今から四千年から六千年ぐらい前の中国の新石器時代の彩色土器から話を始めていこうと思います。

彩色土器というのは、読んで字のごとく、色をつけた土器のことです。焼物は実はもっと古い時代からあったようなのですが、工藝品としての焼物として扱っていいのは、新石器時代の彩色土器だと思うのです。

この彩色土器を発見したのが、スウェーデンの地質学者のアンダーソン博士という人です。この人は、北京・周口店の北京原人を発見する糸口を見つけた有名な学者ですが、一九二一年に、黄河の河南省の澠池《べんち》県仰韶《ぎょうしょう》村というところで彩色土器を発見しました。

もともとエジプトなどのオリエント文明は西方から東方に伝わっていったのではないかという仮説を彼は立てており、その調査のために黄河流域の調査をしていたのです。そのとき、この彩色土器を発見しました。その調査を進めるなかで、それらの彩色土器は古代オリエントから伝わったものではなく、独自の黄河文明として発生したことがわかったということです。

そうした博士の功績を讃《たた》えて、一九六〇年代に至るまで、その彩色土器は一般にアンダーソン土器と呼ばれていました。ところが、新中国が生まれて新しい独自の文化・文明を探っていこうという風潮のなかで、土器の呼び名も変わってきます。自国のオリジナルな土器に、外国人の発見者の名前をつけるのはふさわしくないということだったのでしょう。アンダーソン土器から、発掘場所の地名であるヤンシャオ彩色土器という名称に変わっていきました。

河南省の澠池県仰韶村の「仰韶」は中国発音で〝ヤンシャオ〟と読みます。特に一九六〇年代以降はこの呼び方が主流になっていき、アンダーソンという名前は過去のものになっていきます。しかし、私たちのように一九六〇年代の鑑賞陶器全盛時代の洗礼を受けてきたような古い美術業者は、むしろアンダーソン土器と呼ぶほうが親しみを感じるのです。

このアンダーソン土器を確実に見ることができる場所は、中国の陝西省西安《せんせい》の郊外にある遺跡、半坡《はんぱ》遺跡です。その遺跡からは、新石器時代の生活がそっくりそのまま発掘されまして、まるで昨日まで使っていたような生々しい生活用具を見ることができます。

それはまるで、六千年の時間を飛び越えて現代に蘇ったような光景です。土間や台所があったところにヤンシャオ彩色土器がコロコロと転がっている。うっすらと埃《ほこり》を浴び、逆にそれが生々しい実感をもって迫ってくるのです。

その光景を実際に目にしてからというもの、私のなかではアンダーソン土器という呼び方よりも、ヤンシャオ土器という呼び方のほうが、リアルで親近感があるように思えてきました。

ヤンシャオ土器の贋物の特徴とは?

昔は遺跡の発掘が少なかったものですから、私たちが身近に接する機会も少なかったのですが、近代になって発掘が盛んになってくると、どういうルートを辿ってくるかは不明確ですけれども、我々の社会のなかにも多く流れこんでくるようになりました。日本の古美術店の店頭などでもヤンシャオ土器がちょくちょく見られるようになりました。しかし、それは同時に、贋物が出てくるということでもあります。これはもう、どうしようもありません。

ヤンシャオ土器の贋物でもっとも気をつけなければいけないことは、つぎのことです。

オリジナルで彩色されている作品は、プリミティブ・アートと呼べるような原始的な絵画が描かれていますが、おなじ手の贋物では彩色が施されていない新石器時代の素文の焼物に、発掘や売買に関わった人々が絵を描いてしまっているものが多く見られます。つまり、土台になる焼物は本物の新石器時代のものですが、絵は現代人が描きこんだものになっているのです。それをちょっと泥などで汚しておいて、日本の観光客、あるいはヨーロッパからの観光客に売りつけるというわけです。動機は別として、鑑賞の立場からいえば嘆かわしいことです。

ただ、それが贋物であると見抜くことは、それほど難しいことではありません。プリミティブ・アートのもっている不思議な力が感じられないことを見抜けばいいのです。

その力をつけるためには、やはり近代絵画だけでなく、アフリカの原始絵画や日本の縄文土器などを見ておくことです。もちろん、本物を博物館などで見るのがいちばんいいわけですが、それができなければ本や雑誌でもいい。ともかく、プリミティブなものに対する研鑽《けんさん》を積んでおくことが必要です。そうすると、その力強さ、技術的な迫力、原始社会のおおらかさなどが感じられるようになるはずです。

さらに、贋物の特徴をいうならば、多くのものは絵の具が盛り上がっているように感じます。本物は、絵が本体の焼物と一体化していて、表面がガラスをなでるようにツルツルしているものです。そういう単純な見分け方もあります。

ヤンシャオ土器が発見されたのは一九二一年ですが、美術館などに盛んに登場しはじめたのは、一九六〇年代ごろからです。中国の焼物が鑑賞陶器として一般趣味家の前に登場するのは、時代は古いのにもかかわらず、近年になってからのことなのです。

形に、文様に、中国陶磁器に受け継がれる青銅器の影響

さて、中国というと、大昔から陶器が大きな文化的な役割を果たしてきているように思われがちですが、そうではなく、青銅器の時代が長くつづいているのです。もちろん、焼物は、アンダーソン土器に見られるように大昔から深く日常生活に入っていたのですが、それはあくまでも皿や壺の類であって、日用品の範疇を出るということではありません。

それに比べて、古代王侯貴族の権力や権威を示すものは、やはり青銅器でした。青銅器は殷《いん》や周の時代に作られましたが、王侯貴族は競って質のいい青銅器を鋳造《ちゅうぞう》しています。

青銅器には、饕餮《とうてつ》文と呼ばれる不思議な文様が描かれているのですが、この饕餮文や青銅器の形態が、近代の清朝時代の焼物に至るまでの中国の焼物の形や文様に影響を及ぼしているのです。ですから、中国の焼物のことを深く知りたいのなら、この青銅器の饕餮文や形を勉強する必要があります。また、その勉強が中国の焼物の形や文様を解明することにつながります。

つまり、中国の焼物文化は、青銅器文化を知らずしては語れないものなのです。清王朝の焼物も明王朝の焼物も、そのスタイルは青銅器の形を基準にして作られていることが非常に多いのです。

とはいっても、青銅器はどこでも見られるわけではありません。多くの場合、本に掲載されている写真で見るしかないのですが、やはり写真では本物の息吹は伝わってきません。目の前でじかに本物を見たいところです。では、我々、日本人は、どこで青銅器を見られるかというと、これは京都の住友系財団が所有している泉屋博古館《せんおくはくこかん》です。ここに行けば、本物の素晴らしい青銅器を見ることができます。

この泉屋博古館は、京都の東山、南禅寺のそばという絶好のロケーションに建てられています。もともとは住友別邸の一部で非公開でしたが、今は素晴らしい美術館になっています。二〇〇二年には東京の六本木に分館が開館しました。

住友家は、中世に別子銅山の開発から始まって、現在のような大企業へと発展しました。いわば、住友の神髄というのは銅であるわけです。そして、銅の神髄というのは、やはり中国の青銅器時代がそのルーツになります。そういうことで、住友財団は古代中国の青銅器の収集をしたのです。

あるいは、東京の青山にある根津美術館の二階に飾られている殷周銅器を見ることをお勧めします。ほとんどの場合、常設展示されていますが、一応、確かめて出かけてください。また、中国の上海博物館には圧倒されるような迫力をもった青銅器が展示されていますので、ぜひとも見ておくとよいでしょう。

それらのところにこまめに出かけていって、中国の古代青銅器のことを勉強してから、中国の焼物を鑑賞すれば、その理解は一段と深くなるといえるでしょう。

青銅器が盛んだったころは、焼物は青銅器の影に隠れて目立ちませんでしたが、もちろん焼物のなかにも精巧なものはありました。特に、青銅器時代の末期にあたる春秋時代から戦国時代のころには、黒陶という焼物があります。これは、いわば青銅器の忠実なコピーともいえます。青銅器とおなじスタイルで作られているものがあります。

その黒陶は、いろいろな祭器になっていることが多く、お墓の副葬品として発掘されることがほとんどのようです。精巧に作られていることは事実ですが、それはあくまでも青銅器のコピーであり、焼物としてのおもしろさはあまり感じられないのが実情です。

焼物の魅力を開花させた「緑釉」

焼物が独自のおもしろさをもちはじめるには、漢の時代まで待たなければなりません。特に、漢時代に作られた「緑釉」は注目する必要があります。

緑釉にはさまざまな種類があるのですが、だいたい赤土や煉瓦《れんが》のような茶色の土の上に分厚い緑色の釉薬をかけて焼いてあります。

漢といえば緑釉といわれるくらい有名なのですが、ただし、これは美術品というよりも、ほとんどがお墓の副葬品です。ですから、水を入れたりすると染みて漏《も》ってしまいます。あくまでも祭器であり、副葬品だから実用的ではありません。王侯貴族たちや当時の人々があの世にいっても寂しい思いをしなくていいようにお供をするという意味で、遺体といっしょに埋葬されたのです。

これが非常におもしろいのは、当時の人々の暮らしが描かれていることです。たとえば豚小屋、井戸、穀倉、料理人、馬、犬など、日常生活のなかのあらゆるものが形作られています。それを見ることによって、当時の人々の暮らしが想像できます。単に焼物として鑑賞するだけではなく、当時の人々、一般の人々の暮らしがどういうものだったかということが、その焼物から彷彿《ほうふつ》することができるのです。

日本の農村を訪ねてみると、古い農家にはそれこそ室町時代の様式のなごりがそのまま残っていることがあるのですが、中国の農村、特に河南省などを旅してみると、漢の緑釉に描かれているような暮らしがそのまま残っていて興味深いものがあります。

そういうものを見ると、なるほど、人間の文化、暮らしというのは何千年たっても基本形は変わらないんだなあ、という実感をもつことができます。このように、焼物は、単にそれを見るだけではなくて、その背後にある歴史を知り実感することもまた大きな楽しみなのです。

さまざまな種類がある緑釉のなかでも、日本人はどちらかというと、土中の水銀体が付着してラスターという光彩をもっている緑釉が好きなようです。これはやはり、日本人が江戸時代から育んできた文化「お茶」の影響でしょう。このラスターは、人為ではなく微妙な自然の力によって現われてくる光彩ですから、一個一個に違った個性があります。ひとつとしておなじものがありません。そういうところも日本人が好む理由でしょう。

それとは対照的に、欧米の収集家は、銀化した緑釉はあまり喜びません。単にすべすべした緑釉、非常に状態のいい緑釉というものを喜びます。これは言葉には表わせない微妙な侘《わ》び寂びを好む日本独自の文化と、はっきりした理詰めともいえる美を好むヨーロッパ文化の違いだと思います。

なお、この緑釉は、香港の街のなかにある漢時代の墓にも見ることができますので、漢時代には中国全土で広範囲にわたって焼かれていたのではないかと、私は思っています。なるほど、一九六〇年以降、中国が開放されて新生中国になってからというもの、非常に発掘が進んでいて、それと同時に緑釉が大量に出土しています。一説によれば、ひとつの王の墓を掘ると二万点もの緑釉が出土するといわれているくらいです。

それほど大量の緑釉が出土すると、当然、それに比例して価格は低下することになります。昔は数百万円だったものが、数十万円に下がっています。買い求める側にすれば、非常にリーズナブルな値になって入手しやすくなったともいえます。

漆器に守られた二千五百年前の蓮根《れんこん》のスライス入りスープの香り

このような墓のなかから出てくるもので、緑釉以外には漆器が有名です。漢時代、あるいはそれよりも少し古い戦国時代の墓のなかから、漆器がたくさん出土します。漆の桶、漆の蓋物などの生活用具です。

そうしたもののなかには衣類や工藝品が入れてあります。つまり、焼物は墓の形態を作るための単なる副葬品だったわけですが、漆器は日常生活用品や工藝品を入れるための実用的な価値をもっていたことになります。食料品や日用品などを保存したのは、焼物ではなく漆器だったのです。漆というのは何千年たっても傷まないで、現在にまでその姿を伝えているのです。

漆に関していえば、非常におもしろい経験があります。湖南省の長沙にある博物館に行ったときのことです。この博物館の近くには馬王堆《まおうたい》という戦国時代の大きな遺跡があるのですが、そこから当時の王侯夫人の遺体が出土しました。それは地下何十メートルもの深い場所に埋められていて、あたかも低温下で真空パックされているような状態だったので、遺体の保存状態は非常によく、皮膚なども弾力性があり、髪の毛も綺麗に残っていました。

私が見たのは、大きなホルマリン溶液のなかにつけられた王侯夫人でした。目をつむって頭に鬘の髪の毛をつけて浮いているその姿は、眠るがごとく堂々としていて、二千五百年の歳月を超えて、こんなにいい状態で遺体が残っていることに驚嘆せざるをえませんでした。

特に驚いたのは、漆の桶のなかに蓮根のスライスを入れたスープが残っていたことです。私は写真でしか見ていませんが、発掘した人の話によると、漆の蓋を開けたときに蓮根のスライスがそのままの形で浮いていた、しかもスープの香りが非常に香ばしく漂ったといいます。

どれほど保存状態がいいといっても、それはもう奇跡といっていいくらいです。そしておもしろいことに、蓋を開けたら三十分ほどで蓮根のスライスは全部溶けてなくなってしまったそうです。おそらく、空気が入りこんで酸化分解してしまったのでしょう。いずれにしても素晴らしい、天然の冷蔵庫、真空パックになっていたと思われます。

それで、私が感嘆したのは、遺体や蓮根のスライスの保存状態のよさもさることながら、そのような状態を可能にした漆の桶の凄さです。食料品や日用品などを保存した漆の桶が何千年たってもほとんど傷まず、現在にその姿を伝えているというのは、これは本当に凄いことだと思います。そのような漆の文様、特に漢時代の文様についても、ぜひ研究してみることをお勧めします。そうすれば、さらに中国の焼物への洞察が深くなることは間違いありません。というのも、漆工藝品に描かれた文様は、加彩という焼物の文様に大きな影響を与えていて、ほとんどおなじような図柄が描かれているのです。

加彩というのは、緑釉と同様、漢時代の焼物ですが、緑釉のような釉薬をかけないで絵の具で陶器の肌にじかに文様を描いたものです。この加彩の文様が漆の文様とおなじ構図をしているのです。ただ、この加彩に関しても、先程のアンダーソン土器とおなじように贋物が多く作られています。無地の焼物に、近世になって新たに絵の具で文様を描き加えて、土産品として売っているところもありますので、注意が必要です。

いずれにしても、本物を見抜く力が必要ですので、やはり有名で信頼のある博物館、美術館に行って鑑賞する力をつけておかないと、本当の鑑賞はできません。

「俑《よう》」のルーツは殉葬の風習

さて、つぎは、三国時代、南北朝時代へとつづきます。これは、北方における騎馬民族の絶え間のない攻防と戦乱と、そうした戦乱を逃れて南に移動した漢民族たちによる江南の豊かな暮らしが営まれる、北と南が並立する時代です。

この南北朝は日本では六朝《りくちょう》と呼ばれています。六朝とは、魏《ぎ》や晋《しん》を含めて江南に興亡した六つの王朝を指す言葉です。この六朝で有名なものに、副葬品として埋葬された土偶があります。

土偶が生まれた背景には、現代人の感覚からすると恐ろしく非人間的で残酷なものがありました。ある王侯が亡くなると、大きな墓地が造営されるわけですが、そのときに、おびただしい数の兵士や文官や馬などがいっしょに埋葬されます。兵士や馬も殺されて、王侯が入った墓にいっしょに埋葬されてしまうのです。これは、死後も生命はつづくという考え方からきています。王とともに戦った兵士や馬を、死後もいっしょに連れていくということです。

しかし、しだいにこうした悲惨な殉葬を禁じるようになっていきます。そのかわりに登場したのが土偶です。兵士や文官や馬をかたどっているのはそのためです。ですから、単なる装飾品ではありません。亡くなった王を死後も守り支え助けるためのものなのです。

六朝時代に作られたこうした土偶は「俑」と呼ばれ、これがたいへんな発掘品になるわけです。六朝時代の俑の特徴は、実に独創的で、いわゆる北魏様式と呼ばれて口もとがニコリと笑ったように見えるアルカイックスマイルをしていることです。また、馬に関しても、北方の騎馬民族がもっていた、いかにも天を駆け抜けていくようなスピード感を漂わせたスマートな馬なのです。これは汗血馬《かんけつば》と呼ばれていて、アラブ系の馬を連想させるような馬です。

このような俑が、六朝時代の墓からは多く出土してきます。これが六朝時代の焼物の特徴といっていいでしょう。

日本人の愛する「古越磁《こえつじ》」がイスラム文化圏でも続々出土

また、北方の騒乱を避けて江南に移っていった漢民族が起こした南朝の文化では、越州窯《えつしゅうよう》青磁が非常に有名です。

越州窯というのは、だいたい今の中国の浙江州を中心とした一円に無数に作られた窯を指しています。越といえば「呉越同舟」などの言葉で有名ですが、その地方で焼かれた青磁が越州窯青磁といわれるのです。青磁というのは、いわゆる灰釉です。一握りの灰を溶いた釉薬を焼物の上にかけて焼いたもので、当時としては非常に硬質な焼物です。南朝では、この越州窯青磁が盛んに焼かれています。

収集家のあいだでは、この越州窯青磁が非常に愛されていて、特に「古越磁」という名称で呼ばれ、焼物好きな日本人の多くがその作品を鑑賞しています。

この越州窯青磁を歴史的な視点から見ると、中国の世界的な輸出産業としての芽生えを見ることができます。つまり、中国の世界産業となりうる製品の先駆けといえるものなのです。

たとえば、越州窯で作られたこの青磁は、遠く中近東のイスラムの社会でも発見されています。エジプトのカイロの近郊にあるフスタート遺跡からは、非常に優れた質の越州窯青磁の破片が出てきています。残念ながら完成品は一つもありませんが、とにかく素晴らしい青磁の破片で、おそらく世界に残っている越州窯青磁のなかでもっとも美しい遺品といえるでしょう。

また、日本でも平安貴族のもとにずいぶんと送られていたようです。藤原氏の墓から骨壺としての越州窯の作品が出土しています。つまり、中国を中心とした東南アジア、東アジア、西アジアまで、越州窯の作品はあまねく広く行き渡っており、越州窯の製作に携わっていた人たちは、大げさにいえば貿易立国のような視点で焼物産業に取り組んでいたと考えられています。

しかし、先程ふれたアルカイックスマイルの俑が副葬品として作られていた北魏では、越州窯青磁のように世界各地に輸出できるほどの焼物文化は生まれませんでした。悲しいかな、北方の地は、常に騎馬民族の騒乱に明け暮れていたからです。

越州窯青磁は、日本人の収集家にとってもたいへんに馴染みのある焼物です。通称、古越磁と呼んで多くの人たちが愛玩《あいがん》しました。古越磁の「古」というのは「古い」という意味ではなく、「古さびた」というようなニュアンスがこめられており、人々が古越磁に対してもっていた郷愁が伝わってくると思います。

「唐三彩」の俑に見られる唐美人の条件

戦乱に明け暮れた南北朝時代にピリオドを打ち、強大な統一国家を作り上げたのが隋《ずい》です。隋といえば何といっても煬帝《ようだい》ですが、この有名な皇帝は、巨大運河を作ったり巨大な宮殿を作ったりして、短い期間ではありましたけれども、つぎにくる唐時代の大きな礎《いしずえ》を築くことになります。隋そのものは、北方の高句麗《こうくり》征伐《せいばつ》などに力を入れすぎて経済的な破綻を招き、やがて滅んでしまいます。

隋の焼物で、日本人のあいだで知られているのは、一般的に黄釉です。武人俑などの黄色い釉薬の俑がそれです。これは唐の時代に登場してくる有名な唐三彩の俑の原型となっています。

隋の時代は、回教諸国との交流が盛んでしたので、隋の文化というのはペルシャの影響を強く受けています。ペルシャ文化の非常に力強い造形は、隋の青磁などに色濃く反映されています。事実、日本に渡ってきた隋の四耳壺《しじこ》は、美術館などで見ることができますが、これも非常に力強い造形です。西方の文化の影響を受けたこの時代の中国の焼物を見たいのならば、日本では四耳壺などを鑑賞するといいでしょう。

そして、つぎにやってくるのが、いよいよ唐の時代です。唐は北方系の騎馬民族が打ち立てた国ですが、ご存知のとおり、絢爛《けんらん》たる文化が花開いた時代です。ペルシャなどの西方の国との豊かな交易が展開され、シルクロードを通って長安の都まで砂漠の道を多くのラクダの隊商が行き来する、そんな光景が繰り広げられた時代です。

日本もまた、多くの遣唐使を派遣して、唐の文化や学問を学び、自国の繁栄につなげていきます。空海や最澄など多くの僧侶も唐に渡り、仏教思想を持ち帰り、真言宗や天台宗という大宗派を生み出すことになります。まさに、当時における世界帝国といってよいでしょう。

この唐の時代は、焼物においても非常に優れたものを生み出します。もっとも有名なのはやはり唐三彩でしょう。黄色、緑色、茶色の三色を主体とした焼物です。お墓の副葬品として有名なものが多く存在し、鳳凰《ほうおう》の頭をもった鳳首瓶《ほうしゅびん》や、龍の把手《とって》のついた龍耳壺《りゅうじご》や唐三彩盤、あるいは小さな盃をいっぱいのせた盤など、多種類の唐三彩の作品があります。

本物の唐三彩を見たいのであれば、博物館でも結構ですが、中国の西安にある乾陵《けんりょう》の陪冢《ばいちょう》（大きな古墳に伴っている小さな古墳）である皇女永泰公主《えいたいこうしゅ》の墓に行けば、おびただしい数の唐三彩が発掘された状態で見ることができます。この乾陵というのは、則天武后《そくてんぶこう》という強大な権力をもった皇后とそのご主人の高宗の墓です。この墓の陪冢には、王族やその部下が点々と葬られています。墓のなかには、唐三彩がそのままの形で葬られていますから、非常に見応えがあります。

唐三彩は、いうまでもなく日本の奈良三彩の源流です。奈良三彩は、めったに完全な品がないのが実情ですが、国立博物館などにおさめられている蓋物の壺などを見ると、唐三彩の華麗さと奈良時代のおおらかさを融合させたような焼物であることがわかります。唐三彩の影響をもろに受けていることがはっきりとわかります。そして大きな特徴は、奈良三彩は副葬品ではなく実用品だったということです。

たとえば、美人という概念に関してもそうです。唐美人ということをよくいいますが、これはいわゆる下ぶくれのふっくらした顔だちを美人の条件としています。これとまったくおなじなのが、日本でいえば高松塚古墳などの壁画に見られる美人の顔だちです。そうした唐美人の形をした俑の唐三彩が、西安郊外などの古墳から出土しています。

また、日本から唐に渡った遣唐使や僧侶が、日本に持ち帰った唐三彩も多く存在します。有名なのは最澄や空海です。彼らが持ち帰ったと思われる唐三彩は、墓に埋める副葬品であっても、小壺や合子や枕や小さなお碗などのかわいらしい小品でした。

なるほど、墓に埋めるような大きな馬だとか壺はかさばりますし、さまざまな教典を山ほど持ち帰らなければいけない立場の彼らとしては、大きなものは運搬しにくかったのでしょう。あくまでも身の周りの小物が中心だったようです。これらの唐三彩は貴族たちへのお土産でもあったのでしょう。こうした唐三彩の遺物が、海に浮かぶ神域とされている沖ノ島などで発掘され、唐三彩の美しい破片が出土しています。

日本の趣味人が好む焼物は北宋から始まった

繁栄を誇った唐も終焉を迎えます。唐が滅んだのちに飛躍するのは、遊牧契丹《きったん》民族の国家、遼《りょう》です。遼は唐が滅んでいくときに、唐三彩の技術者を北方の草原に連れ去って遼三彩という焼物を作ります。当然、唐三彩の技法をそっくり踏襲しているわけですが、唐三彩がもつ絢爛豪華な特色が消えて、北方の草原に吹く風のような爽やかな感じが加わっています。

唐三彩を鑑賞したいのであれば、こうした遼三彩の特徴も知っておくべきだと思います。ただ、騎馬民族というのは、大きな力で国家を統治しますが、滅んでしまうと跡形もなくすべてがなくなってしまって草原しか残らないということが多いですから、遼がもっていたであろう窯の痕跡がはっきりとは見つかっていません。ですから、厳密にはまだまだ不明な点が多いのが実情なのです。

さて、その遼は、のちに女真《じょしん》族の建てた金と漢民族の宋によって滅ぼされていきます。

宋は、それまでの私兵の蟠踞《ばんきょ》に懲りて、武人の力を削り徳をもって国を治め、文化の香り高い国家を作ろうという気概に燃えていました。宋のなかでも特に北宋の時代は、常に北方の騎馬民族の圧迫があります。ですから、北方騎馬民族との友好を保つために莫大な貢ぎ物を送ったり、銀十万両の歳幣を差し出すなどしていたようです。

その北宋時代が、北方の焼物文化がもっとも花開いた時代でした。

そして、大事なことは、日本人がもっとも好む中国の焼物は、この北宋の時代からのものだということです。特に、昔の趣味人は、北方青磁とか鈞《きん》窯とか哥《か》窯、定《てい》窯という、北宋時代の焼物を非常に大事にしました。もちろん、今でもその人気は根強く、有名なコレクションなどには必ず素晴らしい北宋の焼物がおさめられており、人気を博しております。

特に、品物が完全な形で残っているものが多いというのも、北宋の焼物の魅力のひとつです。世界に存在する北宋の焼物のコレクションは、その多くが土中から発掘されたり、市中に転がっていたものなのですが、日本にある北宋の焼物は不思議と「伝世」なのです。つまり、土のなかから発掘されたものではなく、代々、先祖から、あるいは人の手から人の手へと大切に伝わってきたものなのです。ですから、無傷の素晴らしい品が多くあります。日本にある北宋の焼物が優れているというのは、そういう理由もあります。

そのなかでももっとも素晴らしいと思うのは、定窯の白磁です。これは、北方の環境である自然の厳しさと、極限に研ぎ澄まされた緊張感というようなものが漂っています。文様の上にも、形の上にも焼物の鋭さが表現されています。

千金を投じて南宋の青磁を手に入れようとした平安貴族

やがて、北方から女真族系、別名、満州族の国である金という国が襲ってきて、宋と金と遼という三つの国が、あるときは連携しあい離反しあいながら、力のシーソーゲームをつづけます。そうしたなかで、宋は、やがて都を捨てなければならない情勢になっていきます。

そのときの最後の皇帝が、徽宗《きそう》皇帝です。彼は悲運の人で、最後は金の軍隊に捕まってしまい、多くの皇族とともにはるか北方の遼寧省まで連行されて、そこで一生、畑を耕して生涯を終えています。

このようにして金に圧迫された北宋は事実上、崩壊して、南に遷都して南宋を建国することになります。

余談ですが、この悲運の徽宗皇帝は文藝学藝に秀でていて、特にこの人の書は痩金体《そうきんたい》と呼ばれて有名です。針金のように研ぎ澄まされた細い筆で字を書いていて、故宮の博物館には今でも北宋の徽宗皇帝の書体として大事に保管されています。また、絵画でも優れた作品を残していて、日本には有名な「桃鳩図」（国宝・個人蔵）が伝わっています。

焼物の視点から見ると、南宋というのは日本に対する影響力が非常に大きかった時代です。陶磁器を通じて、文物や文藝など広く南宋の文化が日本で注目されることになります。

それはなぜかというと、当時の日本は鎌倉時代を迎えるころに相当するのですが、この時代に多くの学僧が南宋に渡っているのです。南宋で仏教をはじめとして多くのことを学び、その知識や技術や文物などを日本に持ち帰って、南宋の文明・文化を広く日本に伝えることになったのです。

南宋の焼物のなかでもっとも有名なのが、ふたつの官窯です。官窯、つまり国が開設した窯です。ひとつが郊壇《こうだん》官窯、もうひとつが修内司《しゅうないじ》官窯です。これらの官窯で作った陶磁器、特に青磁は、日本人は誰もが欲しがりました。室町時代になってからもそうですが、平安時代の末から鎌倉時代の人々は、喉から手が出るほど南宋の青磁を欲しがりました。千金を投じてでも手に入れようとしたようです。

日本人が憧れた、南宋青磁の最高峰「砧青磁《きぬたせいじ》」の気品

そうした南宋の青磁に対する日本人の強い憧れは、いまだに存在しています。今から四十年ほど前のことですが（一九七〇年代後半）、韓国の新安の沖で元時代の東福寺の関係船と思われる貿易船が引き揚げられました。そのなかに南宋時代の砧青磁が積みこまれていて、日本人が昔からこの手の青磁を喜んだことを知ることができます。

砧青磁のなかで特に有名な品物として語り継がれているのが、馬蝗絆《ばこうはん》の茶碗です。これは、平重盛が南宋の抗州にある育王山というところに黄金を喜捨したところ、そのお礼として住持の墨蹟とともに送られてきたものです。

ところが、のちの足利時代になってこの茶碗にヒビが入ってしまいます。相当に大事にされてきた名器です。そのヒビが入った茶碗を、当時の中国はすでに明になっていますが、明に送り返して

「これとおなじものをいただけないだろうか」と足利義政が依頼しているのです。それに対して、明国は「もう、このような良質な青磁はわが国では作れません」といい、かわりに、ヒビの入った茶碗をかすがいで修理をして送り返してきたのです。

「もう、このような良質な青磁はわが国では作れない」とまで明王朝にいわしめた、南宋時代の青磁がどれほど素晴らしい品であったかがわかると思います。また、日本人がいかに平安時代から南宋の官窯の青磁を愛してきたかが理解できるエピソードです。

ちなみに、そのかすがいで修理された青磁の茶碗は、修理した部分の模様がイナゴの脚の形に似ていたために馬蝗絆と呼ばれています。馬蝗とはイナゴのことです。

南宋の青磁のなかでも特に有名なのがこの砧青磁です。

骨董の世界では昔から、青磁を砧、天龍寺、七官の三種類に分類しています。今ではもっと新しい見解で系統づけていますが、やはり昔ながらの砧青磁がもっとも上手《じょうて》としてよいかと思います。特にこの南宋の官窯系で作られた砧青磁は素晴らしく、ふっくらとした味わいといい、他を寄せつけぬ独特の気品をもっています。

砧という名称ですが、これはわが国固有の呼び方です。一般的なその形が絹うつ砧に似ているからこの呼び名があるようです。

ただ、注意してほしいのは、砧というのは絹を叩く小槌だと思っている人がいるようですが、事実、砧青磁と呼ぶときの「砧」はまさにその小槌の形を指しているのですが、厳密にいうとそうではありません。砧とは、絹を置いて小槌で叩くその下に置くものを指しています。ですから、砧青磁という呼び方じたいも、厳密にいうと「絹を叩く小槌」青磁といったほうが正しいのです。まあ、細かいことは大目に見るということにしましょう。

話を戻します。その砧青磁のおもな形態はというと、鳳凰耳花生などがいちばん有名です。絹を叩く小槌の握る部分についている耳が鳳凰の形をしているものを鳳凰耳といい、ここが龍の形をしているものを龍耳といいます。こうした花生などの青磁は、多くの国宝や重要美術品として、日本に伝世で伝わっているわけです。

磁州窯《じしゅうよう》で生まれた「かき落とし」

北宋、南宋時代で忘れてならないのは磁州窯です。北方にある窯で、官窯ではなく民窯です。この磁州窯は、磁器ではなく硬質の陶器を作っていました。また、美術品としての焼物ではなく、日用品の焼物として中国全土に広まっていきました。エリア的にも広い範囲への普及力をもっていたのですが、時代的にも非常に大きな影響力がありまして、その後、連綿として、明、清、現代へとつながってきているのです。磁州窯はそれほど長い流れをもっています。

どういった焼物が有名かというと、代表的なものは「かき落とし」という手法です。先程もいったように磁器ではなく硬質の陶器なのですが、使った土が黒、あるいは灰色で、その黒い土の上に白土を化粧掛けするのです。そして、その白土をかき落として、文様を出すのです。

つまり、かき落とした部分が下地の黒土が現われて黒くなり、そこが文様となるわけです。あるいは、灰色の土の上に白土と黒土を二重がけして、それを巧みにかき落として文様を表わした作品のなかには特に素晴らしいものがあります。

これに似たようなことを、小学校のころの図画工作の授業でやったことはないでしょうか。画用紙の上にカラフルな色のクレヨンをたくさん塗りこみ、さらにその上に黒のクレヨンを塗り、それから竹ペンなどで黒のクレヨンを削ぎ落としていくと、真っ黒のなかにカラフルな色が浮き出てきて、とても美しい絵になるのです。こうした手法で花火の絵を描いたりした人もいたと思います。かき落としも、こうした手法に近いかもしれません。

このかき落としによって「白地黒かき落とし磁州窯」とか「白地かき落とし磁州窯」などが生まれ、一大発展をしていくのです。特に、日用品の焼物として広く浸透していきました。日本にある有名な磁州窯の作品は、白鶴美術館にある「白釉黒かき落とし龍文の瓶」などです。これらの文様は、正確に写し取られて転写され、現代の新しい工藝品にかなり多く使われていますから、その影響力の大きさがわかると思います。

元の陶磁器は商業主義、重厚な大作がその作風

金を滅ぼし、さらに南宋を滅ぼしたのは元です。ご存知のとおり、元というのは圧倒的な力をもち、世界じゅうを震撼《しんかん》させ、モンゴル大帝国を建設しました。

ここで若干、当時の世界のようすを見てみましょう。

十三世紀、中央アジアはイスラム教徒の膨張、西方は十字軍の終末、そして東方はモンゴル帝国の勃興と、東西ともに大きな変動が起きた時代でありました。その後、どんどん膨張をつづけるモンゴル帝国ですが、フビライは一二七一年に都を今の北京にあたる大都に定め、国号を元としました。

こうした広大な元の出現や十字軍の遠征などによって、大陸には大きな変化が生まれます。そのひとつは、商人の活躍が空前の活況を呈しはじめたことです。西と東はさまざまな貿易で盛んな物流が生じてきました。そこでの花形は、なんといってもイタリアのベネチア商人です。彼らは東西を活発に行き来し、貿易で巨万の富を築き上げます。ちなみに『東方見聞録』で有名なマルコ・ポーロも、ベネチア商人のひとりでした。

こうした東西の商業の活況は、焼物にも影響を与えていきます。一般的には、元の様式は、王朝がもつ華美壮麗なものではなく、商業主義による商品至上様式であったといえます。たとえば、形でいうならば「重厚な大作」であり、文様から見れば「大胆な装飾」ということができます。特定の貴族や王朝しかそのよさをわからないというような作品ではなく、もっと商業主義的な目的のために幅広い層をターゲットとし、その結果、大胆な装飾の重厚な大作が生まれてきたのです。ただ、こうした様式は、元の初期にはまだ生まれてこず、フビライの逝去以降に見られるようになります。

フビライが亡くなったことで元朝はしだいに衰退に向かいます。紙幣の乱発と人民からの搾取によって民心が離反していくのですが、このような時期にも倦《う》むことなく生産活動をつづけてきた民衆の力が、宋代の流れから脱却して陶磁器の歴史に新風を吹きこんでいったのです。

天《てん》龍《りゅう》寺《じ》青《せい》磁《じ》は毒入り料理を盛ると色が変わる!?

では、元時代には具体的に、どのような窯が活況を呈していたのでしょうか？

これまで栄えていた多くの窯業地が低調になり、しまいには消息を絶っていったなかで、大きな発展を見せたのは、浙江省の龍泉窯《りゅうせんよう》と、江西省の景徳鎮窯《けいとくちんよう》のふたつの窯です。このふたつの窯はともに、新製品を開発して飛躍をとげ、つぎの時代である明や清に向かって大きく発展していくのです。

まず、龍泉窯から見ていきましょう。龍泉窯で有名なのは、なんといっても日本で呼ばれるところの「天龍寺青磁」を開発したことでしょう。

日本名「天龍寺青磁」という語源の由来は、さまざまな説があります。たとえば、京都の天龍寺にあった大香炉がこの手の青磁であったからとか、足利幕府が天龍寺を造営するための資金を得るために派遣した貿易船の天龍寺造営料唐船によって中国からもたらされたから、という説などがあります。

その天龍寺青磁の特徴はどんなものかといいますと、グリーン系統の濃緑色の青磁で、豪壮な大作が多く見られます。また肉取りが厚く、充分に釉薬をかけられた器皿は、手にしたときにずっしりとした重量感に満ちています。形としては大皿、鉢、酒会（海）壺、花瓶、香炉などが多いようです。これらのなかでも特に元時代の豪快さを非常によく表わしているものは、酒会（海）壺でしょう。日本にあるもので、製作年代の基準になるものとしては、神奈川県横浜市の称名寺（金沢文庫）にある品があげられます。これは、鎌倉幕府の重鎮であった金沢貞顕の墓から出土したものですが、鎌倉幕府の終焉が一三三三年で、貞顕の没年もそれと同時であり、それゆえにこの壺はフビライが没したころに作られたと推定されています。力強い、そして豪快で大胆な形が、いかにも元時代の作品だと思わせます。

トルコのイスタンブールにあるトプカプ宮殿には、元時代から明時代にかけて作られた天龍寺青磁大皿が数百枚も保存されています。この天龍寺青磁大皿を含む一万点以上の器皿は、ここに住んでいたオスマン・トルコの絶対君主であるスルタンが収集したものです。美術品であり、また日用品でもあったのですが、青磁は毒入りの料理を盛ると色が変わるという話が信じられていたために、毒殺の危険性が常にあった専制君主のスルタンにとっては防御策という一面もあったのでしょう。

元時代の焼物が広く世界に流れたことがわかる話です。もちろん、日本にも大量に輸入されています。先ほど紹介した横浜市の称名寺にある酒会（海）壺をはじめとして、各地の寺院や大名豪族たちに伝えられ、現在でも新たな発見の報告がなされています。

美しい白磁の生産で急成長した景徳鎮窯

もうひとつ注目しておかなければいけないのは、やはり景徳鎮窯でしょう。中国の焼物といえば、陶磁器に興味がない人でも「景徳鎮」と答えるほど有名な窯ですから、その影響力は本当に大きいものです。

景徳鎮窯が大きくなる前までは、先に紹介した越州窯が大きな力をもっていました。北宋、南宋時代までは、西はエジプト、東は日本まで越州窯の品が流れていて、大きな産業活動がなされていました。

それはある意味では、一種の産業革命的な様相を呈していたといえるでしょう。それからのち、十九世紀になって英国で初めて生まれた産業革命がその原形とはいえ、この時代にすでにアジアの越州窯で行なわれていたのです。大量生産方式で越州窯青磁をどんどん作り、それに伴ってさまざまな技術や文化が生まれてきて、それらが東西に大きく流れていったのです。

そうした越州窯が、北宋、南宋時代にだんだんと衰えていくわけですが、そのかわりに力をふるうようになってきたのが、江西省の景徳鎮窯だったのです。

どうして景徳鎮窯が力を得ていったのでしょうか。

それはまずなんといっても、近郊で白磁鉱、つまりカオリン（高嶺土）という磁土が採掘されたからです。これによって非常に美しい白磁、青白磁ができるようになったのです。

景徳鎮窯で最初に焼きはじめられたのは、青白磁、白磁です。これが世界に流れていって、日本であれば鎌倉幕府の治下へ送られて、日本の古瀬戸などに影響を与えるわけです。古瀬戸の瓶子《へいし》、それから梅瓶《めいびん》型と呼ばれる瓶子などは、景徳鎮窯の青白磁のその形を源としています。ですから、越州窯が衰えを見せてきて、かわりにお株を奪ったのが、景徳鎮窯ということになるのです。そして、お株を奪っただけではなく、それ以上に世界的に流通する中国の一大貿易産業となっていくわけです。元という国家は征服王朝で、世界じゅうから恐れられていましたが、民間の貿易や産業を圧迫することはなかったので、民間の景徳鎮窯はどんどん生産をつづけ広げていくことができたのです。

中国から中近東へ「元染付《げんそめつけ》」が大量に運ばれた理由

景徳鎮窯で忘れてならないのは、なんといっても「元染付」です。元染付が開発されたのは、十四世紀前半の景徳鎮窯です。

原料の酸化コバルトは良質のものがイスラム圏から運ばれてきましたが、かつて磁州窯が行なっていた鉄絵の様式にかわって、景徳鎮窯が酸化コバルトによって白磁の肌へ瑞々《みずみず》しい青絵を描くようになったのです。このことによって景徳鎮窯が、明、清から現代にいたるまでの窯業における確固たる地位を築き上げたといえるでしょう。

この景徳鎮窯の元染付と龍泉窯の天龍寺青磁を比べてみると、かなりの共通点をもっていることに気づきます。両者とも、大作が多く、重量感にあふれているのです。しかし、大きな違いとしては、天龍寺青磁は磁肌を彫りこんで文様を表わすのですが、元染付は絵筆で自由に文様を描きます。表現方法にはこのような大きな差があるのですが、元染付のほうが絵画を鑑賞する場合とおなじような感覚で楽しめるといえるでしょう。

元染付の豊かな筆使いによって表現される文様は、一般大衆のあいだに伝わる民間説話などの中国故事物語だったり、江南地方の民画の特徴である蓮池、魚藻、草虫、水禽《すいきん》などが図案化されて、磁肌をくまなく覆いつくしたりしています。

元染付の多くは、輸出品が多かったのですが、国内向けの品としては、前述したように宮廷や貴族が対象ではなく、一般の日用品として製作されたものが多くなっています。元染付の染付文様は景徳鎮窯の職人のひたむきさがあふれているのですが、それはなによりも大衆に支えられた景徳鎮職人の美意識の底力によるものだと思います。

現在でこそ元染付は、国際的なオークションで億単位の評価を受けることもできるようになりましたが、かつては古い形態の染付という評価しかなく、特に征服民族である元王朝のもつ文化的な暗さをイメージされることが多く、不当な評価に終わっていました。

特に、日本は茶道の意識がその美意識の根底

1994年、トルコ・イスタンブールのトプカピ宮殿にて元染付を鑑賞

にありますから、茶室に入れられないような大きな寸法のものは、美の範疇には含まれなかったのです。また、茶人たちの鋭く微妙な感性が、重厚な迫力をもつ元染付には馴染めなかったということも考えられます。しかし、茶の湯での広間を主とする大寄せの茶会の普及や人々の生活パターンの多様化によって、日本人の美の意識が変わってきたことから、日本でも元染付が近年、脚光を浴びてきています。

前述したように、元染付の多くは輸出品が多かったのですが、特に中近東には大量の元染付が輸出されていまして、イスタンブールのトプカプ宮殿には多くの元染付がありました。夜ごと、繰り返される宴会で、何百人分もの料理を盛るためにこの元染付が使われていたのでしょう。それらは今ではトプカプサライ宮殿美術館に行くと、たくさん見ることができます。

私も見てきましたが、光輝く金角湾を望むトプカプ宮殿のテラスに立って、回廊をくぐり抜けながらつぎつぎと見学してきて疲れた体を休めていると、はるか東方の景徳鎮からこれほどの莫大な量の染付が運ばれたことを考えて、改めてその事実に胸を打たれたものです。輸出商品として生まれた民窯の製品、元染付が、あるいは自由貿易を伸ばすべく努力してきた景徳鎮の人々の創作の弛まざる姿勢が、大きく胸に迫ってきたのです。

「唐物《からもの》天目《てんもく》」でお茶を飲む、これこそ上流階級の最高の楽しみ

さらにまた、元の時代で特筆すべきものは「天目」です。中国から日本に伝えられた喫茶、つま

りお茶の席で使った什器《じゅうき》のことです。

日本と中国の当時の関わりを、歴史的な視点で少し見てみましょう。

京都や鎌倉の五山を代表とする日本の遊学僧は、浙江省の山岳地帯の霊地に出向いていって修行をしました。この山を「天目山」といい、山中にある四つの霊地で修行をしたのです。この天目山にある各寺院で、献茶用の什器として使われた茶碗が、隣の福建省で焼かれた黒釉茶碗です。そのなかでも特に建盞《けんさん》といわれる焼物が主流を占めていましたが、鎌倉時代に海を渡った遊学僧たちが、喫茶の作法とともに、これらの茶碗を日本に持ち帰りました。それで日本にお茶の文化が起こるわけですが、それ以来、喫茶で使用する茶碗を唐物天目と呼ぶようになったのです。

お茶というのは、今でこそ庶民の生活になくてはならないものですが、当時はたいへんな高級品で、僧侶や貴族、大名など、ごく限られた階層の人たちしか飲めませんでした。そうした喫茶のなかでも、唐物天目を使って飲むお茶はもっとも上等なものであって、最高級の喫茶を楽しむことになります。

こうしたお茶の文化と、そこで使用する唐物天目は、元時代に日本に伝えられた特筆するべきものだと思います。

唐物天目にも種類はさまざまありますが、そのなかで最高峰に位置づけられているのが「曜変《ようへん》」といわれる種類の天目です。それに「油滴《ゆてき》」「建盞」「烏盞」とつづきます。この順序は、室町時代の茶の湯や唐物に関する秘伝書『君台観左右帳記』の記述に従っています。

曜変天目のなかでもっとも素晴らしい作品は、なんといっても「曜変稲葉天目」でしょう。この茶碗は、徳川家光の乳母である春日の局の婚家であった大名の稲葉家に伝えられたもので、国宝に指定されています。

静嘉堂文庫美術館の蔵品となっているこの品を私も数度見たことがありますが、何度見てもハッと驚くほどの麗妙さを感じてしまいます。それはまるで漆黒の闇のなかから無数に浮かび上がってくる光のようであり、その妖しさたるや、無限の宇宙の彼方から凍てついた光を放ちながら、星雲がこちら側に向かって降りかかってくるような幻想を抱かせてくれるのです。まさに、これは、人間の力の及ばない、それこそ神の意思によって生まれた偶然の賜物としか思えないのです。

曜変天目は、この稲葉天目のほかに、その伝来がはっきりしているものとしては、水戸徳川家伝来、加賀前田家伝来、京都大徳寺龍光院伝来の三碗のみです。

そして、これらの曜変天目を含めて、優れた天目は世界じゅうに七碗あるといわれていますが、実はその七碗すべてが日本にあります。その事実は実に素晴らしいことだと思います。しかも、それらはすべて掘り出し物ではなく、伝承して伝えられているのです。日本人の文化財を保持する特異な能力として特筆すべきことでしょう。

天目に関してもうひとつ、元が日本に派遣した外交僧である一山一寧《いっさんいちねい》について触れておきたいと思います。

元というのはご存知のとおり、元寇《げんこう》が有名です。日本を侵略しようと二度にわたる渡海戦を展開したのですが、どうしても侵略できない。そのときに、フビライは、鎌倉武士というものは禅宗への関心が高く、多くの武士が帰依《きえ》しているという事実を知ります。そこで、今度は鎌倉武士が敬愛する禅宗の僧を派遣して、新たな外交を結ぶきっかけにしようと考えました。

そこで派遣された外交僧が、禅僧の一山一寧です。ところが、鎌倉幕府は、この一山一寧を元によるスパイではないかと疑います。そして、博多の太宰府に到着するなり捕らえてしまい、伊豆の修善寺に長い期間にわたって幽閉してしまうのです。

しかし、彼の才能や優れた資質に、当時の僧侶たちが気がつきはじめて、幕府は幽閉を解き、建長寺に迎えています。その後、京都に移り、日本の禅宗に非常に大きな影響力を及ぼすことになったのです。禅宗に影響を及ぼしたということは、禅宗だけではなく、茶の世界にも、他のさまざまな文化にも多大な影響を与えたことを意味します。

特に、その書はたいへんに優れており、今では国宝となっています。

技術の発展をもたらした明の皇帝の意外な命令とは?

元の時代もしだいに崩壊を迎えていきます。崩壊の理由は種々ありますが、たとえばラマ教というものが入ってきて非常に頽廃的な流れを生み出したり、あるいはモンゴル民族が漢民族の文化に浸ってその精神が脆弱化したことが遠因としてあげられるのではないでしょうか。そうした内部の緩み、頽廃によって、元は内側から崩壊へ向かって進んでいきます。

そして、南京に建国された明という国によって北京を追い出され、はるかなモンゴル高原に帰っていくことになるのです。そして、おもしろいことに、北方騎馬民族らしく、その跡形をほとんど残さず風のように消えてしまっているのです。どんな王朝でもさまざまなところにいろいろなものを残していくものですが、元はその強大さから見ても不思議なくらい本当に何も残さないに等しい形で姿を消してしまっています。まさに高原を走り抜ける、移動しつづける騎馬疾風の民といえるでしょうか。

新しく興った明は、第三代の皇帝、永楽のときに最盛期を迎えます。

この明の時代というのは、陶磁器の技術が飛躍的に伸びた時代であります。さまざまな手法による陶磁器が花を開くことになります。

その背景には、いったい何があったのでしょうか？　そのあたりから見ていきましょう。

それまで中国のさまざまな地域でさまざまな窯が起こり、多種多様の焼物が生まれてきました。そうしたなかで宋時代には官窯が設けられて、なおいっそう陶磁器の生産に力が入れられたのですが、それでもまだ正式に法令化された官窯ではありませんでした。官窯が本格的に制度化され、いわゆる王室に献上される御器が作られはじめたのは、実は明の初代皇帝、洪武帝《こうぶてい》のときだったのです。この本格的な官窯の誕生によって、中国陶磁器の世界的な評価が生まれてきます。

明を興した洪武帝は、僧門放浪の家から身を起こした人で非常に苦労人でした。そういう理由で、宮廷にありがちな贅沢三昧《ぜいたくざんまい》を嫌い、質素な生活を促します。それまで宮廷で使っていた食器類は、ほとんどが金銀あるいは青銅器で、陶磁器はそうした金属類に比べるとランクがずっと下がるのですが、贅沢をきらった洪武帝は、宮廷の贅沢な生活を戒めるために、なんと金属の器を使ってはいけないという法令を発布したのです。金属の器のかわりに陶磁器を使うようにしたわけです。

この法令は、それまでの長い中国の歴史のなかで、初めての陶磁器に関する法令です。この法令の誕生によって、本格的な官窯が誕生し、景徳鎮窯をはじめとする陶磁器の大発展が展開していくというわけです。それまで宮中で使ってきた金銀とおなじ文様と形態をもつ陶磁器を作らなければいけないといった要請もあって、中国の陶磁器の技術は飛躍的に伸びることになったのです。

永楽帝時代に作られた、絹ごし豆腐のような白磁の美

明の初期は、白磁にもっとも価値が置かれていました。染付すなわちブルー&ホワイトの価値はそれに比較するとかなり低く、特に貴族のあいだでは染付磁器は軽蔑されていたのです。このことは、明の初期の文献に「染付は俗っぽい」というようなことが記されていたことからもうかがえます。

つまり、中国の一般庶民から果てはイスラムの王族まで広く愛された染付は、あくまでも輸出品としての染付がメインであり、なおかつそれは日用品として生産されたからでしょう。それは、たとえば日本の古伊万里染付が、元禄・享保期の優れた作品であったにもかかわらず、生産が多く、なおかつ日用品であったことにより、「藍絵の雑器」と俗称されていたのとおなじです。

そういう状況ですから、どうしても白磁の製作に力が注がれて、結果、この時代の白磁は非常に優れた品が多く生まれてきています。

特に明がもっとも栄えた第三代皇帝の永楽帝のときに作られた、永楽官窯の作品である「甜白《てんぱく》」

という白磁は素晴らしいものです。甜白のもつ独特の白色は言葉にするのがなかなか難しいのですが、あえて表現するとすれば、絹ごしの豆腐をそのまま磁器にしたような、近寄りがたい崇高さと、吸いこまれるような深遠さをもった色とでもいえるでしょうか。

日本で甜白と呼べる白磁は、たとえば大阪の萬野美術館（二〇〇四年に閉館）がかつて所蔵していた「白磁水注」や「僧帽壺」と呼ばれる上品な形の水指しが、これに属します。

このように白磁がもっとも尊ばれた明初期ですが、永楽官窯においてまったく染付が作られなかったというわけではありません。東京の畠山記念館所蔵の「龍濤文天球瓶」と松岡美術館所蔵の「龍唐草文天球瓶」は、ともに景徳鎮官窯における永楽染付の見事な作品です。また、イスタンブールのトプカプ宮殿やイランのアルデビル・モスクに伝来した永楽染付などを見ると、素晴らしい官窯染付の存在を実感することができます。

しかし、問題は「大明永楽年製」という銘文が記された染付が存在しないことです。漆藝作品には、永楽の銘を針先で刻みこんだり、そこに金泥を擦りこんだりしています。官器に年款を入れる習わしはすでにあったので、陶磁器にも銘文が刻んであってもいいはずなのですが、「大明永楽年製」という銘文が入った染付が存在しないのです。これは、やはり染付が王室の使用に供される御器としては認められていなかったからだと思われます。

たまに「大明永楽年製」などといった年号の入った焼物を見かけることがありますが、こういう時代背景や時代状況を知っていると、これはやはり後世に作られた贋物だろうとわかるのです。

いずれにしても、染付の真価が明王朝の上流階級の人たちに理解されるには、時間を要することになるのです。

雑器と見なされていた染付が官器として確立

永楽帝が在位二十二年で急死したあとは、仁宗が帝位につきます。しかし、わずか一年で没し、今度は宣宗が皇帝となります。この仁宗と宣宗二代の合計十一年が、明王朝でもっとも善政に恵まれ、人民が平和を謳歌した時代でした。

そして、この仁宗と宣宗の時代にいたって、ようやく染付の器皿に「大明宣徳年製」と年款が入れられるようになりました。これはつまり、染付磁器が中国で初めて御器として認められたことを意味しており、それまで白磁などより数段格下と見なされてきた蔑視のくびきが解かれ、官器としての地位が確立されたといえます。

このころの染付の作風はどんなものだったのでしょうか。

官器として認められる以前の元染付や永楽染付は、顔料のコバルトに不純物が含まれているために、描線上に藍の濃淡が斑紋となって散在しており、それがかえって単色の染付に深みを与え、凹凸感の味わいを醸しだしています。

しかし、官窯の御器に昇格した宣徳染付になると、だいぶ変わってきます。顔料のコバルトが精製されるようになったために、濃淡を醸しだしていた染付の色調は均一化され、文様は流麗になります。また、精密な図案化が進み、平面的な写実性を増していきます。

ある意味では技術が高度化したということもできますが、反面、永楽染付に見られた清々《すがすが》しい気品は失われてしまいます。内面的で深遠な美しさから、技巧による工藝品としての美しさに変わっていったということもできるでしょう。藝術性という視点からは、美意識は「固く」なってしまったといわざるをえません。

事実、この時代の染付に対する美の評価は下降線をたどっていくことになります。せっかく官器としての地位ができあがったというのに、藝術性は凡庸《ぼんよう》化していったというのは、なんとも皮肉です。

また、官窯の作品だけではなく、民窯による染付も、大壺や梅瓶などの形はそのまま踏襲していきますが、作風に緩みが出てくるようになります。俗にいうところの「作が甘くなる」という現象です。

爛熟した宮廷文化の代表作「チキンカップ」

官窯色絵磁器の完成期は、その後の成化、弘治、正徳の三代（一四六五年〜一五二一年）のころといわれています。風流と愛欲の暮らしを送った成化の憲宗、中興の祖と仰がれた弘治の孝宗、奸臣《かんしん》に囲まれ秘密警察の暗黒時代を作りだしてしまった正徳の武宗の時代です。

この時代の作品の特徴は、一部の作品を除いて、ほとんどが小さな作品だということです。小碗、馬上杯、盤など現在見ることができる多くの色絵磁器は、本当に手のひらにおさまるほどの小さいものです。小さな磁器のなかに、染付で文様の輪郭を描き、それを瑞々しい五彩の上絵で仕上げてあります。

この時代は宮廷文化が非常に華やいだ時代で、こういう時代というのは、大作が影をひそめていき、かわりに宮中で貴族たちがもてあそぶ小品の文化になることが多いようです。事実、永楽染付に見られた雄大な精神は影をひそめ、手のひらにのるくらいの精密な色絵磁器が一世を風靡しました。

この時期は、皇帝が女色に溺れ、宦官《かんがん》は専横をきわめた、不健全な宮廷でした。こうした社会の耽美的な文化の一端が、小品の色絵磁器にも現われたといえるでしょう。

では、こうした小さな色絵磁器を代表する作品は何かというと、やはり成化時代の「豆彩《とうさい》」です。豆彩の語源は、その色合いが青豆の淡いようすに似ているということからきているようですが、明後期から清時代にかけては、色が競い合うところから「闘彩」の字を当てています。いずれも、染付の文様の輪郭を描き、そのなかを瑞々しい五彩の上絵で仕上げています。

こうした成化の豆彩で特に有名なのが、「チキンカップ」と呼ばれているものです。直径八センチにあまりの小さなお碗で、淡い磁肌に、透き通った赤、黄、緑の色絵を施しながら、鶏の親子と草花を描いているのです。

このチキンカップは遺品が少なく、世界じゅうで三十点とも、あるいは十点ともいわれており、非常に貴重な品々です。オークションで一客が数億円の値がついたこともあります。

富と権力を彷彿させる絢爛豪華な名作「嘉靖の金襴手《きんらんで》」

奸臣に囲まれて秘密警察の暗黒時代を作りだしてしまった正徳の武宗の時代が終わり、嘉靖時代（一五二二年〜一五六六年）が始まると、明王朝は少しずつその国力を落としていきます。王室内の乱れに加えて、北虜と呼ばれる蒙古族の侵入や南倭と呼ばれる日本の海賊など、外からの圧力が重なり、その力は衰微していきます。

それと並行して、官窯もまた統制のタガが緩むようになっていきます。やがて官窯は、陶工の徴用制度を廃止して雇用制度に切り替え、やがて御器の製作に関しても民間への委託が始まるようになります。

このような流れのなかで、民窯は歴史に残る素晴らしい作品を生み出します。それが「金襴手」と呼ばれるものです。それは赤絵を主体にして文様を描き、その上に金箔や金泥で絵付けをして仕上げるのです。形は、水差し、杯、碗、瓢形瓶など、豪華なものが多くなっています。

昭和初期に骨董業界に身を置いた人にとって、「嘉靖の金襴手」という言葉は、大名だけがもっている道具であるとか財閥のコレクションというものを連想させ、まさに富と権力を表わす響きがあったものです。それほど、豪華なものでした。

なかでも「金襴手の仙盞瓶」と呼ばれる細口の酒注ぎは、絢爛豪華の極みでありまして、ある種の成り金的な富貴さえ感じさせてくれます。

また、金襴手のなかでももっとも優雅な雰囲気をもつのは、「萌黄地《もえぎじ》金襴手」といわれる作品です。

これは赤絵地のかわりに淡緑色の透明釉を施し、その上に金箔を焼きつけたものです。これは素晴らしい気品を漂わせています。

いずれにしても「嘉靖の金襴手」は、そのつぎの時代である清時代の色絵磁器に影響を与え、日本であれば古伊万里錦手《にしきで》に大きな影響を与えることになります。そして、それがやがて日本のオリジナルなものに発展し、徳川時代の富裕階級にたいへん喜ばれることになるのです。

「万暦赤絵《ばんれきあかえ》」の耽美性に大帝国の落日を見る

神宗の万暦年間（一五七三年〜一六一九年）は、当初は順調でしたが、豊臣秀吉の朝鮮出兵に対抗する兵力増強策や、後の清朝を興すヌルハチの侵入などによって、国力は急速に衰退していきます。

この時代の特徴としては、まず御器の量が異常に増大したことです。なるほど、神宗は無類の焼物好きだったし、また皇族や貴族の数が増え、彼らの需要も増大したということはあるのですが、それにしても一年間の御器の生産量が十万点を超えているというのは尋常ではありません。膨大な数の御器が焼かれたのですが、その種類も非常にバラエティーに富んでいます。それまでの御器はほとんどが食器でしたが、万暦年間に作られた御器は、文房具なども大量に生産され、他にも香炉や円形の腰掛けなど、さまざまな種類の焼物が生まれています。

作風としては、特に後半になると、五彩の赤絵がそのほとんどを占めますが、それらは頽廃的で濃艶な様相を呈してきます。そういうときに、景徳鎮窯では官窯としての統制を解かれた陶工たちが思い思いに自由に筆を運び、傾きかけている明王朝の耽美な流れ、頽廃的な流れを表現していきます。

そうした耽美主義、頽廃性が、日本に流れこんでくると、日本人の侘び寂びの世界に見事にマッチし、非常に高い人気を博することになったのです。明初期の端正な染付や赤絵に比べると、このころの赤絵はある意味でいえば粗雑なのですが、日本人の茶心から見ると完全な形態よりも不完全なもののほうに美を感じたのでしょう。大明帝国の落日をそこに感じ取り、なんともいえない耽美な想いにかられたのではないでしょうか。

ですから、万暦赤絵の花生とか水指しは、茶道具として非常に愛されたし、数多く日本に伝えられました。

「古染付」と日本の茶の深い関係

天啓年間(一六二一年〜一六二七年)は、日本でいえば江戸初期の元和七年から寛永四年にあたります。天啓帝は、明王朝の滅亡間近の皇帝で、最後から二番めの皇帝になります。このころ注目するべき焼物は、いわゆる日本でいうところの「古染付《こそめつけ》」です。

天啓時代の染付は、磁胎は肉厚で、その作りは非常に粗雑です。また、厚手の釉薬は縁の部分がところどころそげ落ちていたりします。通常であれば、質の悪い染付ということで片づけられてしまうのですが、たまたまそれらが日本に輸出されて日本の茶人たちに受け入れられてしまったのです。その粗悪さ、素朴さというのが、逆に江戸文化の一部を担った侘び茶の精神に符合してしまったのです。

日本の茶人は、釉薬のほつれが虫が食った跡のように見えるところから「虫食い」と呼んで、それさえも鑑賞の対象にしてしまいました。なんとも不思議な日本人の感性です。

こうした粗悪で素朴な天啓時代の染付は、近世になって日本人から「古染付」、あるいは「天啓古染付」と呼ばれるようになります。古染付の「古」は、時代が古いということではなく、「古さびた」という茶道独特の意味合いがこめられています。収集家のなかには焼物の種類にかかわらず「古い」染付をなんでも「古染付」と間違って呼ぶことがありますので、注意してください。

それまでの景徳鎮の染付は、武士階級が使用する食器皿として輸出されてきたのですが、戦国大名から茶の湯を受け継いだ江戸時代の新しい市民階級は、染付を単なる食器ではなく茶道具に用いました。そうした茶人の注文を受けて、織部の向付《むこうづけ》の形に倣った多様な向付や、高砂《たかさご》花生、水指し、香合《こうごう》や変形皿などの茶道具の懐石道具が、茶人たちの要求に合わせて景徳鎮で焼かれて、日本で待つ趣味人のもとに送られたのです。

古染付は、器の形は厚手の和陶器を母体としていますが、文様は中国の絵画や日常生活、あるいは日本のそれを取り入れています。花生や水指しなどの高価な品は別として、もっとも古染付らしい風情を漂わせているのは、やはり向付です。古染付の向付は、実に多種多様な形と文様が取り入れられており、今私が思いつくだけあげてみても、馬、牛、猿、魚、木の葉、開扇、山水と、バラエティーに富み、内容は豊かです。

また、古染付の向付は、日本独特の料理、懐石料理の器としても欠かせません。四季折々の食卓の主役にもなります。中国で生まれた焼物であるにもかかわらず、日本人のための焼物であり、日本の心をもった焼物なのです。このように「古染付」というのは、本場中国ではランクとしては格下の焼物かもしれませんが、日本で思いもしない評価を受けた焼物です。そして、天啓時代に日本の茶人向けに作られた、日本人のために輸出された焼物だったのです。

高級茶陶「祥瑞」は音《ね》で見分ける

もうひとつ、日本の茶人にとって大事な焼物として「祥瑞」があげられます。

古染付を庶民的な茶陶とすれば、祥瑞は高級茶陶といえます。また、古染付は食器、花器、香合、文房具など、茶陶以外にも多岐にわたる焼物を生産していたのに対して、祥瑞は茶陶がそのほとんどを占めています。

また、古染付の数に比べると、祥瑞で現在残っている絶対数は格段に少なく、貴重品です。高級茶陶ですから、伝世した諸家のほとんどは大名家や豪商であり、近世になって売り立てられた品々は、破格の値段がついて茶を愛する財閥の創業者たちのもとへ流れていきました。今現在、美術館で見られる祥瑞の名器は、どれもこれもこうした華やかな経路を辿ったものばかりです。

有名な作品をあげてみましょう。まず「蜜柑《みかん》形」と呼ばれる水指しです。そのなかでも特に有名なのは、東京の五島美術館と根津美術館に所蔵されている二点です。根津美術館に所蔵されているものは、かつて紀州の徳川家に伝来したものです。

さて、祥瑞はどんな特徴をもち合わせていたのでしょうか。

まず磁胎の白磁は実にきめの細かい白磁で作られています。そして、染付の顔料も非常に良質で、その発色はとても鮮やかです。文様は、祥瑞文様と呼ばれる独特のもので、幾何学文様と山水花鳥文によって構成されています。

磁胎がきめ細かく非常に優れていることの話として、私の経験談をひとつ紹介しておきましょう。まだ私が若いころ、茶道具の目利きをしていた私の先代のお供をして、東京近郊のある旧家に道具類の見立てをしに出かけたことがあります。その旧家に着いた父は、台所いっぱいに置かれた手塩皿や醤油注ぎの山のなかから、ある小さな染付の水注ぎに手を伸ばし、その蓋を取り上げてチャリンと微かに音を立てたのです。何をやっていたかというと、音の質で祥瑞かどうかを確認していたのです。

父は「祥瑞は土がいいので音《ね》が違うのだよ」といい、私はその出来事で、茶陶などの小品を見立てるときは、軽く蓋を触れ合わせて音を確かめる方法を知ったのです。

そのときの品は、のちに祥瑞の珍器として、ある茶人の所蔵するところとなりました。

祥瑞の名称は、その銘文として「五良大甫　呉祥瑞造」と記されたものが、いろいろなところから発見されたことに由来しています。ところが、この呉祥瑞という人物が何者なのか、まったく不明でして、これまでもさまざまな論議が展開されてきたものです。現在では、この銘文の意味は「呉家の五男で祥瑞と号する人が作った」というところに落ち着いています。

この論議のなかで、かつては、祥瑞という人物は日本人ではないかという説もあり、今でもその説は一部では消えていません。そういうことから考えても、日本の茶の湯の焼物として、祥瑞は不動の位置を占めていることがわかるかと思います。

日本の伊万里のコピー商品がヨーロッパで大人気

明の時代が終わりを告げると、女真族が清という時代を作り、北京に都を置きます。清朝の基礎を固めたのは康熙帝《こうきてい》という人です。この皇帝は、八歳で即位して七十歳近くまで長く王位につき、六十年間におよぶ好学天子として、清朝学問の黄金時代を築きます。有名なのは、彼が編集した『康熙字典』という字典です。これは非常に優れた字典で、漢字を学ぶ者にとってはそれこそ座右の書となるようなものです。

さて、この康熙時代はどんな陶磁器が生まれたのでしょうか。前期の一六七〇年あたりまでは、まだ清朝らしさは前面には出てきません。官窯の開設もまだで、染付系統の作品には、前の時代である明の作風が色濃く反映されています。

ただし、色絵を主体とした花瓶や壺や大皿などの作品では、文様は絵画的になり、いわゆるのちの「清朝様式」の発生がそこには認められます。たとえば、人物の顔は線描きで表わされた卵形になり、牡丹の花や花篭の図は画帳に描かれたものとおなじように余白をとった、正当性のある構図となっています。

一六八〇年から一七〇〇年までの康熙中期の時代は、清朝官窯の創始期といえる時代です。康熙官窯で有名なのはやはり、イエローホーソン、ブラックホーソン、グリーンホーソンでしょう。これは明朝の「素三彩」とおなじく、色絵の釉薬をじかに磁肌に施す技法で作成されています。花鳥などの文様以外の磁肌の部分を、黄、黒、緑などの単彩で塗りつぶした大胆なデザインになっています。

作風としては、豪華で迫力があり大作。こうした作風は侘び茶の世界、日本人の感性にはあまり合わなかったようで、現在では欧米のほうに多く残されています。

日本にある有名なものとしては、東京の梅沢記念館に所蔵されている「黄地素三彩花鳥文大瓶（イエローホーソン）」と、東京富士美術館所蔵の「五彩花鳥文方瓶（ブラックホーソン）」があげられます。

康熙後期は、そのころヨーロッパで人気を呼んでいた色絵伊万里や柿右衛門様式のコピー商品が景徳鎮で焼かれて、ヨーロッパへ輸出されています。民窯の製作ですが、現在はこれらの品を「チャイニーズ・イマリ」と呼んでいます。中国で焼かれた伊万里焼ということです。当時のヨーロッパでは、中国の景徳鎮も日本の有田や伊万里もおなじような東洋のある一地域にすぎず、人気のあった有田や伊万里とおなじような形を中国の景徳鎮窯に注文するということは、それほど違和感はなかったものと考えられます。

最高傑作「古月軒《こげつけん》」の誕生

康熙帝が亡くなったあとは、雍正帝が即位します。

雍正時代の官窯は、非常に力が入れられており、官窯の監督を司っていた唐英という人物が景徳鎮を去るときに建立した記念碑からは、当時の官窯がどれほどの大事業を行なっていたかをうかがい知ることができます。それによると、一年間に製作した数は約十万点にものぼり、技術の種類は五十八種類にもなります。

これほど力を注がれた雍正官窯の特徴はというと、康熙時代にあった力強さが消え、滑るような瑞々しさが現われています。康熙時代の延長というよりも、むしろつぎの乾隆時代の前衛といったところです。

特に、単色釉の作品に見られる上品さは大きな特徴です。また、古代青銅器時代の器形を母体として、花瓶や壺など、いわゆる袋物と呼ばれる作品を多く製作しています。これには、明朝官窯の秀作を再現していこうという意図が見えています。

技術的にも頂点に達しつつあったこの時期の官窯が、形状としての頂点にある古代青銅器と、文様としての頂点にある明初期の官窯を製作の原点に置いたということは、つまり技術と形状と文様の三者それぞれの頂点を合わせて焼かれたということになります。この時期の陶磁器こそ、人類が到達しえた技術上の最高地点だったということができます。

そうした最高地点に立った作品としてあげることができるのは、「古月軒」です。これは粉彩《ふんさい》という技術で作られています。この技術は清朝陶器の方向を決定づけるほどの、たいへんに新しい技術でした。白磁の上にさらに石英質の粉末をのせた琺瑯《ほうろう》引きを施し、それをキャンバスとして多色細微な絵画を絵付けする方法です。

古月軒は、この粉彩という技術で作った作品中の最高傑作といってもいい作品です。景徳鎮で焼かれた白磁を北京に運び、宮廷画家と思われる数人の専門職の手によって彩画されています。これらの作品は、すべて小品です。

ただし、現在の調査では古月軒という工房は確認されていません。古月軒は日本で定着した呼称で技法のことです。ですから大切なことは、「古月軒」と記されている色絵磁器は、名称が生まれてから後に作られた贋物ということになります。

日本で知られている古月軒様式に東京国立博物館所蔵の横河コレクションの「粉彩梅樹文皿」があります。これは、精巧な薄手の端反りの皿で、文様は写実的な紅梅黄梅が枝をのばした見事なものです。そして、七文字の詩句と朱文白文の印が書きこんであります。さらに、高台《こうだい》の裏底中央には、青の上絵で「雍正年製」銘が活字のように丁寧に書きこまれていまして、いかにも宮廷で使われていたような優雅さをもった作品です。

清朝時代の焼物でもうひとつ付け加えておきたいのが、バウアー・コレクションです。これはヨーロッパにある清朝磁器のコレクションとしては最高の品質を誇っているもので、スイスのジュネーブにあります。このバウアー・コレクションの白眉は、なんといっても清朝の単彩磁器と粉彩磁器です。実際にそれらを目にして実感したことは、今まで茶道の美意識の強い日本人の趣向には合わないとされていた清朝磁器が、実は非常に清潔感があふれ、かつ深遠なる美をあわせもっていたということです。まさに、人類が生み出した最高の工藝美といっていいでしょう。

この素晴らしいコレクションは、セイロン（現在のスリランカ）において事業で財をなしたアルフレッド・バウアー氏と、二十世紀初頭に世界最大の古美術商を展開した山中商会の社員だった富田熊作氏との出会いから生まれました。古美術商の富田に寄せる大財閥のバウアーの限りない信頼が、このコレクションを生み出しました。

もちろん、時期もよかった。この収集の最盛期である一九二〇年代後半から三〇年代にかけての時期というのは、日本では大名家をはじめとする旧家の蔵品の売り立て入札が相次いだ時期でした。それらの名家に残っていた名作が、大量に世に送り出されたのです。

景徳鎮の技術にもはや不可能はない？

康熙帝がその国土を広げ、雍正帝がしっかりと固めた清朝を受け継いで、世界帝国ともいえる大清帝国を出現させたのは乾隆帝です。国の財政は豊かで、長い中国の歴史のなかでも有数の黄金時代を迎えました。

乾隆帝の生活は、まさに爛熟した宮廷生活でした。文化面でもまさに爛熟しており、素晴らしい美術品や工藝品に包まれての生活です。

乾隆帝を囲む多くの側近のなかでも有名な人物として、中国名を郎世寧というイタリア人の宣教師カスティリヨーネがあげられます。彼は乾隆帝に仕え、有名な乾隆時計という精密豪華なからくり時計を作って献上したり、多くの素晴らしい絵画を描いて献上しました。これらの品々は、今も台湾の故宮博物院に残っています。

景徳鎮の陶磁器は、こうした爛熟した王朝の動きに合わせて、ますますその精密さを増してゆき、極端にいえば技巧的にもはや不可能はないと思われるほどの域に達していきます。釉調、文様、形態とともに、最高の技術が駆使されました。

陶磁器で竹や石や漆などの製品と見まごうほどの作品が生み出されます。本来、それらは陶磁器の使命からはずれたものです。そのためか、清朝の色絵磁器は一転して堕落と衰退への坂道へ向かっていくのです。

また、宋時代の官窯青磁の優れた模倣「倣官窯」も製作されています。

時代は、さらに嘉慶、道光とつづいていきます。日本では江戸時代の後期にあたります。この時期に景徳鎮で作られた染付磁器の汲みだし茶碗や皿類は、大量に日本に輸出されています。これらは、市民階級において「新渡《しんと》」と呼ばれて、日常食器として喜ばれました。

新渡の作品として、茶道具の世界で有名なものに「菱馬水指し」があります。形は横長の菱形をした水指しで、胴の部分の両面に染付で団扇《うちわ》形の窓絵をとり、そのなかに走る馬を描いています。本来は、日本の茶人の注文によって、明時代末に呉須染付で製作された型物ですが、日本の京焼の茶道具などでも、この新渡の写しが盛んに作られています。

「陶によって政を見る」

　さて、大興隆を極めた清王朝もしだいに陰《かげ》りを見せはじめます。アヘン戦争による屈辱的な南京条約の締結、宗教的革命軍の太平天国の危機、英仏連合軍による北京侵略、日清戦争の敗北と、たてつづけに混乱に見舞われ、内部からの変革運動も湧き起こります。そして、孫文による辛亥《しんがい》革命が起こり、二百五十年あまりにわたって栄えた清王朝がついに幕を閉じることになるのです。

　清朝最後の皇帝である宣統帝が退位したのち、みずから天下を狙った北洋軍閥の袁世凱が中華民国の大総統に就任します。袁世凱は、わずかな期間でしたが自分の官窯ともいうべき作品を景徳鎮で製作しました。これらが「洪憲年製」「居仁堂製」などの銘をもつ粉彩の作品です。

　ただ、洪憲年製の「洪憲」という年号は、一九一六年一月一日から三月二十三日までのわずか三カ月足らずのあいだしか使われなかった年号ですので、実際に袁世凱が景徳鎮に命じて焼かせた官窯は存在しないのではないかという説もあり、中国ではその説が主流になっています。いわば幻の焼物であって、焼物にロマンを求める日本人としては、こうした不可解な情報がかえって収集の夢をかきたてるようです。

　これまで大まかな中国の焼物の歴史を見てきましたが、総じていえることは、王朝が興る最初のころはみんな、ものがいいようです。それは、新しい時代を作ろう、新しい天下国家を作ろうというエネルギーがあったからでしょう。そうしたエネルギーが、景徳鎮などさまざまな窯の陶工たちのなかに染みこんでいって、藝術として昇華されていったのだと思います。

中国には「陶によって政を見る」という言葉があります。中国の焼物の歴史を見ることによって、その当時の政治や社会が見えてくるということです。焼物を見ることで、ひとつの王朝の姿、その王朝の力が見えてくるのです。チャイナという言葉が「焼物」を意味するというのは、いいえて妙というわけです。中国人はまさに、焼物とともに歩んできた民族です。

ですから、焼物のことを知るためには、じっくりと中国の歴史と焼物を知る必要があります。そのことを勉強しないかぎり、本当の焼物の魅力というのは見えてこないといってもよいでしょう。この本はいわゆる専門書ではありませんから、このへんで筆をいったん置きますが、本当に焼物を知りたい人は、じっくりと時間をかけて中国の歴史と中国の焼物の関連性を勉強することをお勧めします。

第十六章　日本の焼物の魅力

中国の影響を受けながら独自の歩みをたどる日本の焼物

この章では、日本の焼物の流れを見ていきます。まず初めに、日本の焼物の特徴をざっと見ておきましょう。

日本の焼物は、まず土器の時代が非常に長くつづきます。最初に作られた焼物である土器は、水をこねて乾かせば形を保った固まりになるという土の性質を知った人類が、つぎのステップとして火で加熱することによって丈夫で形が変わらないものになるという発見をしたことから生まれました。それは、調理の上では煮焼きも可能にして、生活上に革命的な発展をもたらしたばかりでなく、人類における道具の世界を大きく広げました。

そして、土をこねて焼いただけの土器から、粘土で作った素地の上にガラス質の釉《うわぐすり》をかけて焼いた陶器が生まれるまで、実に数千年という長い歳月を要しています。

そして興味深いのは、中国や朝鮮から伝わった技術革新によって新しい焼物が誕生しても、それ以前の古い土器を捨て去ることなく、それはそれとして独自の流れを残していったことです。そしてまた新しい技術は、それ以前から存在していた技法や形態と出会って日本的な姿へと変わっていったことです。

これにはさまざまな要因が考えられますが、ひとつには中国のような官窯《かんよう》があまりなかったことがあげられるかと思います。中国の焼物は、前章でも見てきたように、官窯が中国の焼物の歴史のなかで大きな位置と影響力をもっていますが、日本の場合は官窯における陶磁器の発展は中国ほどのものは見当たらず、そのかわりに発展の大きな原動力となったのは民窯でした。民窯において守られつづけた伝統や土器への愛着が、日本の焼物の特徴を形作ったと思われます。

そして、土器や陶器の多くは、大陸における焼物にくらべると、信仰の対象として、室内を飾る調度品として、美を表現する藝術品としての要素が少なかったといえるでしょう。どちらかといえば、あくまでも道具としての焼物がその主流だったと考えられます。もちろん貴族や時代の権力者は別です。

そうした日本の焼物が、機能面以外に価値を見いだしてきたのは、茶の湯の発展によるところが非常に大きく、これが日本における焼物のスタイルを大きく変えていきました。茶の湯による変化は、機能が重視される道具に何かしら別の魅力を発見するという姿勢と、さらに新しい感性と技術をもった焼物を創作するという面に大きく影響を与えていきました。

こうした日本独自の風潮は、いまでこそ自明の理ですが、実は近世の茶の湯から生まれてきているのです。

また、日本の焼物の歴史のなかでもっとも創造性に富んでいるのは、桃山時代から江戸時代初期にかけて焼かれた茶陶や食器です。そのあたりを重点的に、日本の焼物の姿、美しさを見ていこうと思います。

焼物の原点、縄文式土器と弥生式土器

土を水でこね合わせて、火で焼いたものが焼物ですが、最初の焼物は、材料を選ばず、温度に関しても高温を必要としない土器でした。

日本最初の土器は、ご存知のとおり、縄文式土器です。およそ六千年前に生まれたとされており、これは世界でももっとも古い時代にあたります。時代でいえば、新石器時代です。特徴はその文様にありまして、表面に縄をころがしてつけた文様ゆえに縄文式土器と呼ばれています。

その種類はさまざまで、基本的には六期に分類されています。炎が立ちのぼっているようすをイメージさせる有名な火焔《かえん》土器は、中期に誕生しています。一般的にいえば、形は底がしだいにすぼまっていく深鉢形、焼き方は野焼きで、その温度は六百度から九百度ぐらいのものが多くなっています。

形態に関しては時代や地域、あるいは用途によって変化し異なっていますが、火焔土器のように過剰な装飾を施された呪術的な土器の流れというものは、晩期になると、しだいに少なくなり、もっと洗練されたものになっていきます。べたべたとした過剰な「貼り付け文」ではなく「線刻」によって、渦巻きや雲や植物を想像させる優美な装飾が施された小型の器になっていくのです。

こうした洗練された縄文式土器の最高峰は、やはり青森県の亀が岡遺跡に見られる土器でしょう。緻密な仕上げと優雅な表現は、縄文式土器の完成品といっていいかと思います。

あと縄文土器の土偶で見ておきたいものは、長野県茅野市にある「縄文のビーナス」と呼ばれる女性像です。縄文中期の逸品ですね。

縄文式土器のつぎに誕生してくるのが弥生式土器です。紀元前三世紀から紀元三世紀のころ、稲作が定着したころに生まれました。名前の由来は、最初に発見された場所が、東京都文京区弥生町遺跡だったことにあります。

形態の特徴は、縄文式土器のようなゴテゴテとした装飾がなく、非常に端正で機能的な形をしていたということでしょう。技術的には、焼く温度が縄文式土器よりも上がったために、仕上がった土器の色が明るい赤褐色をしています。弥生式土器はおよそ六百年のあいだ焼かれました。

耐水性に優れた黒色土器

縄文式土器、弥生式土器の流れは、古墳時代に入って土師器《はじき》を生み出します。製作方法は、粘土紐の巻き上げか手づくねによって形成され、野焼きによって八百度程度の低温で焼かれます。焼き締まらない多孔質の器で、黄色もしくは赤褐色をしており、装飾という点では弥生式土器とさほど変わりはありません。

土師器が生まれた古墳時代には、おなじく須恵器《すえき》という新しい焼物も生まれてくるのですが、須恵器がしだいに多く焼かれるようになったあとでも、土師器は共存する形で存続していきます。そのなかで、煮沸具、またかわらけと呼ばれる小皿などは、いまでも引きつづき生産、使用されているものもあります。

また、生産量や供給された地域が限定された須恵器に対して、土師器は広く生産されていましたので、須恵器が届かない地域においては広く焼かれていたようです。

土師器をはじめとする素焼きの土器の難点は、なんといっても水を吸ってしまうことです。これは多孔質ゆえ、どうしても生じてくる短所です。こうした素焼きの難点を解消したのが黒色土器です。

練り上げたときに表面をしっかりと磨き、焼くときにいぶすことで表面に炭素を吸収させるのです。炭素を吸収することで、素地の表面を密にして孔をふさぎ、水の浸透を防ぎます。

こうやっていぶして焼かれることによって、その表面は黒くなり、そのため黒色土器と呼ばれます。

この黒色土器の出現で道具としての機能性はアップしましたが、それでもやはり陶器のもつ優れた防水性には及びません。

焼物は思いもよらない〝炎の産物〟

五世紀中ごろ、古墳時代にあたりますが、以前の土器とはまったく違う新しい焼物が誕生します。

須恵器と呼ばれるその焼物は、固く焼き締まり、薄くて丈夫です。この須恵器の誕生によって、日本の焼物の歴史は大きな転換期を迎えることになります。

それまでの焼物といったい何が違うかというと、固く焼き固めるための高温が得られるような窯が生まれたことです。それまでの野焼きやごく簡単な構造の窯とは違い、より熱効率性のいい窯です。この技術は、新羅《しらぎ》・百済《くだら》から伝えられた技術から生まれてきました。

高温を得るには、燃料が燃焼するときの熱をなるべく逃がさないで効率よく使うことが必要です。そのために生まれてきた窯が、窖窯《あながま》と呼ばれる窯です。これは傾斜のトンネルを掘るか、あるいは傾斜のある溝を掘って天井をつけた細長い窯です。

この窖窯によって得られるようになった温度は、千度から千百度です。この高温で焼くには土の吟味も必要で、高温でも割れない粘土を調達することになります。この高温と粘土で焼き上げられた器は、固く焼き締まり、防水性においても土師器から数段の進歩が見られます。

また、高温下で得られる還元炎によって胎土に含まれた鉄分が還元され、素焼きの赤褐色とはまた異なった灰色に焼き上がりました。

あるいは、これは偶然の産物といってもいいのですが、たまに灰釉《かいゆう》が誕生することがありました。これは、燃料が燃える際に灰が素地の上に降りかかり、それが作用してガラス質の釉がかかったのです。これは自然釉と呼ばれます。

なお、平安前期になると、意識的に灰をかけて焼物を釉で覆う試みが生まれてきまして、これこそが日本陶器の始まりとなるのです。

焼物は、本当に思いもよらぬものを作り出してくれます。大昔からたしかに炎の産物だったのです。

さて、このように良質な窯の誕生で須恵器が誕生しましたが、須恵器はもうひとつ、焼物の歴史上とりわけ大きい技術革新のなかから生まれてきています。それはろくろの誕生です。

それ以前は、熟練の陶工による紐作り、手づくねで、弥生式土器に見られる美しい曲線を生み出してきましたが、ろくろの誕生で、美しい曲線、均整のとれた形を、簡単に、そして早く作り上げることが可能になったのです。それまでの土器と違って整然とした、そして端正な須恵器は、このろくろに負うところが大きいのです。

須恵器は、高杯《たかつき》、碗などの食器、壺や瓶などの貯蔵容器、炊飯器である甑《こしき》などがあり、初期のころは副葬品としての装飾壺なども多く作られています。飛鳥時代以降は、日常食器としての須恵器が主流になっていきました。

装飾や形態においては、初期の須恵器は、どちらかというと朝鮮半島の器と非常に類似しています。須恵器を伝えたのは朝鮮半島の陶工ですから、その影響が大きいのは当然ですが、奈良、平安と時代が進むにしたがってしだいに日本的なものになっていきました。簡素な文様、簡素な器形、ゆるやかな曲線へと変化していきます。

須恵器は全国各地で発見されますが、もっとも早い時期に築かれたのは、大阪の堺市を中心に発掘された陶邑窯《すえむらよう》などが中心だと考えられています。陶邑窯では、数百基の窯跡が発見されています。大和朝廷の勢力拡大により、その技術はさらに広く伝播し、それまでの焼物にはない優れた機能性、生活必需品としての需要の増大により、大規模な生産が行なわれるようになりました。

さらに、古墳時代をすぎ、奈良、平安になると、各地で窯跡が発見されていることからもわかるように、日本全国、非常に広い範囲で生産されるようになったのです。

技法は中国の唐三彩、スタイルは須恵器の「奈良三彩」

さらに技術が進んで、ガラス質の釉がかかった施釉《せゆう》陶器が出現します。それまで自然の産物としての灰釉はありましたが、意図的に釉をかける技術がいよいよ生まれてくるのです。

ここで用いられたのは、鉛を溶媒剤として、八百度ほどの低温でも施釉が可能な「鉛釉」です。鉛釉陶器として初めて登場したのは、銅を呈色材とした緑一色の「緑釉陶」です。

これが奈良時代になると、さらに色が三色に増え「三彩陶器」が誕生します。これは中国で焼かれて日本にもたらされた「唐三彩」の影響です。呈色剤として、銅を用いた緑色、鉄を用いた黄褐色、透明釉のかかった部分に見える素地の白、これが組み合わさって、美しい三色を生み出します。

こうした三彩陶器は、唐三彩と区別して「奈良三彩」と呼ばれています。中国の影響を受けていますが、器形はそれまで日本にあった須恵器や金属器の模倣に近く、唐三彩とは異なるものです。

奈良三彩を代表する作品は、正倉院に伝来する壺、瓶、盤でして、これらは特別に「正倉院三彩」と呼ばれて、非常に優れた完成度を見せています。

しかし、こうした画期的な三彩陶器は、残念ながら平安時代以降は姿を消します。緑色の釉だけとなってしまうのです。

また、三彩陶器も緑釉陶もいずれも絶対数は少なくて、その出土は、寺院や貴族の墳墓を中心としていますので、広く一般大衆に行き渡ったものではなく、官窯で作られた特別のもので、その使途は儀式や祭祀などに用いられたものと考えられます。

鉛釉陶器が一般的になっていくのは、まだまだ時代を待たなければなりません。

実用的な食器類が量産される九世紀

平安時代には、中国陶器が日本に多くもたらされました。そのなかでも特に越州窯《えつしゅうよう》青磁が大量にもたらされ、この青磁の写しとして生産されつづけたのが、先ほどの緑釉陶です。三彩陶が作られなくなっても緑釉陶が生き残ったのは、青磁の色彩を模倣しようとしたからです。

やがて九世紀初頭、おなじ施釉陶でも、鉛陶とは異なる灰釉陶が焼かれるようになります。灰釉陶に関しては先ほども触れましたが、須恵器でもすでに見られました。ただ、須恵器で見られた灰釉は、偶然に燃料の灰が降りかかり釉を生じたものです。本格的に意図的に施釉陶器として灰釉陶が生産されるようになったのは、九世紀初頭になってからのことです。

その代表的な窯は、愛知県の猿投窯《さなげよう》です。猿投窯の歴史は古く、古墳時代から須恵器が焼かれています。古墳時代のものから中世のものまで、合わせて千基以上の窯跡が認められる巨大な窯業地です。

灰釉陶は、千二百度以上の高温が必要となる陶器です。従来の窖窯ではそこまでは至りませんが、この窖窯にさまざまな工夫をこらし、その改良型ともいうべき分炎柱を備えた窯が築かれました。分炎柱は、炎の吹き出し口を狭めて、炎の勢いを強めることがその目的でして、燃料を燃やす燃焼室と、焼物をつめる焼成室のあいだに設置されています。

分炎柱は、十三世紀までつづく猿投窯の長い歴史のなかで、可動式から固定式へと展開し、柱の数、大きさも変化していきます。

猿投窯の量産態勢が整ってきたのは九世紀以降で、このころから碗・皿などの実用的な食器類がおもな製品となり、日本各地に運ばれることになります。産地も、猿投窯から外に向かって広がっていき、広く東海地方に灰釉陶の窯が築かれていきました。

「古瀬戸」は中国陶器のコピーから始まった

鎌倉時代は、ご存知のとおり、貴族社会から武家社会へと大きく時代が様変わりします。こうした社会の変化は、焼物の世界にも波及していきます。

この時代の焼物は大きくふたつに分類することができます。ひとつは、瀬戸を中心とする施釉陶、もうひとつは日本の各地に誕生した焼締陶です。

まずは、瀬戸窯での焼物生産の状況から見ていきましょう。

瀬戸窯のルーツは、猿投窯から派生した灰釉陶の窯に求めることができるのですが、中世に入って施釉陶器を生産しつづけたのは、実はここだけです。施釉陶器はすでに奈良三彩のころから始まっていたのですが、多くの窯は施釉陶器を生産しなくなっていきました。

そのなかで唯一、瀬戸窯だけが施釉陶器を生産しつづけるのですが、瀬戸窯の成長はいわば中国製品のコピーを作り販売することで成し遂げられています。鎌倉時代には中国陶磁器が膨大な数で輸入されておりまして、そうした中国陶磁器への需要の多さに便乗する形で陶器を生産していったのが瀬戸窯なのです。

しかも、より幅広い層をターゲットとして簡単に手に入れることができるような廉価な商品を作っていきました。特にコピーしたのは、南宋の四耳壺《しじこ》、瓶子《へいし》などです。

しかし、その技術はまだまだ未熟といわざるをえません。特に、釉の厚さや釉調がなかなか安定しませんでした。たとえば中国青磁をコピーするつもりが、色が黄色だったり、褐色になったりしています。けれども、日本で唯一の施釉陶器生産地であったということで、大量に中国陶磁を写し、またなんとかそれに対抗できる製品を作り出そうと懸命に技術を磨いた結果、国内最大の陶器生産地としての地位を確立したのです。

こうした瀬戸窯で焼かれた製品が、いま現在「古瀬戸」と呼ばれているものです。

喫茶の風習が広まって茶陶セットが大人気

古瀬戸は、大きく前期、中期、後期に分けられます。

前期の瀬戸の特徴は、中国南宋の白磁・青白磁を写したものが多いということです。たとえば梅《めい》瓶《びん》と呼ばれている、肩が張りすぼまり、また裾で広がる形の瓶子などです。この梅瓶は肩の線の張りぐあいが、形の良し悪しを決定します。一般に酒瓶として使われたといわれています。あるいは、四耳壺、水指し、仏花器などにも、中国から受けた影響の大きさを見ることができます。用いた階層は、武士階級、僧侶、富裕層で、日用品というよりも、骨壺など宗教用具として使われることが多かったようです。

中期の古瀬戸は、器面に装飾を施したものが多くなります。たしかに、装飾は前期にも見られましたが、たとえば粘土で型抜きした文様を貼りつける「貼花《ちょうか》」など、新しい文様が多く見られるようになります。

中国の影響は相変わらず大きいのですが、少しずつオリジナリティーのある文様なども登場します。代表的なのは、古瀬戸の代表文様である「巴文《ともえもん》」です。

また、中期で忘れてならないのは、黒釉陶器です。これは、鎌倉中期に中国からもたらされた天《てん》目《もく》茶碗などの黒釉陶を模倣して作られたものです。天目は、前章でも触れたとおり、中国から遊行僧が日本に持ち帰り、お茶の世界には欠かすことができなくなる茶碗です。喫茶の風習が武士階級を中心に広まった鎌倉時代特有の陶器といえるでしょう。

後期になると、さらに喫茶具が多く作られるようになります。かつて作られていた祭祀の器や、華やかな作風のものは影をひそめ、侘《わ》び寂びの世界をもつ喫茶具に変わっていきました。

特に需要が高かったのは、天目茶碗、茶入、茶壺という茶陶のセットです。喫茶の風習がますます広まりゆくなかで、唐物はその需要に追いつくことができず、その不足を補う形で、瀬戸はその写しに精力を注ぎ、主力製品となっていくのです。

庶民のための日用品が焼かれた鎌倉時代の常滑窯《とこなめ》

中世の焼物の柱は、以上のような瀬戸を中心とする施釉陶と、もうひとつ、日本の各地に誕生した焼締陶です。

焼締陶は、非常に質素な雰囲気を漂わせており、使用用途も穀物などを貯蔵するための壺であったり、液体や漬物などをつけておく甕《かめ》であったり、すり鉢などが多かったようです。つまり、庶民が使う日常生活用品が多かったのです。そのため、余分な装飾や形態は不要ですから、非常にシンプルで地味な印象を与えます。技術的には、酸化炎焼成された無釉の焼物です。無釉なのですが、その肩には焼

現代の陶藝作家、四代山田常山による常滑灰釉壺（2013年作）

成中に降りかかった自然釉が緑色を呈して器面を流れています。

焼締陶を大量に焼いた窯として知られているのは、常滑窯です。これは中世最大の窯業地です。猿投窯が全国に広がっていった結果、知多半島に築かれました。常滑窯は、鎌倉時代がその最盛期で、大量の壺や甕、すり鉢が焼かれています。そして、海上ルートにより日本各地に運ばれ、製品として広がるだけではなく、各地に焼締窯を多く成立させたのです。

この常滑窯と並んで成長したのが、近隣の渥美《あつみ》窯です。製品の種類は、常滑窯とほぼおなじで壺や甕が多いのですが、土質が違うために常滑窯よりも黒みを帯びて焼き上がります。また、刻文を施されたものも見受けられます。十二世紀になると生産量が増大し、常滑窯を追い抜くことになりますが、十三世紀にはその活動を停止してしまいました。

中世の大窯業地、越前、丹波、信楽、珠洲《すず》

東海以外の地方は、猿投窯の直接の影響を受けておらず、須恵器の窯と技術がずっとつづいていたのですが、ここに常滑の技術が導入され、これが中世の大窯業地として発展していきました。特に、越前窯、丹波窯、信楽窯などの発展は目ざましいものがあります。

まず、福井県の越前窯は、十二世紀中ごろに、常滑の流れをくむ窯として発展したと考えられており、日本海側において広い範囲で製品の供給を行なっています。粘土紐の巻上げ成形、赤く焼き絞った土肌、たっぷりとかかった濃い緑色の自然釉などに魅力があります。壺、甕、すり鉢などの

生活用具がメインです。石川県能登の珠洲窯も見落とせません。

古い話になりますが、こういう話を耳にしたことがあります。福井県の農村で古銭がぎっしりと詰まった大きな壺が、お百姓さんの手によって掘り起こされたことがありました。見つかった永楽銭はそれこそ宝物扱いで大事に役場まで運ばれたのですが、その古銭が入っていた壺はというと、畦《あぜ》に捨てられたままの状態だったそうです。自然釉がかかった堂々たるその壺は、ある目利きの骨董商に拾われて東京に着き、それは今では、ある陶器全集のカラーページのなかで、越前古窯の代表的な遺品として扱われているということです。

兵庫県の丹波窯は、その後の中世において西日本最大の窯業地となる備前窯が近くにひかえており、越前ほどの規模はありませんが、やはり中世に活躍した焼締陶の窯です。その特徴は、艶のある赤褐色の土色と、ビードロ釉と呼ばれるトロリとした緑色の釉でしょう。

滋賀県の信楽窯は、白い土色が焼けて明るい赤色を出すのですが、いちばんの特徴は胎土に含まれている長石の粒が白く吹き出してくることです。また、肩には自然釉と、檜垣文《ひがきもん》といわれる特有の刻文をもつものがあります。壺や甕やすり鉢などの日常の器を焼きましたが、信楽の魅力は茶陶においても注目されました。

東の常滑、西の備前

東日本が常滑を主流としているのに対して、西日本はなんといっても備前です。

中世の須恵器の窯が母体となっており、碗や皿、そして壺、甕、すり鉢が焼かれていますが、特にすり鉢は非常に頑丈にできており、その頑丈さゆえに西日本はもとより、本来は常滑が主流である関東にまで運ばれています。

なぜ、それほど頑丈だったのか。その土は田んぼの土を使っていますが、胎土は非常に緻密になっており、なおかつ高温に耐えるため、非常に堅牢な仕上がりとなるのです。

固く焼き締まったその肌は、無釉で、赤茶色に仕上がっています。もっとも備前らしい特徴というと、「火襷《ひだすき》」と呼ばれる装飾です。白い土肌に赤い緋《ひ》跡が非常に独特で魅力的です。

備前が、もっともその魅力を発揮したのは、やはり室町時代、茶陶としての備前でしょう。大胆な歪みなどを加えたその独特の造形は、非常に特殊で、茶陶として多くの茶人に愛され、茶陶の全盛期である桃山時代に大きな影響を与えることになります。

常滑にしても、越前、備前にしても、大型の壺や甕が多く、なおかつ焼き締められていますので、重量は非常に重いものが多い。それゆえ、輸送手段としては陸路よりもむしろ海路のほうが適当であったようです。

そういう視点からすると、知多半島に広がった常滑、瀬戸内海を利用した備前が大きく栄えたこともうなずけます。もし海路がなければ、はたしてこれほどの発展をしていたかどうかは疑問です。

日本人の感性と焼物の歴史を方向づけた茶の湯の登場

桃山時代の陶器は、茶の湯を抜きに語ることはできません。茶の湯の登場は、その後の焼物の発展、焼物に対する日本人の姿勢、感性に大きな影響を及ぼし、一大変革をもたらしたといってよいでしょう。

中国から喫茶の風習が入ってくると、同時に天目や茶入などの喫茶の道具が日本に入ってきました。そして、さらに喫茶の風習が広まりもてはやされるようになると、中国製の茶陶が素晴らしい高級品として、人々から求められるようになりました。

そうした中国製優位の流れのなかで、日本の陶器を取り上げ、注目を集めるきっかけを作ったのは、室町時代に茶の湯を形作った村田珠光《むらたしゅこう》、武野紹鴎《たけのじょうおう》らです。彼らは、中国陶器ではなく、高麗茶碗や和物を積極的に取り上げました。

そして決定的なのが、千利休の登場です。利休が桃山時代に日本独自の侘び茶の世界を整え確立し、それにともなって日本の茶道具のよさが見直され、中国陶器こそ最高であるというそれまでの意識を変革することになったのです。

そうした新たな日本独自の茶陶は、美濃を中心に生産されていくことになります。それまでは、瀬戸窯が陶器の中心だったのですが、瀬戸窯の近隣である美濃地方へ陶器の中心が移動していったころと時をおなじくして、和物の茶陶が生まれてきています。

美濃で誕生した焼物は、瀬戸黒、黄瀬戸、志野と呼ばれる新しい感覚のものでした。

瀬戸黒とは、器面全体に黒釉を施したものです。この漆黒色は、焼成中の高温の窯から一気に引き出して冷却することによって得られます。このため「引き出し黒」と呼ばれています。

黄瀬戸は、全体に施した釉が柔らかな黄色に発色して、しかもその表面に細かい気泡が孔を作り、釉肌がまるで石の上へ油を薄く流したように見えるのが特徴です。この釉調を俗に「油気肌《あぶらぎはだ》」（油揚肌とも）と呼んで、黄瀬戸の見立てのひとつにしています。

全体は黄色の発色なのですが、タンパンといわれる緑色を、印刻の文様の部分に淡い感じで重ねて散らした向付《むこうづけ》や碗、鉢などが多く見られます。

そして志野。桃山時代の美濃の陶器を代表する陶器がこの志野です。桃山の美意識が生んだ日本の代表的な焼物といえるでしょう。

鉄絵を施した上に長石釉をたっぷりとかけることで、白い肌に鉄絵が赤く滲《にじ》んで、なんともいえない美しさがあります。ぽってりと厚みのある白い釉は、ふんわりと軽く柔らかい印象を与えます。

この志野と逆の色使いをしている鼠志野《ねずみしの》と呼ばれるものもあります。これは、鉄釉を器面全体に塗って文様部分をかき落とし、その上に厚く長石釉をかけたものです。文様は白く、その他の部分が鼠色に発色していて、志野とはまた違った味わいがあります。

志野は茶人の憧れです。歳をとって隠居して落ち着いたら、よい茶室を建てて、志野の茶碗をもって、秋のよい日に茶をたてたい、などと思うものです。

斬新なデザインの「織部焼《おりべ》」が美の常識を打ち破る

十七世紀初頭、美濃に新しい焼物が登場します。それが有名な織部焼です。この名前は、江戸初期を代表する茶人、古田織部の名前に由来しています。しかし、織部の名前がいつこの美濃陶の名称と合致したのかは、現在のところ不明です。

織部焼はこれまでの焼物の常識を覆すような新しい発想、斬新なアイデアに溢れています。たとえば形状においては、これまでの陶器は当然「円」を基本としてきたわけですが、織部はその常識を打ち破り、沓型などさまざまな形態のものを生み出していきます。これはまさに新しい美の創造を物語るものといえます。また、織部釉と呼ばれる銅緑釉を特徴とし、描かれる幾何学的文様はまったく斬新なものでした。

このような従来なかった範疇の作品をつぎつぎと生み出しましたから、その装飾、形状から生まれた名称の数も非常に多いのです。いくつか挙げてみましょう。

全体を銅緑釉で覆う「青織部」。赤と白の土を合わせて成形し、緑釉を一部にかけて片身替わり(器物の半身ずつに文様や色彩の異なる意匠が用いられるもの)とした「鳴海《なるみ》織部」。鉄で奇妙な文様を描く「絵織部」。さらに「志野織部」「黒織部」など、実に多様なものがあります。

織部が得意としているものに、釉のかけ分けがあります。これは、室町時代から江戸時代にかけて流行した染模様で「辻が花」と呼ばれる染織品に見られる「片身替わり」といわれる文様とおなじ文様構成になっています。こうした染織からの影響は、その幾何学的文様なども同様に見られます。

織部焼は、茶陶といっても、水指しや茶碗などの茶道具は少なく、かわりに向付や鉢などの懐石道具、すなわち食器が多いのが特徴です。

連房式登窯という安定して大量に焼くことのできる効率のよい窯によって、茶人たちの影響を受けた町人たちが望んだ自由な作風の食器が焼かれました。それは、決してごく一部の特権的な人たちだけではなく、より幅広い層に対して焼かれたものです。商品として消費者の希望を組み入れながら、また流行にも気をつけながら新しい商品を生み出していったのです。

しかし、こうした大量の供給を行なってきた織部も、江戸時代にはその自由な造形がしだいに受け入れられなくなっていき、徐々に衰退していきます。

侘び茶のためだけに生まれた焼物

近世の新しい焼物として、京都の楽焼も忘れてはな

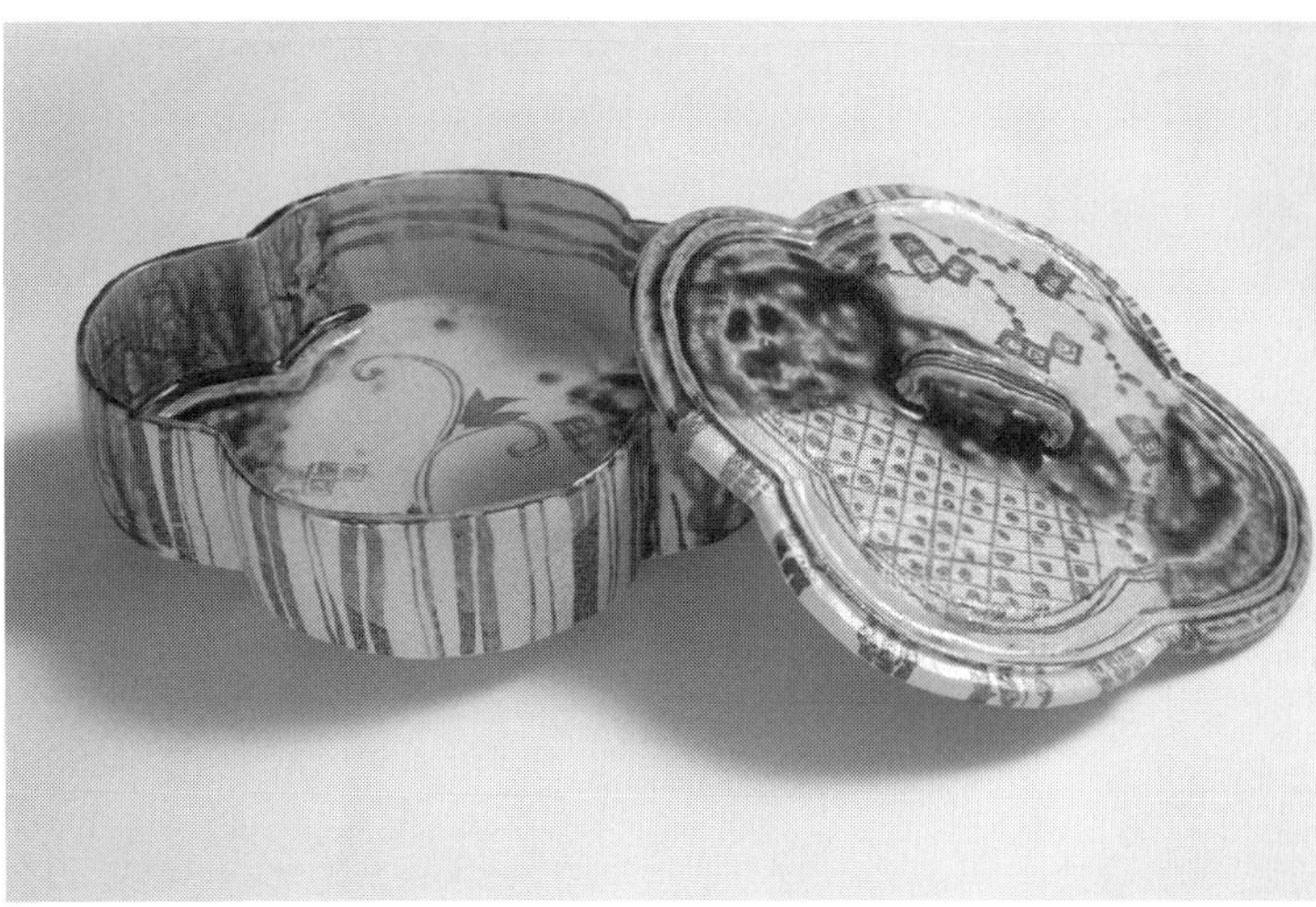

織部木瓜形蓋物　口径23cm×26cm（瀧川恵美子作・2011年）

らないものです。楽焼はご承知のとおり、茶の湯のための器です。

その作者は、長次郎。千利休の好みによって、あるいは指示によって作られた、いわば侘び茶のための器です。秀吉が大内裏の跡に建てた御殿である「聚楽第《じゅらくだい》」の側に長次郎の窯があったことから、聚楽焼といわれたのですが、それを略して楽焼と呼ばれるようになりました。

もっとも、最近の研究では長次郎ひとりの作ではなく、二代目・常慶ら数人で作っていたようで、いわば長次郎工房とでもいえるようなところで製作されていたということがわかってきています。長次郎を初代として、その系譜は今日まで受け継がれており、現在は十五代となっています。いずれの代も、千家と密接な関係を結びながら今日にまで至っており、それはまさに「楽焼御茶碗師」としての系譜です。

しかも、茶陶として生まれたものですから、茶陶以外の器はほとんどないのも特徴です。楽焼は低温度で焼く軟陶です。釉の色は黒と赤がメインですが、まれに白もあります。最初は赤楽が主体でしたが、しだいに漆黒の黒焼が多くなり、むしろそちらのほうが楽焼を代表するものとなりました。志野や織部も茶陶としての意識があって作られたものですが、それらと楽焼の違いは、志野や織部は量産であったのに対して、楽焼は一品製作という点です。

楽焼は楽家が当然本流ですが、桃山時代の藝術家、本阿弥光悦《ほんあみこうえつ》が数々の名品を作り上げたことは有名です。光悦の作品は、いわば素人の作品ではありますが、楽家の茶碗に比べると大胆な作意が見られ、個性の強いものとなっています。

楽焼を生んだ桃山時代の京都は、江戸時代に入って、窯での焼成がさらに活発に行なわれるようになりました。それは東山山麓を中心にしたもので、多くの窯が誕生し、これらを総じて京焼といいます。こうした活発に展開された京焼は、茶の湯人口の増加により、茶道具の需要が高まってきたことに由来します。そこで焼かれる製品は、美濃窯を模倣したものが多かったのですが、京焼が京都だけではなく、あちこちの窯へ大きな影響を及ぼすようになったきっかけは、野々村仁清《ののむらにんせい》が御《お》室《むろ》窯を開いてからです。

仁清は色絵陶器を完成させ、そして優れた色絵を焼いて、京焼の色絵陶器を世に広めました。この仁清に学んだのが尾形乾山《おがたけんざん》です。京都の洛西に窯を開き、乾山焼を創始し、京都で大きな影響力をもちます。乾山の兄は、有名な画家である尾形光琳《こうりん》で、乾山焼の器には兄・光琳の創作による意匠が取り入れられています。

セトモノとカラツモノ

九州での焼物の状況を見ておきましょう。

もっとも古い九州の焼物としては、肥前の唐津焼があります。開窯の正式な年代は不明ですが、天正年間には活動が始まっていたと考えられています。この初期の時代に焼かれた唐津焼を「古唐津」と呼びます。

唐津はその地形的位置により、発展するためのいい要因をもっていました。まず、朝鮮と非常に近い位置にあったために、朝鮮半島の技術をいち早く導入して、連房式登窯という優れた窯でより良質な陶器を大量に生産することに成功しています。そして、海路にも恵まれていましたから輸出も盛んで、産業としての陶器作りがますます発展していくことになります。

よく、陶器のことを東日本では「セトモノ」と呼び、西日本では「カラツモノ」と呼びますが、こうした呼び名そのものが、いかに唐津焼が西日本に大きく広がっていたかを物語るかと思います。

製作されたものは食器が主でしたが、桃山時代の流行である茶陶に関しても非常に優秀なものを作り出していったということが、唐津焼のひとつの特徴といえるでしょう。たとえば、奥高麗・三島唐津など、茶陶としての唐津焼の名称は多く存在しています。

また、絵唐津、斑唐津、朝鮮唐津、二彩唐津、彫唐津などという多様な名称からも知られるように、その技法の種類も多種多様です。

このように唐津焼は古くから独自の発展をしてきましたが、特に秀吉の朝鮮出兵によって九州や中国地方の窯業は大きな発展を成し遂げました。それは、朝鮮半島に出兵した大名たちが、多くの朝鮮人の技術者を伴って帰国し、窯を築いたからです。

唐津の他に、九州、中国地方でこの時代に成立、発展した窯としては、上野《あがの》窯、高取窯、萩窯、薩摩窯などがあります。いずれも、日用品としての陶器の他に茶陶も焼いています。

江戸時代初めに肥前の有田で日本最初の磁器が生まれる

磁器の誕生は、中国では十四世紀、日本では十七世紀の江戸時代の初頭です。場所は、現在の佐賀県有田町です。

それまでの有田は、中央の活発な窯業に比べると遅れをとっていたのですが、秀吉の朝鮮出兵による朝鮮人技術者の流入が大きく影響して、大発展したといわれています。

もっとも、磁器窯が突然に生じたというのではなく、おなじ佐賀藩の唐津窯がその母体となっています。そこに、朝鮮半島出兵により渡来した優秀な技術者集団が加わり、有田近辺で磁器を創始したと考えられています。

もうひとつ、肥前の有田に磁器窯が生まれたのは、良質の磁土が発見されたということが大きな土台となっています。有田の泉山に磁土があることを発見し、そして磁器焼成に成功したのは、元和二年（一六一六年）、朝鮮半島からの帰化陶工、李参平《りさんぺい》によるとされています。近年の考古学などの研究によると、実際には慶長年間にすでに始まっていたとされていますが、それも中国や朝鮮の技術の伝来が手伝っていることは間違いありません。

多くの磁器窯が有田周辺に集まり、そしてその製品は近隣の伊万里津から船で全国に運ばれました。そのため、消費地では有田焼という呼び方よりも、伊万里焼という呼び方が広まったのです。

有田のさまざまな窯では誕生当時から優れた技術をもっていましたが、ただ初期のものには、かなり不安定で未熟なものもかなり含まれています。材料の精選、還元炎焼成などが完全でないために、素地や釉、染付の色調が安定しないのです。

また、厚手のものは焼成中に自身の重みで歪んでしまい、貫入《かんにゅう》が見られるものも多いのです。貫入というのは、ニュー（ひび）が釉薬上にのみ止まり、胎土には影響がないものをいいます。作品の性格の上からあえて磁肌全体に貫入を入れた品もあり、古陶の場合はおおむね無傷として扱われます。

しかし、そうした未熟な技術も、素朴な風情や雄大な文様とあいまって、愛陶家のあいだでは高い評価を得ています。

これらは、伊万里焼のなかでも初期伊万里といわれているものです。

柿右衛門様式の完成によって有田が世界へ進出！

肥前で磁器の上に赤、黄、青、緑の色をのせる技法が始まったのは、十七世紀の中ごろです。この技法を編み出したのが、初代柿右衛門といわれています。

初代柿右衛門の本名は酒井田喜三右衛門。彼が長崎の商人を通じて中国人の陶器商人から伝え聞いた技法をもとに、試行錯誤しながら焼成に成功したのが、その始まりとされています。柿右衛門は、その後、有田の代表的陶藝家として、代々、名を知られています。

初期の色絵は、古九谷《こくたに》様式といわれるなかの「祥瑞手《しょんずい》」と呼ばれるものが代表的です。これは、染付で丸文などの幾何学文様を地文に描き、そのなかに色絵を施すもので、当時、中国から送られてきた南京赤絵、色絵祥瑞と呼ばれる明末清初の色絵磁器を手本としています。

その後、古九谷様式を代表する様式が生まれます。これが「青手」と呼ばれるもので、濃厚な緑、黄を用いて、余白なくぎっしりと地文を塗りつぶしたものです。

なお、ここで古九谷という名称について触れておきたいと思います。九谷というと加賀の九谷を指しているわけで、どうして有田で生産されたのに九谷と呼ぶのかという疑問が起こってきます。

これは、古九谷が加賀の九谷で江戸初期に焼かれていたと、かつては考えられていたからなのですが、のちに長い論争がつづき、現在では、以前に古九谷と呼ばれていたものは、有田で焼かれたというところに落ち着いています。しかし、加賀で焼かれたものも存在しているのです。

古九谷は絵がイノチです。豪快かつ繊細で大胆な文様は日本美術工藝で独自のものが見られます。やはり古九谷は加賀百万石の文化なくしては誕生しなかった焼き物です。胎土、すなわちキャンバスが有田製ということなのです。

さて、色絵が誕生してしばらくすると、オランダ東インド会社による伊万里焼の海外への輸出が始まります。海外へ大量輸出するということで、伊万里焼は、技術向上の必要を迫られることとなり、そうした研鑽《けんさん》のすえ、有名な「柿右衛門様式」が誕生します。これは、色が映える乳白色の素地に、たっぷりと余白を残して軽やかに絵を描いています。そして、その色のなかで、特に朱色が非常に明るいことを特徴としています。全体的に非常に瀟洒《しょうしゃ》な色絵となっています。

この画期的な柿右衛門様式の誕生によって、有田は〝世界の有田〟となり、産業という面でも非常に大きな成果をあげています。

ヨーロッパに渡った大量の柿右衛門様式の器は、ヨーロッパの窯業に大きな影響を及ぼしています。十七世紀当時は、ヨーロッパではまだ磁器を焼成することはできませんでしたから、優れた磁器を生み出す中国や日本に対して強い憧れを抱いていました。

ヨーロッパで初めて磁器が焼かれたのは、十八世紀、有名なマイセンにおいてです。しかし、マイセンも、あるいはその後につぎつぎと生まれてきた磁器窯も、柿右衛門様式の模倣を行なっていたのです。

つまり、現代の優れた欧州磁器の基盤には、日本の柿右衛門様式があったというわけですから、これは日本人として誇るべき事実だと思います。

また、柿右衛門様式が完成するころと時をおなじくして、有田を有する佐賀藩・鍋島家は、藩直属の窯を築きます。そこで最高の材料を使って、最高の技術を駆使して、献上用の最高級食器を焼いています。これがいわゆる「鍋島焼」です。

伊万里焼でもっとも有名なのは、「金襴手《きんらんで》」でしょう。伊万里焼は、染付の上に色絵を施す技法で優れた作品を残していますが、こうした染付と色絵のふたつのパターンを併用して焼いたものを「染錦手《そめにしきで》」と呼び、十七世紀の末に盛んに焼かれるようになります。

そして、元禄年間には、この染錦手にさらに金彩を施した絢爛豪華な焼物、金襴手を世に送ることになります。

藝術作品としての陶磁器が生まれた近代、現代

近代になって特筆すべき陶藝家は、大正時代の板谷波山《いたやはざん》です。陶藝技法の研究を重ね、さまざま

な新しい技法を生み出し、数多くの作品を残しました。大正の陶藝を代表し、かつまた日本の近代陶藝の基礎を形作った作家です。

波山が開発した代表的な技法が、艶消しマット釉の下に施した色彩が穏やかに透けて見える葆光《ほうこう》彩磁《さいじ》です。技法だけではなく、その意匠においても研究を重ね、大きな成果を生んでいます。欧米発行のデザインブック、アールヌーヴォーの影響や、またそうしたものを離れた日本の伝統的な文様を巧みに意匠化していきました。そして、陶藝家としては初めて文化勲章を受けています。

近代技術によって、色彩を自由に操ることが可能となったこの時代、多くの陶工・陶藝作家が、新しい陶磁器の創作に取り組んでいます。特に、昭和に入ると、日用品としての陶器ではなく、藝術作品としての焼物を作る陶藝作家が多く生まれ、優れた作品を残しています。

彼らは、東洋の古陶の再現や、地方の窯の伝統のなかに新しい焼物の表現を見いだすなど、さまざまな作家が試行錯誤を繰り返してきました。

特筆すべき近代、現代の陶藝作家に関しては、第十四章で詳しく見たように、それこそ、家業を継いで伝統を生かす者、新しい表現を求める新進作家など、その幅は限りなく広くなっており、とうてい全部を紹介できるものではありません。これから、どのような新しい流れが出てくるのか、予想できないほど可能性を秘めているといえるでしょう。

第十七章　焼物発掘の極意

掘り出し物は値段よりも伝来で探す

私がこういう仕事をしながら、かつテレビに出るようになったものですから、いろいろな方から品物の鑑定を依頼されるようになりました。

「私の家にはこんな焼物があるんですが、どういうものか見てください」

と頼まれるわけです。

そういうとき、なんでもかんでも見ていたら、時間がいくらあっても足りません。基本的には、その話のアウトラインを聞いて、おおよそのことを判断することにしています。その時点でだいたいその話の奥にあることが見えてくるのです。

たとえば、テレビ番組などでよくあることですが、借金のかたにとった品物であるとか、骨董商が持っていた掘り出し物を譲ってもらったという場合は、だいたいあまり魅力のあるものはありません。かりにそれが本物だとしても、それほど優れたものではないのが実情です。

それに反して、たとえば自分の先祖はある大名の家老の家柄で、その先祖が殿様の江戸屋敷で奉公しているときに殿様からもらった、というようなしっかりした伝来があるものには、いいものが多い。かりに贋物であったとしても、写し物の分野に入るものが多いのです。

つまり、話に含まれている歴史や伝来、あるいはその信憑性を見抜くことが、実物を見る前に私がすることなのです。そういうことをしないで、なんでもかんでもいきなり実物を見ていたら、体がいくつあっても足りません。無駄なエネルギーと時間を使うことになってしまいます。

ですから、焼物の良し悪しに関しては、手に入れたときの値段はほとんど関係ないわけで、それよりもむしろ手に入れた背景というものが非常に重要になってきます。

大切なのは、どうしても欲しいという純粋な熱意

最近、こんなことがありました。東北地方のある骨董好きな大工さんが、地元のある骨董屋を見ていたとき、店頭にあった古伊万里の徳利が目に飛びこんできました。それが実に見事で、その大工さんはなんとしてもそれが欲しくなってしまいました。しかし、なかなか高い。用意できる現金二十万円ではどうしても足りなくて、それに自分が持っていた時代箪笥《たんす》をくっつけて、買い取ったというのです。

さて、そういう話を聞くと、私はついその品の真贋を考えてしまうわけです。

普通、十七世紀の半ばごろに作られた古伊万里の染付が東北地方にあるだろうか。もちろん、さまざまな人の手を伝わって流れ着くことはあるだろうけれども、大量に輸送されたということはあ

まり考えられません。もっとも現代は流通機構が完備していますけど。

そこで大事なポイントになってくるのが、古伊万里があった場所が日本海側なのか太平洋側なのかということです。太平洋側は、海が荒くて航路が充分に開けていませんでしたし、そう簡単に多くの古伊万里の染付が運ばれてきたとは考えにくいのです。ただ、大船渡市で初期伊万里大皿を見たことはありますが。しかし、日本海側であれば、かつて北前船での交易が盛んでしたから、古伊万里が東北地方にも運ばれてきたということに関しては充分に信憑性があるわけです。

そういうふうに考えていくと、その大工さんが買った古伊万里の徳利は、日本海側ですから、いいものである可能性が充分あるという考えに至るわけです。

実際に見せてもらったら、やはり非常にいい品でした。名品といえるものでした。

古伊万里の徳利がそういうところにあるというのは、非常にまれで不思議なことなのですが、地方で売買される場合は、このように古伊万里にしては非常に安い値段で取引されているようです。

古伊万里にしてはさほど高くない価格で入手することができたわけですから、この方は掘り出し物を見つけたということになります。それは、その大工さんが純粋にその徳利の良さに魅かれたからこそ可能になったといっていいでしょう。ぜひともその品が欲しい。欲しいけれども、最初に提示された金額はどうしても支払えないので、そこで自分が持っていた時代箪笥をつけてまでも手に入れたいというその熱意。そういうものが、やはり本当にいいものを手に入れることを可能にしたのです。

これが、その古伊万里の徳利が非常に優れた品で価格もたいへんに高価であるとわかって、なんとかこれでひと儲けしようと思って、骨董商や趣味家のところに持っていって、他のものと取り替えようなどと思ったら、必ず失敗するものです。ろくでもないものをつかまされることになります。その品が好きだという純粋な気持ちや精神がなくなってしまうと、欲というものが前面に出てきますから失敗するのです。

生まれた土地にあってこそ値打ちがある場合

また、焼物に関しては、その焼物が生まれた土地、生まれた土地と関連した場所にあってこそ価値がある場合があります。

たとえば、全国的な知名度がない、それほど有名ではない焼物が地方で生産されていたとします。当然、そのなかにも素晴らしい作品があるわけですが、それがまったく関係のない場所に運ばれてしまったとすると、それは単なる無名の焼物、値打ちのないものになってしまう可能性があります。

そういう意味で、そこの土地にあってこそ値打ちがあるという焼物もあるわけです。

私は以前、ある地方の大名の御殿医を務めていた家柄に伝わるお庭焼の作品を見たことがあります。その置物は、その大名が安政の大獄に連座して謹慎しているときに、江戸屋敷に築いた窯で手ごねで作った茶碗でした。謹慎の辛い身にある時期を、せめて茶の湯三昧の焼物によって心を慰めたいということで作ったのでしょう。

これがたいへんに素晴らしい作品でした。明治維新という新しい時代の到来を睨《にら》んで、非常に新進の気概にあふれた、新しい時代を予感させる力に満ちた作品だったのです。そういうものが、その御殿医の家に拝領品として代々伝わっているわけです。

それは、やはりその家に伝わっているからこそいいのであって、まったく関係のない場所にあっても、それほどの価値は生み出さない。単なるちょっといいお庭焼で片づけられてしまうことでしょう。その作品が生まれた家や地方においては非常に名品であったとしても、それが所蔵家から流出してしまって転々としながらよその土地を転がっていたならば、その品がもっていた歴史は忘れられて、幕末期の単なる置物になってしまうわけです。

このように、そこの土地にあってこそ名品というものがあるのですが、この場合はある程度の数が生産されていなければ価値はありません。需要と供給の関係からいえば、供給は少ないほうが価値は高いとされますが、かといって少なければ少ないほどいいというわけでもないのです。ある程度の数が出ていなければ、ある意味でのブランド的な力を発揮することにはなりません。ある程度の数があり、地方色を備えている、そうしたもののなかで優れた品が、地方の県とか市における有形文化財となるのです。

古備前の上手な探し方

日本には優れた焼物が全国各地にありますので、しばらくそうした有名な焼物の探し方、真贋の見分け方、魅力などについて話を進めていきましょう。

まず、古備前です。

古備前は、多くの地方で見ることができます。それは、やはり備前地方が瀬戸内海の良港に面していたからです。遠く古代以来の日本における焼物の一大生産地であり、それが広く日本各地に船便で運ばれたのです。

古備前に関しては、つぎのようなことがいえるだろうと思います。

まず、「骨董品」としての価値をそれほど背負わないで、生活用品、実用品としてその家に伝わってきたものは、それなりの時代をもっているようです。室町時代後期から末期にかけての種壺とか茶壺とか、あるいはお歯黒壺というような、民器として生まれたもの、加えて年代が特に刻まれていないものには、後世の写しが少ないといえるようです。つまり、骨董品としてではなく日用品として伝わってきたもので、それが今になってひょっとして古いものではないかということで調べてみたら古備前だった、というものに良い品が多いのです。

それに比べて、生活用品としての焼物ではない、高級茶器としての焼物などには、贋物が多いようです。加えて、室町時代末期の年号、江戸初期の慶長などの年号が入った壺となると贋物の割合はグンと高くなります。というのも、慶長とか天正とかという時代に対して、日本人は限りない郷愁をもっています。戦国時代の人間像に関心をもっていますから、そのためにあえてその時代の年号を入れて取引する場合が多くあるのです。

古備前の茶壺でしかも年号が入っている、などという場合は、だいたい八十パーセントくらいは贋物であろうと思って私はかかります。まず疑うことから出発するのです。

いずれにしても古備前は、現代にいたる焼物の歴史のなかで、日本を代表する名陶です。よっぽど形がいい、景色がいい、あるいは茶道具として使用できるような茶器がかったもの以外は、値段的にも比較的手に入れやすい範囲のものが多いですから、焼物鑑賞を楽しむ人であればやはり買ってみる必要はあると思います。少なくとも一点は持っていたいところです。

ただ、やみくもに古備前を買ってくるというのはいけません。これがまた難しいのですが、「偶然性のなかで」購入することが望ましいのです。古備前が欲しいから古備前をください、古備前を探していますという姿勢で求めていると、売るほうも買うほうも欲というものが前面に出てきてしまい、時代の若い贋物をつかまされることが結構あるのです。ですから、先ほど話したような骨董としての価値観をあまり背負っていないものに偶然に出会ったなかで、「あ、これはいい」という素直な感動や欲求にしたがって買ってみることをお勧めします。

「古備前を探している」などと言葉に出さずに、暗黙のなかで掘り出すことが大事なのです。そのためには、やはり自分の目だけが頼りですから、日ごろから感性と目を磨いておくしかありません。こと備前に関しては、自分の知識と鑑識眼が頼りであると私は思っています。

陶工たちの息吹を感じ、作品を通じて会話を楽しむ

焼物鑑賞として古備前をまず最初に勧める理由は、焼物の肌や形を通じて、かつてそれを作りあげた陶工と生々しい会話ができるという点があげられます。

備前というのは、釉薬《ゆうやく》がありません。無釉で焼き締めた焼物は、ダイレクトに土味を鑑賞できるところに魅力があります。火間《ひま》と呼ばれる炎による窯変《ようへん》、あるいは胡麻とか焦げとかエノキ肌と呼ばれるような自然釉の変化を充分に鑑賞することができます。

また、紐作りで練り上げた陶工たちの息吹が作品から生々しく伝わってくることも大きな魅力です。大きな茶壺に耳を取りつけるとき、その耳を粘土で練って親指で本体にギュッと押しつけるのですが、そのときの指の形がわかる。陶工たちの指の部分に自分の指を重ね合わせると、陶工たちの気持ちがじかに伝わってくるのです。これは、四百年経《た》っても五百年経っても変わりません。

そういう意味では、古備前というのは非常に時間を超越した普遍性に富んでいるといえるのではないでしょうか。

また、備前を作った陶工たちは非常に教養に富んだ、さまざまな研鑽《けんさん》を積んだ人が多かったのではないかと、私は想像しています。陶藝だけでなく、書や詩や絵画にも造詣《ぞうけい》が深く、気品の高さをもっているような気がします。

そうした陶工たちと作品を通じて会話ができるのですから、これはやはり素晴らしい焼物です。

信楽《しがらき》焼の最大の魅力は荒々しい未完の美

では、信楽はどうでしょう。

信楽はご存知のとおり、滋賀県の三重県に近い山中で作られました。たいへん古い歴史をもっているのですが、地形的に運搬手段としての水運がありません。ですから、馬や牛の背に積みこんで山道をぽつぽつと歩いて運ぶしかないのです。当然、輸送量に限りがあります。大量輸送はできません。ですから販路もかぎられます。近江、奈良、京都です。

そういうデメリットがあったのですが、実はこのデメリットが逆に地道な作陶を生み出してきました。大量生産に流されるのではなく、ひとつひとつ地道に必要に応じていいものを作りあげる、ということが可能になったのです。

そういうものは、近年、畿内や近江の農村に残っていることがあります。もちろん、美術品としての信楽ではなく、種壺やお歯黒壺のような民具として何気なく残っています。農家の庭先とか民家の縁の下に突っこまれたりしています。もっとも、それさえも今ではほとんど収集されてしまったというのが実情ですが。

その信楽の魅力は、ひとつにはやはり長石を噛《は》んだ肌に見られる窯変の美しさがあげられると思います。そのほかに、自然釉が溶けて緑色のガラスになったような釉薬の流れ、そういう信楽の肌がもっている美しさを鑑賞したいところです。

そして、なんといっても未完成の美というものが信楽の最大の魅力ではないかと思います。信楽の陶土のなかに含まれている長石の粒が、あるとき蛙の目玉のようにキラキラと光って見えることがあります。これを「ガイロメ」というのですが、信楽の大きな特徴です。

また、肌が溶けきらない状態の長石を噛んでいるものがあり、これを「石噛《は》み」といい、なんともいえない未完成で荒々しい美しさをもっています。

こうした美しさゆえに、油絵になぞらえて「信楽は、抽象画である」とよくいわれます。写実的ではない、不思議な説明のしがたい抽象画に見立てているのです。

こうした信楽の美しさは、日本人の感性に非常にマッチしています。たとえば、お歯黒壺や種壺などで「うずくまる」と呼ばれるものがあります。これは、その姿がまるで世をすねたか、あるいは暇をもて余した人がつくねんとうずくまっているように見えるところから、こういうネーミングをもっているのですが、これを床の間に置いてみてください。そして野の花を一輪生けてみると、これがなんともいえない風情です。

焼物じたいに焦点を当てるというよりも、その背景に焦点が合って、全体として鑑賞するという美しさをもっています。これが日本人特有の美の鑑賞法にピタリとくるわけで、そのあたりに信楽の最大の魅力があるのではないでしょうか。備前や有田に比べて信楽はどちらかというと山のなかに孤立していますから、マイナーな立地点であるにもかかわらず、日本人が信楽を喜ぶのはそうした魅力ゆえなのです。

そういう意味でも、趣味人であるならば、やはり一点は信楽の作品を手元に置いて鑑賞してみたいところです。新しい人の作品でもいいのです。安いものでも高いものでもかまいません。そういったことは、信楽のもっている荒々しさや奥深さに比べれば、どうでもいい問題であって、取るに足らないことなのです。

高価なものを求めようと思えばいくらでもありますが、それほど高価でなくても数はたくさんありますので、そのなかから自分が気に入った品を買って楽しめばいいのです。

また、古陶ばかりではなく、最近は新しい作家のなかにも素晴らしい作品を作っている人がいますから、新作陶藝でも充分に楽しめます。無理をせず、懐ぐあいと相談して買い求めればいいのです。

雅《みや》びの文化があふれる「京焼」の世界

京焼というものにも少々、触れておきましょう。

京焼は、日本の焼物の歴史を述べた前章でも若干触れましたが、江戸初期に完成した色絵です。京都がもっている雅びというものを充分に感じさせる焼物です。陶工では仁清が有名ですが、雅びということに関しては一分の隙もありませんから、多くの色彩を使っていながらまったく騒々しくない。

仁清というのは贋物が多く出ることでも有名ですが、贋物は、仁清の生命とでもいうべき雅びの心が表現できないから、色ばかりが多くて非常に騒がしいものです。驚くほどゴチャゴチャしています。

それに対して本物は、これが色絵かと思うほどの落ち着いた美しさを放っています。もっといえば、素朴で地味な面をもっているということさえできます。ですから、素人の方で表面的なものしか見られない人が、古清水などの本物の京焼を目の前にすると地味すぎて、それがまさか本物だとは思わなかったりするものです。それほど落ち着いています。特に仁清をはじめとする初期のものには、それが顕著です。

その後、江戸中期から後期にかけての京焼は、仁阿弥道八《にんあみどうはち》や青木木米《あおきもくべい》や尾形周平《おがたしゅうへい》や奥田頴川《おくだえいせん》という名工が生まれてきて、日本だけではなくアジアのさまざまな焼物の要素をどんどん吸収していき、新しい焼物として展開していきます。

京都には昔から、諸国からさまざまな物資や文化を吸収し、咀嚼《そしゃく》し、そして今度はそれを新たな文化として地方へ向かって発信してきた歴史があります。焼物に関しても同様のことがいえます。京焼、特に江戸中期から明治にかけての京焼は、全国各地の技術と文化を吸収し、京焼という大きな篩《ふるい》にかけ、京都の文化をもった焼物を世に送り出してきました。

それはある意味でいうと、いろいろな写し物を生み出してきたことにも通じます。また、逆に京焼そのものが写されもしています。

ですから、京焼であるから即座にそれが江戸初期や江戸中期の色絵だ、煎茶器であると、大騒ぎするのはおかしな話です。京焼のもっとも大きな要素は雅びということですから、かりに仁清という印がそこに押してあっても、京都の雅びというものをしっかり見極めなければいけません。でないと、仁清という印があるだけで、それがもう江戸初期の仁清の作品だと思いこんでしまうという失敗をおかしてしまうわけです。

ただ、人を騙《だま》してオカネを巻き上げようという魂胆《こんたん》で作ったもの、まさしく贋物ですが、そうした贋物ではない、単なる京焼の写しに関しては、京焼の性格上、「本物ではない」と一概に否定することはできません。

たとえば、時代の若い品に仁清とか乾山という印や落款《らっかん》が記してあったとしても、それはなにも仁清や乾山の「贋物」であるとばかりはいえないのです。つまり、それはひとつのブランドとしての「仁清焼」や「乾山焼」ということなのであって、仁清や乾山の文化を咀嚼して生まれてきたものだと思ったほうがいいのです。

それを、なにやら本物ではないとわかったとたんに「贋物だ」と決めつけるのでは、いろいろなものを吸収して京焼というひとつの大きな文化を生み出した京焼の本質がわかっていないといわざるをえません。それでは京焼がかわいそうです。

約束事は素人にとって甘い罠《わな》

本物と贋物や写しの違いは何かというと、それは別に印の文字が違うとか、そういう一元的なことではありません。文字の形が本物とおなじであれば本物だというのであれば、簡単に引っかかってしまいます。

やはり、先に書いたように、本物と贋物は見る人が見れば明らかに違うものです。本物は何ともいえない美しい落ち着きがあり、雅びの世界が漂っています。贋物はゴチャゴチャとうるさい感じがします。

ですから、「約束事」というのは、ものがわかっている人が見て初めてその力を発揮するものであって、ものがわかっていない人にとっては、何の意味もなさないということです。それどころか、約束にかなっているものであればすぐに本物だと思ってしまうわけで、そういう意味でいうと、約束事は贋物を引っかけるための最高の餌《えさ》となってしまいます。

約束どおりのものを作れば誰でも引っかかるのであれば、贋物師にとってはこれほど簡単なことはありません。

約束事だけを追いかけて本物を探そうとしたならば、それは「鹿を追う猟師、山を見ず」です。

使いこむにしたがって美しい味わいになる「萩の七化け」

また、陶器のなかには、使っているうちに陶器そのものが変化していって味わいが出てくるものが多くあります。

その代表は萩焼です。萩焼は俗に「萩の七化け」といわれているように、使っているうちにさまざまな変化を見せてくれます。

萩焼には、抹茶《まっちゃ》茶碗の名陶がたくさんありますが、その他にも徳利や湯呑み茶碗など、日常生活のなかで常用するものも多くあります。そうしたものを毎日使いこんでいくと、肌合いがだんだんと変化していって、美しい文様を現わしてくるのです。

はっきりいってしまえば、それは汚れなのですが、その汚れが肌のなかに染み入っていき、美しさを醸しだしていくことになります。

このように、それぞれの持ち主によってそれぞれ違う文様の陶器が形作られていくのですが、これを一般的に「育つ」といいます。茶碗が育つ、徳利が育つ、盃が育つ、というふうにいいます。これが萩焼をもつ趣味家の大きな楽しみです。

こうした趣味を理解できないと、萩焼は楽しめません。極端な話ですが、以前、こんな人がおりました。焼物と付き合いはじめてまだ間もない人だったのですが、その人が以前、萩の徳利を入手しました。萩焼のお土産品で、その入れ物のなかにこんな注意書が入っていたそうです。

「お酒を入れて漏《も》れる場合がありますので、その場合は米の研《と》ぎ汁を入れて、しばらくしてからお使いになると漏れが止まります」

昭和初期のころに作られた萩だったのですが、この注意書を読んだその方はたいへんに憤慨したといいます。それはそうでしょう。額面どおりに受け取れば、まるで不良品です。品質管理が悪すぎると怒ったわけです。

しかし、やはりそうやって怒るのは、まだまだ未熟だといわざるをえません。萩は磁器と違って土物ですから、水を吸うことがありうるわけで、そうした性質を押さえたうえで、なおかつ焼物といっしょに育っていこう、焼物を育てていこうという心が大切なのです。また、それこそが魅力なのです。それがわからない人には、やはりまだそうした趣味をもつのは早すぎるということなのでしょう。

自分自身の審美眼は焼物といっしょに育つものであり、焼物と一対一で取り組み伸びていこうという意識がない人は、まだ趣味家とはいえません。

日本人のこうした審美眼というのは実は本当にまれな素晴らしい才能だと、私は思っています。

たとえば、半陶半磁の焼物でも、陶器の焼物でも、水を入れたまま床《とこ》の間に置いておくと、いつの間にか水が肌に染みだしてきて、表面が美しく潤ってくる。そして、その瑞々しく濡れた肌を鑑賞するというのが日本人の鑑賞方法としてあるわけです。

魯山人などは、備前の花生をわざとザーッと水で濡らして、床の間に置いていたといいます。おかげで、床の間の畳が腐って抜けてしまったなどという話もあるほどです。事実、私たちも、備前や信楽に花を生ける場合は、一回うっすらと濡らすことがあります。

合理性という点から見ると非常に不完全なものを愛せるこうした能力というのが、日本人にはありまして、その才能は天才的です。自然のなかにすっぽりとくるまって、いっしょに育っていこうという心の豊かさ。ガラスや金属のように、いっさい水は漏れませんというものが欲しいのであれば、それは極端な話、完全なものに花を生けておけばいいわけです。合理性という点からすればそれで充分でしょうが、審美眼という点からいえば、なんとも貧弱、脆弱《ぜいじやく》なものでしかありません。

こうした日本人の審美眼、感性に対して、最近の欧米の趣味家たちは注目しはじめています。不完全なものに対してどういうふうに自分の心を育てていけばいいのか、ということを学びはじめています。日本の美に対する再評価が始まっているといえるでしょう。

いずれにしても、先ほどのお土産の萩焼のなかに注意書を入れた人は、なかなか味なことをしてくれているなと私は思います。そこには、そうした日本人独特の審美眼がこめられているのですから。

日本人は古びた美しさという時代色をこよなく愛する

「汚れがつく」と先ほど書きましたが、これについてもう少し補足しておきましょう。

汚れというのは当然、手垢《あか》であったり、茶渋であったり、料理の汁であったりします。萩焼は非常に軟陶ですから、そうしたものが染みつきやすいという性質があります。

しかし、これは何も薄汚い汚れではありません。たしかに、まったく手入れをせず、使いたい放題に使って汚したものや、人の手から手へと使いまわされてきたものならば、薄汚い味が出てしまいますが、長いあいだ、人が大事に慈《いつく》しみながら使いこんできた汚れならば、非常に清潔感のある汚れになるのです。これが時代色という味わいです。

そうした味わいを理解できない人がなかにはいまして、それこそ味わいのついた萩焼を洗剤のなかにぶちこんできれいさっぱり洗ってしまうのです。これでは虚しさしか残りません。

こうしたことは、焼物だけでなく、寺院などの建造物にもいえることです。たとえば、天平時代や奈良時代のころ、斑鳩《いかるが》の寺院が建立されたばかりのころは、きっと極彩色に彩られて、たいへんにきらびやかだったでしょう。それが一千年という長い時を経て、今はすっかり風化してしまって、それがかえってなんともいえない古びた美しさというものを醸しだしているわけです。それを日本人は好んで鑑賞するのです。

ところが、大陸や東南アジアに行きますと、だいぶ違ってきます。古くなってきたら、常に極彩色に塗り替えていく。特に東南アジアなどでは、仏像などは常に金箔を張り替えているくらいです。

これは仏像など宗教に対しての考え方の違いであり、それが美意識の特色として表われているのです。

生まれたままの清潔な美しさが磁器の命である理由

時代のついた味わいということに関して述べてみましたが、これが陶器ではなく磁器になると、だいぶ話が違ってきます。

伊万里とか鍋島のような磁器は、汚れがついたものよりも、生産された当時の清潔感を保持しているものを美しいとするのが一般的です。これは、磁器と陶器の根本的な違いです。

なぜそうなのかということを論じはじめると、非常にたいへんな議論になってしまいますが、簡単にまとめると、つぎのようなことになるかと思います。

陶器は、常に人間と向かい合ってきました。一対一の関係で向かい合って、お互いが影響しあいながら育っていくという部分があります。それに対して磁器というのは、人間によって生み出された瞬間から、人間の手を離れて磁器独自の世界を歩んでいくという性格をもっているのです。

たとえるなら、仏教寺院の仏像とキリスト教会の十字架の違いに似ているかもしれません。もちろん、仏像が陶器で、十字架が磁器です。非合理性と合理性の違いともいえるかもしれません。

陶器、あるいは半陶半磁の焼物というのは、そこに置かれるだけで、すでに物語が生まれるものです。人間と一対一で向き合うことが可能になる焼物なので、その陶器をはさんで、両者が一直線に結ばれることになります。

ところが、磁器は、それが作られた時点で、人間が生んだひとつの美術品として独立してしまっており、そこに人間が入りこむ隙があまりないのです。磁器が置いてあるだけで物語が始まるということは、少ないのではないでしょうか。

床の間に磁器を置いて花を生けるときも気を配る必要があります。たとえば青磁の花生に花を生けたとすると、そのバランスが難しい。青磁があまりに目立ってしまうと花のよさが死んでしまうことがあり、逆に花が目立ちすぎて磁器の美しさを消してしまうことがあります。陶器は、人間をはじめとする対象物とうまく調和をとってくれるのですが、そういうことが磁器は上手ではありません。それゆえ、人間の手によって、花と磁器の調和をとってやる必要が出てくるのです。

磁器を茶道具として使う場合も、非常に難しいし、またしっかりとした研鑽と技量が必要となってきます。こうした性格の違いがあるものですから、磁器は人間の手垢がついたものより、生まれたままの美しさを保っていたほうがよしとされるのです。

ですから、焼物を趣味とする人は、まずは陶器から出発したほうがいいだろうと思います。それから磁器に入ってみるといいでしょう。

そういう流れを経ながら、多くの人は、最後はまた陶器に戻ることが多いようです。土から始まって磁器に入り、また土という原点に戻る。それは、なにか人生におけるサイクルに似ているような気もします。

本場、中国での上手な買い物の秘訣とは？

すでに述べたように、焼物の故郷は中国です。焼物愛好者が増えてきた最近では、そういった理由からか、中国に出向いていって焼物を買い求める人が増えてきています。それはそれでたいへんに結構なことなのですが、ただ、なかには勘違いをしている方もいるようです。

それは何かといいますと、中国で買ったものはすべてなにやら珍しいものであるという錯覚があるということです。中国に行けば、たいへんな名品があって、見るものすべてが高価で古くて珍しいものだ、お土産品として焼かれたものであっても古美術品である、骨董品であるというふうに思ってしまう傾向があるのです。

しかし、そんな簡単なものではありません。基本的に、北京で焼物を買って東京に持って帰ってくるというのは、九州の有田で焼物を買って東京に持ち帰るのと、さほど変わりのないことなのです。ここのところをしっかりと認識しておく必要があります。

ただ、たしかにいえることは、あるところにはいい骨董があるということです。たとえば上海のホテルの周辺に何軒かの骨董屋があるのですが、そのなかにはいい骨董屋があって、なかなかおもしろい品を見つけることがあります。中国の買い物では常に値段の交渉がついてまわりますので、うまく値切れない場合もあるでしょうが、買い物の楽しみのひとつとして、値引き交渉の範囲内で買えるものがあれば思いきって買ってもいいのではないでしょうか。わりといい品が買えることがあります。値段を吹っ掛けるのは中国人の文化なのですから、彼らにとっては悪いことではありません。鵜呑みにせずしっかり交渉する。その前に調べることが大切です。

また、広州でも南京でも重慶でも、博物館には必ず売店があって、この売店にはお土産品としてのいろいろな焼物がそろっています。中国は、原則として百年以上前の古いものに関しては輸出しないということになっていますから、それほど古いものが売店にあるわけではないのですが、清朝の末から中華民国の最初にかけての色絵磁器などはたいへん多くあります。

もちろん、どこまでもお土産品ですから、とんでもない掘り出し物というのはありませんが、そこそこ楽しめるいい品があるので、ぜひ利用するといいでしょう。特に、筆筒や筆架などの文房具として使われたものは、非常におもしろいと私は思います。

中国での買い物を成功させる秘訣は何かというと、手に入れた品を使って楽しもうという観点に立って品物を買い求めることです。いま述べた文房具などはなかなか珍しく、日本に持ち帰ってうまい使い方をしてみよう、などと考えたりすると非常に楽しいわけです。文房具だから文房具として使わなければいけない理由はありません。飾り物としても、あるいはなにか突拍子もない使い方をしてもいいわけです。

逆に、楽しむことより、一発掘り出し物を当ててやろうなどと思って買うと、失敗します。だいたい掘り出し物がそんなに簡単に見つかるわけはありませんし、掘り出し物だと思って買って帰って、それがつまらないものだとわかってしまえば、それ以上の使い道がなくなってしまいます。

日本人は基本的に、文物商店や博物館の売店における買い物はなかなか上手で、研究熱心なタイプが多いのですから、へんな欲を出さずに、質のいいもの、自分が使ってみたいと思えるものを探してみるべきでしょう。

景徳鎮の大皿に中華料理を盛りつけて食事を楽しむ

博物館の売店でも、ときどきたいへん古い焼物と出くわすことがあります。中国では百年以上前のものは国外に持ち出してはいけないことになっていますが、基本的に売店の係員は専門家ではありませんから、品物の質に関して本当のところはよくわからないということが多いようです。それで、よく見るとたまに唐や宋時代の焼物が混じっていることがあります。どのような流通経路で売店に並んでいるのかは不明ですが、こういうものと出くわすということは、ある意味では掘り出し物といってもいいのではないでしょうか。

以前、私がある地方都市の国立博物館に行ったときのことです。売店に加彩の胡人像が置いてありました。価格は六万円程度だったと記憶しています。

この値段というのは中国においては相当高い値段だったのですが、「いつの時代のものですか」と聞いてみたら、明の時代だという。しかし、これは間違いなく唐の時代のものだと私は確信をもっていました。唐時代のものだとすれば六万円は安い値段です。半値に値段の交渉をして結局買いました。

文化大革命のころには、一般の家庭などから多くの焼物、清朝から民国にかけての骨董品が流出したということですから、そういったものが流れ着いた末に、売店などに並べられることになるのでしょう。そういうものを堂々と買えるのですから、なかなかおもしろいものです。もちろん、品質ということでいえば、もっと優れたものが日本の骨董屋にはありますが、旅の楽しみとして得がたい経験だと思うのです。

しかし、こういうことを私が書いたからといって、掘り出し物を見つけてやろうと思って見ていると、何度もいいますが失敗するので気をつけてください。結果として、そういうこともあるということなのです。あくまでも「楽しむ」ことが基本です。

よく、唐の時代、宋の時代の品だということで、見事な大作を買ってきたけれども、実はそれがことごとく新しいものだったということは非常に多くあります。みんな薬品で汚して時代をつけているものばかりです。今は相当な技術がありますから、よほどしっかりした目をもっていないと、騙されてしまいます。

そのような古い時代の骨董を探し求めて贋物をつかまされるよりは、これは明の時代のコピーです、元の時代のコピーですと明示した、いわゆる複製品を買ったほうがよっぽど楽しいし、そちらのほうが美しいと思います。

薬品で汚したり贋物として生産されたものを中途半端な価格で買うよりは、たとえば景徳鎮の窯で焼かれている明朝初期の永楽時代の染付の大皿のコピーのほうがよっぽど美しいし、楽しめます。一点が三万円で、送料は何枚送っても二万円などというものがあるわけです。そうしたものを買ってきて、部屋に飾るもよし、中華料理を盛りつけて楽しんで食事するのもよし。そういう楽しみ方のほうが、より健全で身になると思うのです。

実際、私もそのようにして買ってきた景徳鎮の大皿を、馴染みの中華料理屋さんに持っていって、そこに八宝菜を盛ってもらって食事をするということをやります。

元来、器というのは食器として生まれたわけですから、やはり食器として楽しんでみるのが一番でしょう。それを唐時代の焼物だということで贋物を買ってきて、料理を盛るなどということは当然できませんから、飾って眺めて喜んでいるわけです。なんとも虚しいものです。それよりもむしろ、明確な複製品で、しかも素晴らしい品を買ってきて、生活のなかで楽しむほうが数段優れた使い方だと思うのです。

ヨーロッパの焼物はどうして高い？

今度は視点を変えて、ヨーロッパでの買い物に関して、一言いっておきたいことがあります。東方の島国に育ったからでしょうか、日本人は昔から欧米のものに対して合理的な判断を下す前に、無条件にひれ伏してしまう傾向があります。

焼物に関してもそうであって、欧米で売られている金額と日本で売られる金額の差が非常に大きい。もちろん、セーブルとかマイセンとか非常に優れた焼物がありますが、それを差し引いても、日本での金額は欧米に比べると高すぎます。もちろん、運送代などがありますからある程度は仕方がないのですが、それでも並外れた価格で取引されているようです。

現代は手軽に飛行機に乗って十数時間でヨーロッパにも行ける時代なのですから、ヨーロッパの特殊性というのは薄れていくはずです。当然、焼物に関してもそうであって、今までのように特別視する姿勢は改める必要があるでしょう。ものに対する感覚、目を大切にして、世界の一員として見るべきでしょう。ヨーロッパの食器のオールセットだからなんでも高いというイメージでは、売るほうも買うほうも、それぞれが進歩しなくなってしまいます。

そのような背景には、ヨーロッパの焼物に対する認識の低さがあるのではないかと私は思います。ヴィクトリアン朝であろうと、アールデコであろうと、ギリシャ・ローマであろうと、なんでもかんでもいっしょくたにして受け入れてしまう知識の貧しさ。これが、ヨーロッパの焼物に対して正しい評価ができなくなっている大きな原因だろうと思います。

ギリシャ・ローマから出発して、二千年もかかってヴィクトリアン朝にたどり着き、そしてアールヌーボー、アールデコを経過して現代のコンテンポラリーアートに至ったその歴史を知らなければいけません。そうでないと、いつまで経っても日本人のヨーロッパの焼物に対する美意識はまったく単細胞のままで、少しも進歩しないだろうと思います。だからでしょうか、ヨーロッパのアンティーク、西洋骨董と聞いただけで、いたずらに胸が高鳴る人が多いのは。ヨーロッパや英国は、そう簡単なものではありません。

ヨーロッパの焼物は、中国や日本の焼物と違って、シンメトリックで宝石のような美をもっています。非常にきらびやかで、金色や赤色などハッキリした色を使っています。それに対して、信楽や備前など日本の焼物は黒っぽい地味な色のものが多く、未完成な美、不完全な美というものを兼ね備えており、それが魅力になっています。

逆にいえば、ヨーロッパのものは非常にわかりやすい。わかりやすいから、まだ勉強不足の人でもわりと気軽に入りやすいのです。それでまた失敗が起きてきます。中国製の贋物もあります。失敗してもいいのですが、日本人のそうした弱点を知り尽くした外国の美術商に莫大なオカネを注ぎこんでしまうのは、実に虚しいことだと思うのです。巨額を注ぎこんでも、その失敗が勉強になるのならいいのですが、騙されたままで終わることが多く、結局、将来に対する目が伸びることにならないケースがほとんどです。本当にしっかりした歴史観をもって、汎世界人として厳密な目でものに対峙《たいじ》することが必要です。

骨董探しは旅の楽しみのひとつである

ヨーロッパの焼物に関しても、中国へ行って買うときとおなじように、掘り出し物を探し出してやろうという気持ちではない買い方をするべきです。楽しみながら、自分が使いたい、欲しいと純粋に思う気持ちで買えばいいのです。旅に出かけて旅を楽しんで、そのうえで偶然にいい買い物もできたというのが自然です。また、それでこそいい買い物もできるのです。それを、焼物を買うためだけにヨーロッパに行こうなどと思うからいけません。

そもそも、これだけ交通が発達し、情報が飛び交い、世界じゅうの品物がそこかしこにあふれているわけですから、ヨーロッパに焼物を買いに行くというのは、もはやそれほど大それたことではないのです。鹿児島に行って薩摩焼を買ってみる、山口に行って萩焼を買ってみる、というのとおなじ気持ちでいいわけです。あくまでもヨーロッパというひとつの地方で焼かれた焼物という視点で見るべきなのです。ヨーロッパならではの特殊性というのはほとんどなくなってきていますし、今後ますますそうなっていくでしょう。

ですから、その土地で特産の焼物を買うという楽しみが大事なのです。そういう気持ちで行けばいいわけです。そういう意味で初心者にお勧めなのは、ロンドンのアンティーク街などです。観光地としても楽しめるし、さまざまなアンティークショップがビルの一階や地下街にあります。そういうところをこまめに覗きながら楽しんで、気に入った品があったら買えばいいでしょう。

本当にいいものは、いったいどこにあるのか？

本当に優れた骨董品というのは、地方よりむしろ東京などの大都市に集中しているという話をしましたが、これにもう少し付け加えておきたいと思います。

骨董というのは再生のきかないものです。さまざまな歴史を背負った骨董というのは、その来歴という点ではこの世にひとつしかないものです。そうした骨董の性質上、本当にいいものはやはり探し出すべき人が探し出してきて、東京や大阪や京都などの骨董屋まで行き着いているものなのです。売り買いの対象となる品が生まれた地元の民家にそのまま残っているということは、もはやほとんどありえないといっていいでしょう。今後ますますそうなっていくでしょう。特に、優れたものであればあるほど生産地には残りません。優れたものは、何百年か前に生産されたときに、その土地の大名の茶道具としておさめられた場合などは別として、ほとんどが大名どうしの贈答品になっていたり、あるいは注文そのものが各地の富裕階級によってなされていたりするからです。

ただ、生産地には優れたものがなくなってきているその一方で、心ある地元の収集家が全国に散らばった名陶を買い戻すという動きもあります。たとえば、金沢の収集家が古九谷を一生懸命に買い戻していたり、岡山の人が古備前を買い戻したり、あるいは有田でも収集家の寄付によって博物館などに古伊万里が展示収蔵されたりしています。

そうした骨董ではなく、少なくとも現在において焼かれたものを買い求めようと思ったら、やはり地元に行って探してみるのが楽しいものです。新しい焼物のなかから、将来に残りそうな逸品を自分の目で発掘するという大きな夢をもって見てまわるのも楽しいし、またその地方の焼物の歴史に思いを馳せながら今の焼物を楽しむこともできるし、あるいは旅の記念として買ってもいいと思います。

第十八章　焼物発掘の極意7カ条

第1条　地方での買い物は、旅の楽しみを最優先にするべし

生産地に行けばその地の優れた骨董が見つかるというのは、愚かなる幻想です。そんな幻想を抱いていると、心のあせりに乗じて、ろくでもないものをつかんでしまうことになります。そうではなくて、旅の楽しみを満喫しながら、その旅の楽しみのひとつとして骨董屋などをのぞけばいいのです。骨董の世界でも、現代は流通が発達しているのです。

そうして買った品は、たとえ平凡なものであっても、末永く旅の思い出とともに楽しむことができます。また、そうした素直なものへの対峙の仕方をしていくなかで、ひょっとしたら本当の掘り出し物と出会うかもしれません。しかし、それは偶然の結果なわけで、掘り出し物を求めて地方に行くというのは愚の骨頂といえるでしょう。あくまでも、それは自分にとっての掘り出しであるということを忘れずに。

第2条　生産地では、オリジナリティーと現代性を兼備した焼物を買うべし

さまざまな優れた焼物の生産地があります。有田、九谷、備前、あるいは中国の景徳鎮。そうした生産地に出かけて行って焼物を買い求める場合は、第1条で述べたとおり、最初から掘り出し心で骨董品を買い求めようとするのは愚かなことです。

それよりも、有田なら有田の、備前なら備前の、景徳鎮なら景徳鎮のそれぞれのオリジナリティーをしっかりと受け継いだ、別のいい方をすれば、当時の作品のコピーを買ったほうがいいのです。コピーであるけれども、そこにはやはり現代の陶工がもっている現代性というものが表現されているわけで、それが新しい美の発見につながっていくのです。

将来につながる買い方をしていただきたいと思います。本当に心に響くものであれば、古いものであろうと新しいものであろうと、関係なく名品といえるのです。

第3条　歴史に裏打ちされた陶磁史をしっかりと掌握するべし

第三部では、中国と日本の焼物の歴史を概略説明してきました。本当はもっともっと書きたかったところですが、それだけで一冊が終わってしまいますから、エッセンスだけをまとめてみました。

なぜ、焼物の歴史を今回取り上げたかというと、いい焼物を見つけ出すには焼物の本質を知る必要があり、そのためにはどうしても歴史をある程度、掌握しなければいけないと判断したからです。

たとえば、明朝の染付と柿右衛門の色絵と天龍寺の青磁、それらがいっしょくたに東南アジアの山岳地帯で発掘されたなどと、まことしやかにいう人を以前に見かけたことがありましたが、そんなことは少しでも陶磁史を知っていれば、ありえないということが即座にわかるわけです。ものを直接見て勉強することがもっとも大事ですが、その背景にある歴史を知らないと、やはりその人の趣味はそれ以上、伸びることはありえません。

第4条　二十世紀前期の作品に光を当ててみるべし

何も骨董だけがいいのではありません。十四章でも紹介しましたが、大正時代から昭和にかけて、日本では素晴らしい陶藝家が生まれています。伝統を踏まえ、あるいは伝統から大きく離れながら、実に優れた藝術性をもった巨人が生まれた時代です。時代が若いなどということは、そこでは実に取るに足らない問題であり、焼物を愛する趣味家にとって彼らは絶対に無視できない大きな独立峰といえるのです。

この時代のものをしっかりと見ていけば、本当に素晴らしいものと出会う可能性が非常に高いといえるでしょう。

そしてまた、時代が進めば進むほど、その評価は間違いなく高まっていくと思います。時代の大きな流れのなかでいえば、未来においてこの時代というのはたいへんな時代ということになるかもしれないのです。

第5条　知識は美を支える土台と思うべし

焼物の歴史をしっかり理解し、掌握することは、間違いなく大切なことです。しかし、そればかりを重視していると、学者になってしまいます。学究者になってしまって、趣味人としての感性が磨耗してしまうことがあります。焼物が本来もっている美しさを見失ってしまう可能性があるのです。

学問はあくまでも美を支える土台のひとつですから、そこのところを勘違いしてはいけません。破片などの資料ばかり集めて、時代や生産地や窯のことばかりを云々して、本来の美しさを見る目をなくしてしまったら、ものを見抜く感性が欠落してしまうし、それよりなにより、狭い世界しかわからないつまらない人生になってしまうと思うのです。

私たちプロの鑑定士は、何も知識だけでものを見ているわけではありません。知識はあとから人に説明するときに使う程度のものであって、どこまでもやはり自分の目、直感、感性で勝負をしているわけです。ただ、それらがしっかりした勉強と経験の上に立っているということなのです。

第6条　紀行文や俳句が入った作品を見直すべし

たとえば、大田垣蓮月の作品には、ほとんど自作の俳句が入っています。その俳句を見ていくことによって、蓮月の人生観をうかがい知ることができます。人生観が見えてくれば、その作品へのさらに深い理解が生まれてきます。

そういうことを繰り返すことによって、他の作品に関しても見る目を養うことが可能になります。作品にはひとつひとつその作家の思いがこめられている、ということが直感で感じられるようになるのです。

ですから、紀行文や俳句だけでなく、その作家にまつわるあらゆるエピソードを知り、その作家の世界、人生観に思いを馳せることが大事です。そうした根本的な理解というのは、真贋を見分ける大きな手がかりになります。贋物に対峙したとき、はたしてあの作家がこんな作品を、こんな臭みを出す作品を生み出しただろうかと、より根源的な見方ができるようになるのです。

第7条　生産された時代を想像して見るべし

その品が生産された時代と現代とでは、あらゆる点で環境が違っています。ものを鑑賞するということは、決してものだけを見るわけではありません。ものを取り囲むあらゆる条件のもとに置かれているそのものを鑑賞するわけです。たとえば光、音、空気、風など、さまざまな条件のもとでものが鑑賞されるのです。

そうすると、今という時代は、その品が生産されたときとはずいぶん条件が違っていることが考えられます。現代は昼も夜も区別なく、家の外も内も変わらないほど明るい。ところが昔は、蠟燭《ろうそく》の灯であったり、障子から差しこむ光でそのものを鑑賞していたわけです。品物の見え方はまったく違っていたと考えられます。

そうしたことから、骨董を見るときは、それが生まれたときの光や音や、あるいはものが置かれた情景などをできるだけイメージして、そのイメージのなかで見ることが最高の見方になります。それができるようになると、贋物の違和感というものも見えてくるようになります。

そのためにも、生産された当時の時代を知ることが大事になります。それらが作られた時代と場所へ、心を移して遊ばせるという技を持ちたいです。

真贋《しんがん》のカチマケ　鑑定士《かんていし》の仕事《しごと》
著　者　中島誠之助《なかじませいのすけ》

ブックデザイン　河石真由美（CHIP）
DTP組版　有限会社 CHIP
写真撮影　椋本 隆

発行所　株式会社　二見書房
〒101-8405
東京都千代田区三崎町 2-18-11 堀内三崎町ビル
電話　03（3515）2311［営業］
03（3515）2313［編集］
振替　00170-4-2639

印刷所　株式会社　堀内印刷所
製本所　ナショナル製本協同組合

落丁・乱丁本は送料小社負担にてお取替えします。
定価はカバーに表示してあります。

ISBN978-4-576-14163-3
http://www.futami.co.jp